U0453136

本书为国家社科基金重点项目"生态环境损害赔偿立法研究"(项目编号:18AFX023)成果

生态环境损害赔偿立法研究

孙佑海 等◎著

中国社会科学出版社

图书在版编目(CIP)数据

生态环境损害赔偿立法研究／孙佑海等著．—北京：中国社会科学出版社，2023.8
ISBN 978-7-5227-2238-2

Ⅰ.①生… Ⅱ.①孙… Ⅲ.①生态环境—环境污染—赔偿—立法—研究—中国 Ⅳ.①D922.683.4

中国国家版本馆 CIP 数据核字（2023）第 127165 号

出 版 人	赵剑英
责任编辑	梁剑琴
责任校对	周　昊
责任印制	郝美娜

出　　版	中国社会科学出版社
社　　址	北京鼓楼西大街甲 158 号
邮　　编	100720
网　　址	http://www.csspw.cn
发 行 部	010-84083685
门 市 部	010-84029450
经　　销	新华书店及其他书店
印刷装订	北京市十月印刷有限公司
版　　次	2023 年 8 月第 1 版
印　　次	2023 年 8 月第 1 次印刷
开　　本	710×1000　1/16
印　　张	17.25
插　　页	2
字　　数	290 千字
定　　价	98.00 元

凡购买中国社会科学出版社图书，如有质量问题请与本社营销中心联系调换
电话：010-84083683
版权所有　侵权必究

前 言

党的十八大以来，以习近平同志为核心的党中央把生态文明建设纳入中国特色社会主义事业"五位一体"总体布局，提出一系列新理念、新思想、新战略，全面加强生态文明建设，开展了一系列根本性、开创性、长远性的工作，推动生态环境保护发生历史性、转折性、全局性变化。中国成为全球生态文明建设的重要参与者、贡献者和引领者。

只有实行最严格的制度、最严密的法治，才能为生态文明建设提供可靠保障。生态环境损害赔偿制度对于持续改善生态环境质量，提高生态文明水平，推动我国环境法治发展和创新都具有实质意义和深远影响。我国在生态环境保护方面的立法已经形成以《环境保护法》为基础的法律体系，并有《民法典》等相关法律与之相衔接。但是，以上法律中关于生态环境损害赔偿的规定大部分比较原则抽象、相互之间协调性不足、可操作性不强，并且这些规定侧重于传统民事领域中的个体化赔偿机制。当下的生态环境损害属于一种新型损害，现有的法律制度难以完全填补受损生态环境权益，在根源上也无法解决生态环境损害问题。因此，加强生态环境损害赔偿方面的立法，构建完备的生态环境损害赔偿制度体系，对解决生态环境损害问题、维护人民群众的生态环境权益至关重要。

本书是国家社科基金重点项目"生态环境损害赔偿立法研究"（项目编号：18AFX023）的重要研究成果之一。本书在历史梳理、现实探索、域外经验介绍的基础上，对生态环境损害赔偿中的实体制度、程序内容、实施和监督等问题进行了研究，并提出有针对性的对策建议，试图建立一套完整的生态环境损害赔偿制度体系。本书共计八章，内容依次为：第一章生态环境损害赔偿的基本概念，第二章我国生态环境损害赔偿法律制度的回顾与评价，第三章生态环境损害赔偿法律制度的理论基础，第四章生态环境损害赔偿法律制度的域外经验，第五章生态环境损害赔偿法律制度的实体内容，第六章生态环境损害赔偿法律制度的程序内容，第七章强化生态环境损害赔偿法律制度的实施和监督，第八章生态环境损害赔偿法律制度下检察机关职能作用的发挥。第一章至第三章阐明了相关基本概念和理论基础，为生态环境损害赔偿制度的有效构建与救济机制的健康运行，以及相关法律制度的建立健全提供理论支撑；第四章是域外经验借鉴；第五章至第七章是生态环境损害赔偿法律制度的创新研究，围绕生态环境损害赔偿的非诉、诉讼、非诉与诉讼衔接、实施、监督等多项制度展开，第八章是生态环境损害赔偿法律制度下检察机关职能作用的发挥，生态环境损害赔偿纳入司法审判体系，将涉及环境责任范围的变动、环境诉讼法律制度的调整、生态环境损害赔偿与环境公益诉讼的衔接等重大实体和程序问题，对这一系列问题的研究和解决将促进我国生态文明建设。

本书在以下四方面提出了创新性观点：一是生态环境损害赔偿的核心在于赋予特定主体代表环境公共利益进行索赔的权利，并以此为基础构建生态环境损害赔偿的法律制度体系。二是探究生态环境损害赔偿救济方式的多元化机制，主要是将磋商引入生态环境损害赔偿领域，构建生态环境损害赔偿非诉机制；在生态环境损害赔偿非诉与诉讼的衔接问题上应厘清衔接过程中的法律关系，细化衔接程序规定。司法确认制度是衔接非诉与诉讼的桥梁，应进一步完善生态环境损害赔偿协议的司法确认制度。三是生态环境损害赔偿诉讼是兜底性制度，也是赔偿权利人索赔的最后途径。在诉讼制度方面，应进一步明确生态环境损害赔偿诉讼的性质，并将其与传统的人身性、财产性求偿问题区分开来。应完善相关审判程序，明确不同起诉主体顺位，明确原被告双方举证责任的分配。同时，也应加强和其他配套制度的衔接，出台生态环境损害赔偿诉讼相关司法解释，为司法介入创造有利条件。四是在生态环境损害赔偿鉴定和评估方面，考虑到生态环境损害赔偿案件的特殊性与复杂性，建议引入"两次准入、双重管理"，即在鉴定人的资格准入上需要司法鉴定机构和生态环境保护行政主管部门双重批准；有关鉴定和评估工作，需要接受生态环境保护行政主管部门以及司法行政部门的双重管理；在生态环境损害赔偿的资金管理上，建议在当地政府设立专门的赔偿基金，由政府财政部门会同生态环境保护行政主管部门确定该基金的使用规则；在公众参与问题上，建议制订生态环境损害赔偿公众参与的专门规定，保障公众监督到位。与此同时，要建立生态环境损害赔偿的信息公开制度。

在研究方法上，本书采用了统计分析中的大数据方法进行分析研究，运用大数据信息平台对生态环境损害赔偿案件进行了统计和分析，在全面掌握生态环境损害赔偿案件基本情况的基础上，发现问题找准原因，为生态环境损害赔偿立法校正方向，奠定基础。

目 录

第一章 生态环境损害赔偿的基本概念 （1）
第一节 "生态"的系统认知 （1）
一 "生态"的词源追溯 （1）
二 系统认知"生态"的重要意义 （1）
三 系统认知下的"生态"再审视 （2）
第二节 "生态环境"的整体审视 （3）
一 作为环境组分的"生态环境" （3）
二 作为"生活环境"关联体的"生态环境" （3）
三 整体语境下的"生态环境" （4）
第三节 "生态环境损害"的话语展开 （5）
一 "生态环境损害"的认知历程 （5）
二 "生态环境损害"的域外审视 （6）
三 "生态环境损害"的内涵界定 （8）
第四节 "生态环境损害赔偿"的基本内涵 （12）

第二章 我国生态环境损害赔偿法律制度的回顾与评价 （14）
第一节 我国生态环境损害赔偿法律制度的回顾 （14）
一 生态环境损害赔偿法律制度的先行试点阶段（2013—2017年） （14）
二 生态环境损害赔偿法律制度的全国推行阶段（2017—2020年） （15）
三 生态环境损害赔偿法律制度的发展成熟阶段（2020年至今） （16）
第二节 我国生态环境损害赔偿工作取得的成就 （17）

一　生态环境损害赔偿责任入法 …………………………………… (17)
　　二　官方发布多批具有典型意义的案例 …………………………… (19)
　　三　生态环境损害赔偿工作取得实践成果 ………………………… (20)
　第三节　我国生态环境损害赔偿法律制度存在的问题 ……………… (22)
　　一　责任构成要件存在的问题 ……………………………………… (22)
　　二　赔偿范围存在的问题 …………………………………………… (26)
　　三　磋商制度存在的问题 …………………………………………… (28)
　　四　诉讼制度存在的问题 …………………………………………… (31)
　　五　鉴定评估制度存在的问题 ……………………………………… (36)
　　六　赔偿资金管理存在的问题 ……………………………………… (37)

第三章　生态环境损害赔偿法律制度的理论基础 ………………… (40)
　第一节　人与自然和谐共生理论 ……………………………………… (40)
　　一　人与自然和谐共生理论概述 …………………………………… (40)
　　二　人与自然和谐共生理论视域下的生态环境损害赔偿法律
　　　　制度 ……………………………………………………………… (43)
　第二节　马克思主义公共产品理论 …………………………………… (46)
　　一　马克思主义公共产品理论概述 ………………………………… (46)
　　二　马克思主义公共产品理论视域下的生态环境损害赔偿法律
　　　　制度 ……………………………………………………………… (47)
　第三节　生态正义理论 ………………………………………………… (50)
　　一　生态正义理论概述 ……………………………………………… (50)
　　二　生态正义理论视域下的生态环境损害赔偿法律制度 ……… (50)
　第四节　环境权理论 …………………………………………………… (52)
　　一　环境权理论概述 ………………………………………………… (53)
　　二　环境权理论视域下的生态环境损害赔偿法律制度 ………… (55)

第四章　生态环境损害赔偿法律制度的域外经验 ………………… (58)
　第一节　美国生态环境损害赔偿法律制度分析 ……………………… (58)
　　一　美国环境保护法律体系 ………………………………………… (58)
　　二　美国生态环境损害赔偿途径 …………………………………… (62)
　　三　美国生态环境损害赔偿法律责任 ……………………………… (65)
　第二节　欧盟生态环境损害赔偿法律制度分析 ……………………… (67)
　　一　欧盟环境保护法律体系 ………………………………………… (67)

二　欧盟生态环境损害赔偿途径 …………………………… (71)
　　三　欧盟生态环境损害法律责任 …………………………… (75)
　第三节　日本生态环境损害赔偿法律制度分析 ……………… (77)
　　一　日本环境保护法律体系 ………………………………… (78)
　　二　日本公害健康损害民事救济制度 ……………………… (79)
　　三　日本公害健康损害行政补偿制度 ……………………… (81)
　第四节　域外生态环境损害赔偿法律制度的启示 …………… (85)
　　一　各国经验小结 …………………………………………… (85)
　　二　立法模式启示 …………………………………………… (86)

第五章　生态环境损害赔偿法律制度的实体内容 ……………… (89)
　第一节　生态环境损害赔偿责任构成要件 …………………… (89)
　　一　生态环境损害赔偿责任构成要件概述 ………………… (89)
　　二　行为要件 ………………………………………………… (94)
　　三　结果要件 ………………………………………………… (98)
　　四　因果关系推定 ………………………………………… (101)
　　五　主观要件 ……………………………………………… (105)
　　六　主体要件 ……………………………………………… (108)
　第二节　生态环境损害赔偿的范围 …………………………… (110)
　　一　生态环境损害之赔偿目的 …………………………… (110)
　　二　生态环境损害之赔偿功能 …………………………… (112)
　　三　生态环境损害之赔偿原则 …………………………… (114)
　　四　生态环境损害之情形 ………………………………… (115)
　　五　生态环境损害赔偿之范围类型 ……………………… (117)

第六章　生态环境损害赔偿法律制度的程序内容 …………… (119)
　第一节　生态环境损害赔偿法律制度的非诉机制 ………… (119)
　　一　磋商的概念及法律性质 ……………………………… (119)
　　二　磋商结果的法律效力分析 …………………………… (123)
　　三　磋商与诉讼的衔接 …………………………………… (126)
　第二节　生态环境损害赔偿法律制度的诉讼机制 ………… (132)
　　一　起诉立案 ……………………………………………… (132)
　　二　举证责任 ……………………………………………… (137)
　　三　证据审查 ……………………………………………… (143)

四　诉讼保障 …………………………………………………… (148)
　　五　责任承担 …………………………………………………… (155)
　　六　诉讼衔接 …………………………………………………… (162)

第七章　强化生态环境损害赔偿法律制度的实施和监督 ………… (169)
第一节　完善生态环境损害的鉴定评估机制 ……………………… (169)
　　一　明确生态环境损害鉴定评估的内涵和范围 ……………… (169)
　　二　完善生态环境损害鉴定评估管理制度 …………………… (170)
　　三　规范生态环境损害鉴定评估技术方法 …………………… (171)
第二节　完善生态环境损害赔偿资金的使用和监管 ……………… (171)
　　一　生态环境损害赔偿资金的内涵 …………………………… (171)
　　二　完善我国生态环境损害赔偿资金管理使用制度的建议 … (172)
第三节　生态环境损害赔偿的社会化填补 ………………………… (174)
　　一　建立生态环境责任保险制度 ……………………………… (174)
　　二　设立生态环境损害填补基金 ……………………………… (176)
　　三　生态环境损害赔偿社会化填补的其他方式 ……………… (177)
第四节　促进生态环境损害赔偿的信息公开与公众参与 ………… (178)
　　一　信息公开 …………………………………………………… (178)
　　二　公众参与 …………………………………………………… (178)

第八章　生态环境损害赔偿法律制度下检察机关职能作用的发挥 …………………………………………………………… (180)
第一节　检察机关的职能梳理 ……………………………………… (180)
　　一　诉讼职能 …………………………………………………… (181)
　　二　监督职能 …………………………………………………… (182)
第二节　生态环境保护领域检察机关的主要履职方式 …………… (183)
　　一　提起环境刑事公诉 ………………………………………… (183)
　　二　提起环境民事公益诉讼 …………………………………… (183)
　　三　支持其他适格主体起诉 …………………………………… (184)
　　四　提出环境检察建议 ………………………………………… (184)
　　五　提起环境行政公益诉讼 …………………………………… (185)
　　六　监督各类环境诉讼 ………………………………………… (185)
第三节　生态环境损害赔偿制度实施以来检察机关履职方式的调整 ……………………………………………………………… (186)

一　增加环境民事公益诉讼的起诉条件 …………………（186）
　　二　补充支持生态环境损害赔偿诉讼的履职方式 ………（187）
　　三　探索对生态环境损害赔偿磋商程序的监督参与 ……（187）
　第四节　检察机关参与生态环境损害赔偿制度的现实路径 ……（188）
　　一　注重诉前、诉中、诉后的全程监督 …………………（188）
　　二　充分发挥支持起诉的积极作用 ………………………（189）
　　三　健全与行政机关的协作机制 …………………………（190）
　　四　推动生态环境损害惩罚性赔偿落地落实 ……………（190）
　第五节　加强检察机关自身履职能力和机制建设 ………………（191）
　　一　推进能动司法检察工作 ………………………………（191）
　　二　推动检察公益诉讼立法 ………………………………（192）
　　三　强化生态环境案件办案队伍和体系建设 ……………（193）

附录 ……………………………………………………………………（195）
　中华人民共和国生态环境损害赔偿法（草案建议稿）…………（195）
　关于《中华人民共和国生态环境损害赔偿法》的立法说明 ……（230）
　最高人民法院关于生态环境损害赔偿磋商与诉讼衔接的解释
　　（草案建议稿）……………………………………………………（236）
　最高人民法院关于生态环境损害赔偿磋商与诉讼衔接的解释
　　（说明）……………………………………………………………（248）

主要参考文献 …………………………………………………………（250）

后记 ……………………………………………………………………（262）

第一章

生态环境损害赔偿的基本概念

概念是人们对事物本质的理解,能够反映人们看待事物的观点。"没有限定严格的专门概念,我们便不能清楚地、理性地思考法律问题。"① 通过在法学视角下对"生态环境损害赔偿"的内涵予以分析,结合国内外法治实践中与"生态环境损害赔偿"相关的规定,就有关概念进行辨析,对于明确生态环境损害赔偿的概念十分重要。在此基础上,本书进一步对生态环境损害赔偿制度予以阐述,并分析其与生态环境损害赔偿诉讼之间的关联。

第一节 "生态"的系统认知

一 "生态"的词源追溯

"生态"一词源自古希腊文字,是指家庭或人类生存的环境。简单来说,生态是指生物的生存和发展状态。亿万斯年,万物生灵在适宜生命存在的地球表面共同营造生态家园,这个家园被称为生物圈。大约10亿年后,人类成为其中之一,并与其他生命成分、非生命成分共享这个生态家园,同时也受限于生态之平衡运动。

二 系统认知"生态"的重要意义

地球上的海洋、森林、沙漠、沼泽等自然环境的外貌千差万别,生物的组成也各不相同,但它们具备了一个共同特征,即其中的生物与一定空

---

① [美]埃德加·博登海默:《法理学:法律哲学与法律方法》,邓正来译,中国政法大学出版社2004年版,第504页。

间的自然环境共同构成一个相互作用的整体。故有学者提出,当人类以静态的眼光看待围绕在身边的整个自然界时,环境的概念就出现了;当人类从是否有用的角度看待整个自然界时,自然资源的概念就出现了;当人类从生物的生存条件和相互关系的角度看待整个自然界时,生态系统的概念就产生了。①

所谓生态系统,是指在一定时间和空间内,生物与其生存环境,以及生物与生物之间相互作用,通过物质循环、能量流动和信息交换而形成的自然整体。② 大千世界具有复杂性和系统性,世间万物以及在人类文明进程中形成的国家、地区组织,都无法逃脱与生态系统的联系。人类生命的复杂物质循环和能量流动推动地球生态系统多维、复杂的动态平衡。因而,在系统思维下,通过对"生态系统"进行阐释,进一步理解"生态"的概念,对于保护人类赖以生存的生态环境、合理利用自然资源等全局性重大课题具有非常重要的指导意义。

三 系统认知下的"生态"再审视

全球气候变化、臭氧层破坏等生态环境问题,具有跨国界、跨代际的特点,是全人类共同关心的问题。"生态"问题的全球化为人们提供这样一个全球视野,即把人类生活的整个地球作为观察对象,系统把握地球上发生的自然变化规律、认识生态系统服务功能及其对人类的价值。在上述理念指引下,人们逐渐认识到:必须将地球上唯一具有创造和改造自然能力的人类的思想观念,整合到人类社会的发展与生态系统之间具备共同关联性、协调一致性、可持续性的认识上,③ 树立生态保护意识和生态文明理念。另外,人类不应控制或干预地球自然环境的演变,而是需要不断调整自身行为,以适应地球环境的演变。为此,人类有必要以系统认知"生态"为基础,以地球生命共同体为标准,为全人类的共同利益采取共同行动。

基于"生态系统"对"生态"进行认知,彰显了人类对自身生存状态和对自然环境更加清醒、全面的认识,其将人类还原到生态系统的组成

---

① 汪劲:《环境法学》,北京大学出版社2018年版,第11页。
② 中国大百科全书出版社编辑部编:《中国大百科全书·环境科学》,中国大百科全书出版社2002年版,第328页。
③ 李艳岩、康婉莹:《生态保护与我国防灾减灾法律体系研究》,载《可持续发展·环境保护·防灾减灾——2012年全国环境资源法学研究会(年会)论文集》,2012年6月。

部分之中，在万物之间平等的领域，强调人类社会只是生态系统中生命构成要素的一部分，人与地球生态系统之间的关系是非常密切的。因而，在这个语境下再次审视"生态"的意蕴，能够深化人类对生态系统协调和稳定对其自身生存和发展重要性的认知，即保护生态系统就是维持生态系统平衡，进而保护人类的生存空间。在此意义上，"生态"一词在自然基础上，具有了更深层次的社会价值，它要求人们不断认识并遵循生态规律，以此理性约束自身的行为，防止人类行为破坏生态系统的稳定性。

第二节 "生态环境"的整体审视

一 作为环境组分的"生态环境"

"环境"一词在法学上的概念随着环境科学、生态学的进步以及人类环境价值观的发展而发展。在法学意义上，按照功能的不同，可以把环境分为生态环境和生活环境。这一分类意义深远，它体现出学者和实务工作者对人类自身生存状态的理性认识。人类在不断创造符合个体理想和现实意愿的"生活环境"的同时，也与自然天成的"生态环境"交相与共、风雨同舟。"生态环境"是由相对静态的自然因素和相对动态的自然力量——生态环境中的生命和生态圈及生态圈外的地球空间和条件共同构成的，具有相互稳定地传递物质和能量平衡的能力与功能。"生活环境"是指人类以生态环境为基础，为了不断提高物质和精神生活水平，通过长期、有计划、有目的的发展，逐步创造和确立实现城市文明、乡村文明的环境。

二 作为"生活环境"关联体的"生态环境"

根据上述定义可知，生态环境和生活环境之间关系密切。法学范畴上之所以作出这一分类，系因法律人日益深刻地认识到，人类不能仅关注生活环境中的环境问题及其引起的私人权益受侵害问题。

一方面，世界是一个由自然和人类社会组成的相互依存的整体，一方的健康存在和繁荣取决于另一方的健康存在和发展。面对不绝于耳的生态环境损害问题，法律如果再不依据现代环境价值观重新审视"生态环境"和"生活环境"的内涵与外延，进而剖析两者的关联性，对生态环境遭受的损害予以救济，人类的生存质量将无法得以保证。尽管地球上至今仍有人迹罕至、渺无人烟之地，但基于物物相关、负载有额、时空有宜等生态学原理，人们对生态环境的破坏，势必造成对生活环境的危害，即生态环境的破坏最终会导致人类生活环境的恶化。因此，为了保护和改善生活环境，就必须保护和改善生态环境。

另一方面，如果我们抛开生活环境这一概念，只谈生态环境，也是不现实的。因为对特定生活环境的损害未必影响到生态环境，但是它又确实损害了特定当事人的利益，破坏了相关法律关系的稳定与和谐，故需要法律专门调整。由此，对"生态环境"与"生活环境"之间的关联性予以审视是十分必要的。

三 整体语境下的"生态环境"

承上所述，作为环境组分的生态环境，与生活环境息息相关。美国学者芭芭拉·沃德和勒内·杜博斯在《只有一个地球》中指出，人类生活在两个世界：一个是由土地、空气、水、动植物组成的自然世界，另一个是人类双手创造的社会结构和物质文明的世界。我们通常把这两个世界称为有生命的"生物圈"和人类自己发明的"技术圈"。[①] 吕忠梅教授指出：人类实际上生活在这两个"圈"的相互联系和影响中，人类自诞生以来，在科技方面不断创新，但环境污染、人口爆炸、能源危机、生态破坏、耕地恶化、资源枯竭、气候变化等问题也威胁着其生存，而这些危机正是人类造成的。解决危机的关键就在于人类自身，这需要人类深刻反思并形成对自身生存状态的理性理解。[②]

人生天地间，天地在我心，这样的意识不应仅体现在自古及今人们祭天、拜地、敬海等活动中，更应渗透于人们面对生态利益与其他诱惑人的利益的冲突选择中。面对洪水的肆虐，面对瘟疫的传播，人们忧心家园的安危，但是，在狂飙突进的淘金年代，在风起云涌的石油交易市场，为巨大经济利益所驱使的人们哪里会考虑其开采、利用自然资源的行为将损及生态环境！如果说生活环境是人们苦心经营维护的小家，那么，与生活环境息息相通的生态环境则是广庇天下人家的大厦。家宅虽好，只是大厦一

---

① [美] 芭芭拉·沃德、勒内·杜博斯：《只有一个地球：对一个小小行星的关怀和维护》，《国外公害丛书》编委会译，吉林人民出版社1997年版，第4页。
② 吕忠梅：《环境法新视野》，中国政法大学出版社2019年版，第1—2页。

间；大厦倾覆，家园何以为继？对生态环境的损害是人类不能承受之重，人类对环境的关怀与保护必须要兼及生态环境。

因而，在整体语境下审视"生态环境"，可以发现其不仅是指构成生态系统的各种自然要素和环境条件的合集，而且富有更深层次的社会意义。故在法学视域下界定生态环境的范围，应当明晰其不仅要涵摄人类的生存和发展空间，还要影响、制约甚至支配人类的行为和活动。

第三节 "生态环境损害"的话语展开

一 "生态环境损害"的认知历程

环境污染、生态破坏问题日益突出，人为原因对生态系统造成的损害不仅深重，而且日趋频繁。在环境侵害行为所引起的后果中，除人身伤害、财产损害、精神损害和纯经济损失之外确实存在其他损害。生态环境损害就是事实上存在且不容忽视的损害，其与人类有着重大的利益关系。生态环境损害最初并不像人身伤害、财产损害那样受人关注，即使有所涉及，也是在影响到财产利益的情况下。这是因为在传统法律制度中，"损害"的客体主要指财产损害。只有拥有所有权的时候，才涉及保护一个人的财产不受他人侵害的概念。但是环境是一种公共产品，没有人拥有对环境的所有权，因此也就没有所谓的"损害"。故有学者提出，任何损害只有在影响到人身和财产的范围内，才是法律所关注的。对生态环境损害的认识，也应当以损害对人身和财产造成影响为前提。我们应当看到上述观点是片面的，尤其是随着时代的进步和社会文明水平的提高，人们越来越认识到仅仅在财产范围内探索"损害"的概念是不够的。"损害"的概念必须扩大到非财产领域。现代侵权法的"损害"概念也不再局限于可以用金钱评价的人身物理伤害，而是开始考虑人身利益、精神利益等多种利益诉求。

与旨在保护私有财产的法律不同，环境法的根本目的是保护生态环境，不涉及人身、财产损失的生态环境损害是环境法应予调整、规范的内容。理论界和实务界对此观点的认识过程是逐渐发展的，一些国际法律文件反映了这一认识过程。例如，1969年《国际油污损害民事责任公约》并没有规定对环境本身的损害，但该公约1984年议定书对此作了修正。

至该公约1992年议定书确定"污染损害"的范围时，已包括环境本身因油类污染而遭受的损害。随着生态环境问题成为影响全球发展的突出问题，更多的国际法律文件和各国立法日益明确地规定了"对环境的损害"（damage to the environment）、"环境损害"（environmental damage）、"环境损伤"（impairment of the environment）等相关的概念，逐渐注重运用法律对生态环境损害进行预防和救济。

尤其是20世纪80年代以来，有关核损害、石油污染、危险货物和物质运输的国际条约中陆续出现与生态环境损害相关的规定。欧盟在建立环境损害民事责任体制的过程中，也对"环境损害"做出越来越清晰的界定。美国在1980年通过的《综合环境反应、补偿和责任法》（又称《超级基金法》, Comprehensive Environmental Response, Compensation, and Liability Act）中对"环境""自然资源""反应""损害"等概念作出全新定义，其后颁行的《油污法》（Oil Pollution Act）继续对"损害"作扩大解释，明确定义"自然资源损害"。2019年法国修订的《法国民法典》用专章规定了生态环境损害赔偿责任，明确了有关生态损害赔偿诉讼的主体、法官对原告利益的清算权等内容。例如，任何自愿、符合资格的人都可以提起生态损害赔偿诉讼，包括国家、生物多样性机构、地方政府、以及为保护自然和环境而设立的成立时间在五年以上的公共机构和协会；在罚款的情况下，由法官为原告的利益进行清算，原告应将其用于环境修复，如果原告不能为此采取必要的措施，由法官保留清算权。① 这些规定明确将生态环境损害作为一种新"损害"类型加以规制。

二 "生态环境损害"的域外审视

"生态环境损害"一词的概念在域外具有多样化的特点。

俄罗斯《联邦环境保护法》于2002年颁布，其第1条规定，环境损害是指因污染环境而引起的环境不良变化，包括自然生态系统退化和自然资源衰竭。②

美国的立法和文献出现的均是"自然资源损害"（natural resources

---

① 孙佑海、王倩：《民法典侵权责任编的绿色规制限度研究——"公私划分"视野下对生态环境损害责任纳入民法典的异见》，《甘肃政法学院学报》2019年第5期。
② 《俄罗斯联邦环境保护法和土地法典》，马骧聪译，中国法制出版社2003年版，第2—3页。

damage)。《综合环境反应、补偿和责任法》① 和《油污法》② 对"自然资源"(natural resources) 一词进行了广泛的定义,包括"土地(land)、鱼类(fish)、野生生物(wildlife)、生物群(biota)、空气(air)、地表水(ground water)、饮用水(drinking water supplies) 及其他属于、由美国……任何州或地方政府,或任何外国政府管理、托管、附属或以其他方式控制的其他此类资源"③。根据此定义,自然资源损害不仅包括受私有财产权影响的要素(例如土地和矿藏),还包括野生生物、鸟类和鱼类等公共物品。对自然资源的伤害显然包括在"自然资源损害"中,由于环境损害而使公众整体遭受的损害也包括在内。

1991年由阿根廷、巴西、乌拉圭和巴拉圭共同缔结的《亚森条约》第2条(c)款规定,环境损害指的是对环境或其中一个或多个组成部分的丧失、缩小或显著损伤。④

在欧洲,欧共体委员会于1989年提交的关于"废物损害责任"的指令提案第3条规定,⑤ 无论废物生产者有无过错,都应当承担该废物所造成的损害和环境损伤(impairment of the environment)的民事责任。环境损伤是指环境的物理性能、化学性能、生物性能的任何重大退化,不包括私人财产的损害。欧洲议会(European Parliament)和欧洲理事会(European Council)发布的《关于预防和补救环境损害的环境责任指令》(以下简称《欧盟环境责任指令》)建立了"环境损害"责任和管理制度。《欧盟环境责任指令》第2条第2款根据环境要素对环境损害(environmental damage)进行分类定义,并将"损害"进一步明确为对自然资源的重要不利影响,包含直接或间接对自然资源产生的重要损伤。其明确环境损害包括对维持受保护生物和栖息地的良好保育状态所造成的显著不利影响;土地损害指因直接或间接向土地内、土地上或土地下引入物质、制剂、生物或微生物而制造的显著风险,对人类健康产生影响的土地污染;水体损害指任何对水体化学组成或数量情况或生态潜力造成的显著不利影

---

① 42 U.S.C. §§ 9601-9657 (2012).
② 33 U.S.C. §§ 2701-2761 (2012).
③ 42 U.S.C.A. §§ 9601 (16) (West 2012);33 U.S.C.A. §§ 2701601 (West 2012).
④ Vieira Susana, "Environmental damage evaluation in Brazil", In Bowman Michael and Alan Boyle ed., *Environmental Damage in International and Comparative Law*, New York:Oxford University Press Inc., 2002, p.300.
⑤ COM [89] 282finalofSeptember15, 1989.

响。《欧盟环境责任指令》关于"损害"定义，包括对环境的直接损害，但不包括因此造成的人身伤害和财产损失。这体现了欧洲关于"环境损害"概念的认知比美国定义的"自然资源损害"更有限制性。

由上可知，仅仅在"生态环境损害"的称谓名称上，各个国家各执一词，也尚未形成一个统一权威的概念，这直接影响到生态环境损害赔偿的范围确定。但从它们的核心要义看，却有共通之处，即不管是环境损害，还是自然资源损害，抑或环境损伤，不管是翻译成"the ecological damage"，还是"the damage to ecology"，都强调或指向污染或破坏行为直接作用于环境要素、自然资源、生物要素本身所造成的损害，从而引发生态环境的"不良反应"，如质量下降、资源枯竭、物种减少等。这一方面意味着当发生生态环境损害时，经由环境要素的媒介，即便同时出现具体个人的人身或财产损害，也不应由生态环境损害赔偿制度来调整，即私人损害排除在生态环境损害赔偿范围之外；另一方面表明在确定生态环境损害赔偿范围时除考虑到其遭受的经济损失，还必须考虑到其经受的非经济损失。[①]

三 "生态环境损害"的内涵界定

中共中央办公厅、国务院办公厅2017年12月印发的《生态环境损害赔偿制度改革方案》（以下简称《改革方案》）中将"生态环境损害"定义为：因污染环境、破坏生态造成大气、地表水、地下水、土壤、森林等环境要素和植物、动物、微生物等生物要素的不利改变，以及上述要素构成的生态系统功能退化。生态环境部、最高人民法院、最高人民检察院等14个部门2022年4月联合印发的《生态环境损害赔偿管理规定》（以下简称《管理规定》）中亦沿用了此定义。在上述定义中，"生态环境损害"由三部分组成：一是环境要素的损害。如大气、地表水、地下水、土壤、森林等因环境污染、生态破坏而产生的不利改变。二是生物要素的损害。如植物、动物、微生物等因环境污染、生态破坏而发生的不利改变。三是生态系统功能因环境污染、生态破坏而产生的退化。基于上述定义，本书从以下三个视角切入，对"生态环境损害"的内涵予以剖析。

（一）"生态环境损害"的指向内容

生态环境损害是生态环境本身的损害，属于新的损害类型，体现出人

[①] 陈学敏：《论生态环境损害赔偿范围的确定》，《中国应用法学》2021年第4期。

类环境利益和环境自身价值尤其是生态价值的同时减损。① 一方面,"生态环境损害"包括"纯生态损害"(也称为"纯环境损害""环境损伤"),其特别是指与人身或财产损失无关的损害,侵害对象通常是指无主的生态环境要素,② 以及因破坏或污染环境要素而导致的环境整体功能的退化。这里采用了以生态环境的整体为"损害"的观察对象,以其中个别要素的减损对生态环境总体的影响为认定标准,③ 符合《环境保护法》对"环境"的定义,也即《环境保护法》不仅调整单个环境要素,更注重各要素统一、协调运行所形成的系统功能。

另一方面,生态环境损害还包括生活环境中有可能与环境侵权损害同时发生的生态损害。例如,《森林法》第 20 条规定,农村居民在房前屋后、自留地、自留山种植的林木,归个人所有。如果这些林木资源遭到破坏,不仅侵害了农村居民的财产权益,也对生态环境造成了损害。因而,有学者指出"现代民事侵权法可以救济私有自然资源的财产性损失,但是有主的自然资源中那部分超出现有市场价值的生态价值就需要专门的生态环境损害赔偿制度进行责任填补"④。

表 1-1　　　　关于生态环境损害相关概念的应然内涵

序号	概念	内涵
1	环境侵权	人身损害、财产损害
2	环境侵害	人身损害、财产损害+环境损害
3	环境损害	环境损害
4	生态环境损害	生物要素的不利改变+生态系统功能的退化

(二)"生态环境损害"的指向法益

生态环境损害与环境侵权的本质不同,环境侵权侵害人身、财产等私益,生态环境损害指向环境公共利益。如生态系统服务功能,即指生态系统直接或间接为人类提供的惠益,突出反映了生态环境是一种公共物品,具有公益性。萨缪尔森的公共经济学理论认为,公共产品是指能够满足社

---

① 陈红梅:《生态损害的私法救济》,《中州学刊》2013 年第 1 期。
② 竺效:《生态损害的社会化填补法理研究》,中国政法大学出版社 2017 年版,第 44 页。
③ 吕忠梅:《"生态环境损害赔偿"的法律辨析》,《法学论坛》2017 年第 3 期。
④ 林灿铃等:《国际环境法的产生与发展》,人民法院出版社 2006 年版,第 216 页。

会成员共同需求的产品和服务，其突出特点是效用的不可分割性、受益的非排他性和消费的非竞争性。

良好生态环境是最公平的公共产品，是最普惠的民生福祉。① 生态环境的公共物品属性体现在：生态系统具有整体性、生态环境具有共享性、生态环境具有公益性。就生态环境损害的本质而言，其对环境公共利益的破坏，所涉及的是公法问题，只不过在有的情形下公共利益与私人利益有一定的交叉。生态环境损害是对生态环境的破坏或减损，生态环境损害赔偿的实质是一个将环境污染者或生态破坏者的外部成本内部化的过程，与具体的人身、财产损害没有直接联系。生态环境损害超越了个人和国家，无论是全球气候变暖、臭氧层破坏，还是生物多样性减少，都可能对人类的生存发展带来毁灭性的影响，损害人类的根本利益。

（三）"生态环境损害"的救济范围

从生态环境损害救济的实体内容来看，应当对污染或破坏行为对生态环境造成的损失实现全部赔偿，做到既能保护具体的环境要素和生物要素，也能保护由环境要素与生物要素所组成的生态系统，以维持环境健康。只有这样，方能保证生态系统始终维持在有利于人类生存与发展的状态，以不低于从上一代手中接过来的质量传给下一代，使后代享受的生态福利水平与我们这一代基本持平。更进一步来说，义务人对其侵害行为所造成的生态环境之全部损害都需负责，这实际上使社会所担负之外部成本内部化，由义务人全权负责，以免"义务人受益，不特定多数人受害，政府买单"。因此，需要明确生态环境损害行为所造成的损失既包括有形的财产损失，也包括无形的非财产损失。

因此，生态环境损害赔偿费用应包括以下四项：第一项是生态环境修复费用；第二项是生态环境修复期间服务功能的损失；第三项是生态环境功能永久性损害造成的损失；第四项是环境健康的损失。

（四）"生态环境损害"与相关概念之辨析

与"生态环境损害"相近的概念主要是"环境侵权"（"环境侵害"）。目前，学界对"环境侵权"（"环境侵害"）的概念认知存在

---

① 习近平：《推动我国生态文明建设迈上新台阶》，《人民日报》2019年2月1日第1版。

分歧。① 有学者认为这种特殊的侵权行为侵害的客体包含人身权、财产权、环境权。② 有学者认为"环境侵权"侵害的客体仅包括人身权、财产权，不应包括环境权。③ 还有学者主张划分狭义的环境侵权和广义的环境侵权。狭义的环境侵权是指法定的环境污染致害行为，即法律明文规定的环境侵权行为；广义的环境侵权则把所有污染环境致公众受害的行为都纳入了环境侵权的范围。④ 有学者认为"环境侵权"是侵权责任上的概念，指的是对人造成的损害，环境侵害的内涵比环境侵权丰富，也包含对环境的损害，二者是包含关系。⑤ 还有学者用"环境损害"一词对"环境侵权"与"环境侵害"加以统摄。原《侵权责任法》中采用了"环境污染责任""环境侵权"的概念。后从民法典草案一次审议稿和二次审议稿的征求意见稿⑥中设立"损害生态环境责任"专章（一次审议稿为"生态环境损害责任"），至《民法典》第7编第7章确定"环境污染和生态破坏责任"，均将因污染环境、破坏生态导致的人身、财产损害责任纳入其中。如此规定，意为用生态环境损害包含对人的损害，再次引起了环境法学界的热议。

有学者认为，环境侵权不包含环境损害。首先，从环境侵权的立法基础来看，环境侵权是从传统的民事侵权中衍生而来，以传统的侵权责任为根底，属于一种特殊的侵权行为。与传统侵权行为直接作用于受害人的人身、财产不同，环境侵权是一种间接侵权行为，以土壤、水、大气等环境要素为介质侵害人身、财产权益。⑦ 侵权法向来注重法律术语的使用传统。依据原《侵权责任法》第2条的规定，"侵权"指向的是侵害人身权益、财产权益，不包含环境权益。为尊重侵权法的界定、保证同一法律用语含义的确定性，环境侵权不应包含环境损害。其次，从环境损害的本质

---

① 周珂、王灿发、曹明德、王明远、邹雄等教授采取的是环境侵权概念，李艳芳等教授采取的是环境损害概念，陈泉生、吕忠梅、汪劲等教授采取的是环境侵权概念。具体表述可参见吕忠梅等《侵害与救济：环境友好型社会中的法治基础》，法律出版社2012年版，第17—31页。
② 马骧聪：《环境保护法》，四川人民出版社1998年版，第141—142页。
③ 曹明德：《环境侵权法》，法律出版社2000年版，第9页。
④ 徐祥民、邓一峰：《环境侵权与环境侵害——兼论环境法的使命》，《法学论坛》2006年第2期。
⑤ 李艳芳：《环境损害赔偿》，中国经济出版社1997年版，第65页。
⑥ 2018年9月5日和2019年1月5日，全国人大常委会办公厅分别公布了民法典草案一次审议稿和二次审议稿的征求意见稿。
⑦ 吕忠梅：《环境法》，高等教育出版社2017年版，第195页。

属性来看,环境损害指向的是环境公共利益,环境本身就是公共产品,大气、土壤、水、海洋……都是《环境保护法》所指的环境,人类的生存发展依赖于环境,大气、水等要素在不断地流动、变化,它们不是民法上的"物",没有特定的所有权人。因此,一旦环境遭到污染或破坏,损害的是不特定人的权益,以保护私人权益为目的的侵权责任无法容纳环境损害。

基于此,学者们提出应当对环境侵权的概念进行适当修正,以救济生态环境损害。持此类观点的学者认为,在解决环境问题的早期,侵权责任法发挥了及时有效的作用,其基于环境侵权的特殊性,将环境侵权作为一类特殊的侵权行为对待。但如上所述,这也决定了环境侵权无法突破传统民法的束缚,只能进行事后救济,并且只能以人身、财产权益为救济对象。随着环境问题的日益严峻和环境法学的不断发展,试图以环境侵权涵盖环境权益、生态环境损害,脱离了侵权法的框架,并使环境侵权面临重大危机。因而,选择一个能同时囊括这些内涵的概念是较为理想的方式。在这种思维指导下,学者们提出了"环境侵害"的概念,以对"环境侵权"进行适当修正。[①]"侵害"的意思为侵入进而损害,环境侵害是环境侵权的一个必经阶段,后者包含前者。环境侵权是对私权的侵害,环境侵害也包括对公共权利的损害。此外,环境侵害不仅能够表达侵害的事实状态,还能够体现动态的侵害过程,发挥环境法事前预防与事后救济的双重功能。

综上,本书认为环境侵权虽是一种特殊侵权,但仍归属侵权责任,损害结果是对人身、财产的私益损害。对环境本身的损害方属于生态环境损害的范畴。

第四节 "生态环境损害赔偿"的基本内涵

自 2015 年 12 月 3 日中共中央办公厅、国务院办公厅印发《生态环境损害赔偿制度改革试点方案》(以下简称《试点方案》)逐步推行生态环境损害赔偿制度以来,我国通过实践探索逐渐明晰了"生态环境损害赔偿"的内涵。尤其是《改革方案》和《管理规定》,对"生态环境损害

[①] 吕忠梅等:《侵害与救济——环境友好型社会中的法治基础》,法律出版社 2012 年版,第 22 页。

赔偿"的赔偿范围、责任主体、索赔主体和损害赔偿解决途径等内容进行了体系化的阐释。在此基础上，本书从以下四个方面对生态环境损害赔偿的内涵予以解构。

一是从适用范围来看，"生态环境损害赔偿"适用于违反国家规定造成生态环境损害的情形。一方面，从上文对生态环境损害的内涵界定审视，"生态环境损害赔偿"并不适用于涉及人身伤害、个人和集体财产损失要求赔偿的情形。另一方面，根据《改革方案》《管理规定》等文件，涉及海洋生态环境损害赔偿的情形亦不属于本书所述"生态环境损害赔偿"范畴。

二是从赔偿范围来看，基于上文"生态环境损害"救济范围的理论分析和当前实践探索样态的归纳总结，"生态环境损害赔偿"义务人应当赔偿的内容包括五项：第一，生态环境受到损害至修复完成期间服务功能丧失导致的损失；第二，生态环境功能永久性损害造成的损失；第三，生态环境损害调查、鉴定评估等费用；第四，清除污染、修复生态环境费用；第五，防止损害的发生和扩大所支出的合理费用。

三是从赔偿权利人来看，有权提起"生态环境损害赔偿"的主体是国务院授权的省级、市地级政府（包括直辖市所辖的区县级政府）。赔偿权利人可以指定相关部门或机构负责具体索赔工作。

四是从索赔程序来看，包括六个环节：第一，初步核查环节；第二，损害调查环节；第三，送达生态环境损害赔偿磋商告知书环节；第四，磋商环节；第五，签署生态环境损害赔偿协议环节；第六，修复效果评估环节。

综上，本书对生态环境损害赔偿的概念界定如下：国务院授权的省级、市地级政府（包括直辖市所辖的区县级政府）及其指定的相关部门或机构，在进行初步核查、损害调查后，向违反国家规定，造成生态环境损害的赔偿义务人送达磋商告知书，通过与其开展磋商、签署赔偿协议，确定需要赔偿的具体范围和责任承担方式，并进行生态环境修复效果评估，实现对受损生态环境权益的救济。

第二章

我国生态环境损害赔偿法律制度的回顾与评价

纵观我国生态环境损害赔偿制度的发展进程，其经历了先行试点阶段、全国推行阶段和发展成熟阶段，并不断完善。生态环境损害赔偿制度的改革取得了显著成效，主要体现在生态环境损害赔偿责任入法，不仅《民法典》进行了专门规定，《长江保护法》《黄河保护法》《青藏高原生态保护法》《固体废物污染环境防治法》《森林法》《土壤污染防治法》等专项法律也纳入了生态环境损害赔偿责任，各地方立法也展开了积极探索；最高人民法院、生态环境部等发布了多批生态环境损害赔偿制度改革的典型案例，以发挥示范引导作用；在实践成果上，更好地落实了"环境有价、损害担责"的原则，增强了人民群众良好的生态环境获得感。但是，由于尚没有完善的立法支撑，我国生态环境损害赔偿制度在责任构成要件、赔偿范围、磋商、诉讼、鉴定评估以及赔偿资金管理等方面还存在一些问题。本章将对生态环境损害赔偿制度进行回顾，并对取得的成就和存在的问题一一展开。

第一节　我国生态环境损害赔偿法律制度的回顾

一　生态环境损害赔偿法律制度的先行试点阶段（2013—2017年）

2013—2017年，是生态环境损害赔偿制度的先行试点阶段。生态环境损害赔偿制度是生态文明制度体系的重要组成部分，党中央、国务院高度重视生态环境损害赔偿工作。2013年11月，党的十八届三中全会明确提出，对造成生态环境损害的责任者严格实行赔偿制度。2015年3月，中共中央政治局会议审议通过《关于加快推进生态文明建设的意见》，将损害赔偿作为生态文明重大制度纳入生态文明制度体系，并提出要"加快形成生态损害者赔偿、受益者付费、保护者得到合理补偿的运行机制"。2015年9月，中共中央审议通过《生态文明体制改革总体方案》，该方案作为生态文明体制改革的顶层设计，再次明确提出要严格实行生态环境损害赔偿制度，强化生产者环境保护的法律责任，大幅度提高违法成本，对违反环境保护法律法规的，依法严惩重罚；对造成生态环境损害的，以损害程度等因素依法确定赔偿额度。2015年11月，中共中央办公厅、国务院办公厅印发《试点方案》，建立了生态环境损害赔偿制度的雏形。同年12月底，中共中央、国务院印发《法治政府建设实施纲要（2015—2020）》，进一步明确了"健全生态环境保护责任追究制度和生态环境损害赔偿制度"。为进一步贯彻落实《试点方案》，2016年8月，中央全面深化改革领导小组第二十七次会议审议通过《关于在部分省份开展生态环境损害赔偿制度改革试点的报告》。会议批准吉林、江苏、山东、湖南、重庆、贵州、云南7个省（市）开展生态环境损害赔偿制度改革试点工作。

二 生态环境损害赔偿法律制度的全国推行阶段（2017—2020年）

2017—2020年，是生态环境损害赔偿制度的全国推行阶段。2017年12月，中共中央办公厅、国务院办公厅印发《改革方案》，决定从2018年1月1日起在全国范围内试行生态环境损害赔偿制度，力争到2020年在全国范围内初步构建责任明确、途径畅通、技术规范、保障有力、赔偿到位、修复有效的生态环境损害赔偿制度。《改革方案》的出台，标志着生态环境损害赔偿制度改革从先行试点进入全国推行的阶段，自此，生态环境损害赔偿制度进入全面推进的改革工作中。《改革方案》进一步明确生态环境损害赔偿范围、责任主体、索赔主体和损害赔偿解决途径等，形成相应的鉴定评估管理与技术体系、资金保障及运行机制，探索建立生态环境损害的修复和赔偿制度，以加快推进生态文明建设。[①]

[①] 《加强领导总结经验运用规律　站在更高起点谋划和推进改革》，《人民日报》2017年8月30日第1版。

2019年6月，最高人民法院发布了《关于审理生态环境损害赔偿案件的若干规定（试行）》（以下简称《若干规定》），以"试行"方式，对生态环境损害赔偿诉讼案件的受理条件、审理规则、责任体系、衔接规则、赔偿协议司法确认、强制执行等予以规定，既为司法实践中亟待明确的问题提供了解决方案，又为生态环境损害赔偿未来的立法方向提供了参考。

三 生态环境损害赔偿法律制度的发展成熟阶段（2020年至今）

2020年之后，各地深入开展生态环境损害赔偿工作，积极推动将改革成果进一步纳入党内法规、国家法律，改革实施效果更加明显，制度更加完备。① 2020年5月《民法典》出台，第1235条规定了公法性质的生态环境损害赔偿责任，进一步明确了国家规定的机关和法律规定的组织对生态环境损害的索赔权，这是生态环境损害赔偿制度首次以法律的形式明确规定。2020年12月，《若干规定》进行了相应的修改，为正确审理生态环境损害赔偿案件，依法追究损害生态环境责任者的赔偿责任提供了法律依据。

2022年4月，生态环境部联合最高法、最高检等共14家单位印发了《管理规定》，由中央全面深化改革委员会审议通过，具有党内法规的性质。该规定进一步明确了生态环境损害赔偿范围、责任主体、索赔主体和损害赔偿解决途径等，积极探索建立生态环境损害修复和赔偿制度，是优化制度建设，推动改革向纵深发展、加快推进生态文明建设的重要举措。《管理规定》的基本内容如下。

首先，关于生态环境损害赔偿管理的基本规定。《管理规定》总则对生态环境损害赔偿的管理作出如下基本规定：一是明确了制定目的和依据；二是明确了工作原则；三是明确了生态环境损害的概念和该规定的适用范围；四是明确了生态环境损害赔偿的范围；五是明确了赔偿权利人以及赔偿权利人的职责；六是明确了赔偿义务人及其义务范围和赔偿方式；七是明确了不同法律责任主体之间的关系和赔偿顺序；八是规定了对赔偿义务人行为的处理措施。其次，关于生态环境损害赔偿管理的任务分工。

---

① 季林云、孙倩、齐霁：《刍议生态环境损害赔偿制度的建立——生态环境损害赔偿制度改革5年回顾与展望》，《环境保护》2020年第24期。

为有效开展生态环境损害赔偿管理,《管理规定》分别规定了中央和地方有关机关的任务分工和职责。最后,关于生态环境损害赔偿管理工作程序和保障机制。《管理规定》第三章为"工作程序",对生态环境损害赔偿案件线索筛查、案件管辖、索赔启动、损害调查、鉴定评估、索赔磋商、司法确认、赔偿诉讼、修复效果评估等重点环节的权利义务作出规定,细化了 10 个筛查线索渠道,确定了 6 类不启动和终止索赔的情形,明确了 4 个关键环节的损害调查重点。《管理规定》第四章为"保障机制",对鉴定评估机构建设、鉴定评估技术方法、资金管理、公众参与和信息公开、报告机制、考核和督办机制、责任追究与奖励机制等作出规定。总之,《管理规定》针对实践中的突出问题进行了相关制度设计和安排,为深化生态环境损害赔偿工作提供了有力的制度保障。

第二节 我国生态环境损害赔偿工作取得的成就

一 生态环境损害赔偿责任入法

(一) 民法典专门规定生态环境损害赔偿责任

2020 年 5 月《民法典》出台,"侵权责任编"专设第七章"环境污染和生态破坏责任",明确国家规定的机关和法律允许的组织可以享有生态环境损害的索赔权。《民法典》第 1234 条、第 1235 条对生态环境损害赔偿的范围予以明确,范围包括生态环境受到损害至修复完成期间服务功能丧失导致的损失,生态环境功能永久性损害造成的损失,生态环境损害调查、鉴定评估等费用,清除污染、修复生态环境费用,防止损害发生和扩大所支出的合理费用等。《民法典》将生态环境损害赔偿的改革成果上升为国家基本法律,从实体法层面确立了生态环境损害赔偿的法律制度。

(二) 相关专项法律纳入生态环境损害赔偿责任

目前,我国《长江保护法》《黄河保护法》《青藏高原生态保护法》《固体废物污染环境防治法》《森林法》《土壤污染防治法》等法律已经对生态环境损害赔偿责任进行了规定,具体见表 2-1。在这些法律中,《固体废物污染环境防治法》首次规定了生态环境损害赔偿的磋商程序,除此之外,关于生态环境损害鉴定评估、调查、组织修复、修复资金管理、修复效果评估、与环境公益诉讼的衔接等关键内容,还没有法律进行明确规定。

表 2-1　　　　　　相关专项法律纳入生态环境损害赔偿责任

序号	法律名称	法律条文
1	《长江保护法》	第93条　违反国家规定造成长江流域生态环境损害的,国家规定的机关或者法律规定的组织有权请求侵权人承担修复责任、赔偿损失和有关费用
2	《黄河保护法》	第119条　违反本法规定,造成黄河流域生态环境损害的,国家规定的机关或者法律规定的组织有权请求侵权人承担修复责任、赔偿损失和相关费用
3	《青藏高原生态保护法》	第59条第2款　违反国家规定造成青藏高原生态环境损害的,国家规定的机关或者法律规定的组织有权请求侵权人承担修复责任、赔偿损失和相关费用
4	《固体废物污染环境防治法》	第122条　固体废物污染环境、破坏生态给国家造成重大损失的,由设区的市级以上地方人民政府或者其指定的部门、机构组织与造成环境污染和生态破坏的单位和其他生产经营者进行磋商,要求其承担损害赔偿责任……
5	《森林法》	第68条　破坏森林资源造成生态环境损害的,县级以上人民政府自然资源主管部门、林业主管部门可以依法向人民法院提起诉讼,对侵权人提出损害赔偿要求
6	《土壤污染防治法》	第97条　污染土壤损害国家利益、社会公共利益的,有关机关和组织可以依照《中华人民共和国环境保护法》《中华人民共和国民事诉讼法》《中华人民共和国行政诉讼法》等法律的规定向人民法院提起诉讼

(三) 地方立法纳入生态环境损害赔偿责任

我国一些地方性立法规定了生态环境损害赔偿责任。一方面,一些地方如福建省、吉林省、河北省等省环境保护条例中规定了生态环境损害赔偿责任;① 另一方面,一些地方结合各地实际情况,制定了"生态环境损害赔偿制度改革的实施意见",以逐步建立现代生态环境和资源监管体制。②

---

① 例如,《福建省生态环境保护条例》第35条;《吉林省生态环境保护条例》第85条;《河北省生态环境保护条例》第79条第1款;《贵州省生态环境保护条例》第37条;《广州市生态环境保护条例》第19条第1款;《上海市环境保护条例》第91条;等等。

② 例如,《内蒙古自治区生态环境损害赔偿工作规定(试行)》;《黑龙江省关于推进生态环境损害赔偿制度改革若干具体问题的实施意见》;《三亚市生态环境损害赔偿制度改革实施意见》;《安徽省生态环境损害赔偿实施办法(试行)》;《银川市生态环境损害赔偿制度改革实施方案(试行)》;等等。

二 官方发布多批具有典型意义的案例

自开展生态环境损害赔偿制度试点工作以来，最高人民法院、生态环境部充分发挥典型案例的示范引导作用，发布了多批具有典型意义的案例，以总结经验做法。

（一）最高人民法院发布保障生态环境损害赔偿制度改革典型案例

2019 年 6 月 5 日，最高人民法院专门发布了人民法院保障生态环境损害赔偿制度改革典型案例，包括山东省生态环境厅诉山东金诚重油化工有限公司、山东弘聚新能源有限公司案；重庆市人民政府、重庆两江志愿服务发展中心诉重庆藏金阁物业管理有限公司、重庆首旭环保科技有限公司案；贵州省人民政府、息烽诚诚劳务有限公司、贵阳开磷化肥有限公司生态环境损害赔偿协议司法确认案；绍兴市环境保护局、浙江上峰建材有限公司、诸暨市次坞镇人民政府生态环境损害赔偿协议司法确认案；贵阳市生态环境局诉贵州省六盘水双元铝业有限责任公司阮正华、田锦芳案，[①] 在查明专业技术相关事实、确定生态环境损害赔偿数额、生态环境损害赔偿诉讼与环境公益诉讼的有效衔接、第三方治理模式下生态环境损害赔偿责任的认定问题、生态环境损害赔偿协议的司法确认规则以及划分污染者责任等方面进行了积极探索，提供了有益经验。

（二）生态环境部发布生态环境损害赔偿磋商典型案例

2020 年以来，生态环境部办公厅共发布了两批生态环境损害赔偿磋商典型案例，这既反映了近几年生态环境损害赔偿制度改革工作的成果，也为生态环境损害赔偿制度的进一步推行提供了可供借鉴的经验做法。

2020 年 4 月 30 日，生态环境部办公厅发布了第一批生态环境损害赔偿磋商十大典型案例，包括山东济南章丘区 6 企业非法倾倒危险废物案；贵州息烽大鹰田等企业非法倾倒废渣案；浙江诸暨某企业大气污染案；天津经开区某企业非法倾倒废切削液和废矿物油案；江苏苏州高新区某企业渗排电镀废水案；湖南郴州屋场坪锡矿"11·16"尾矿库水毁灾害事件案；深圳某企业电镀液渗漏案；安徽池州月亮湖某企业水污染案；上海奉

[①] 最高人民法院官网：《生态环境损害赔偿诉讼司法解释及典型案例新闻发布会》，2019 年 6 月 5 日，https://www.court.gov.cn/zixun-xiangqing-162292.html。

贤区张某等 5 人非法倾倒垃圾案；重庆两江新区某企业非法倾倒混凝土泥浆案。① 这些案例涉及非法倾倒、超标排放、交通事故与安全事故次生环境事件等多种情形，覆盖了大气、地表水、土壤与地下水等环境要素，为探索生态环境损害赔偿体制机制提供了良好的实践借鉴。

2021 年 12 月 22 日，生态环境部办公厅发布了第二批生态环境损害赔偿磋商十大典型案例，包括宁夏回族自治区中卫市某公司污染腾格里沙漠案；重庆市南川区某公司赤泥浆输送管道泄漏污染凤咀江案；贵州省遵义市某公司未批先建案；江苏省南通市 33 家钢丝绳生产企业非法倾倒危险废物系列案；某公司向安徽省颍上县跨省倾倒危险废物案；湖南省沅江市 3 家公司污染大气案；北京市丰台区某公司违法排放废水案；河北省三河市某公司超标排放污水案；山东省东营市某公司倾倒危险废物案；浙江省衢州市某公司违规堆放危险废物案。② 对跨省联合磋商、多个赔偿义务人责任分配、赔偿磋商与环境公益诉讼的衔接、简易案件的损害赔偿磋商等办案方法进行了探索，为各地办理生态环境损害赔偿案件提供了指导，为大力推进生态环境损害赔偿制度改革工作提供了经验借鉴。

除上述案例外，最高人民法院、最高人民检察院多次发布与生态环境损害赔偿相关的指导性案例和典型案例，③ 为生态环境损害赔偿责任和损害范围的认定、损失赔偿数额的计算、赔偿方式等方面的司法适用提供了重要参考。

三　生态环境损害赔偿工作取得实践成果

截至 2021 年年底，全国已累计办理生态环境损害赔偿案件约 1.13 万件，涉及赔偿金额超过 117 亿元人民币，推动修复土壤超过 3695.57 万立方米、林地 6155.22 万平方米、农田 213.88 万平方米、地表水体 3.69 亿立方米、地下水 166.63 万立方米、湿地 20.00 万平方米、清理固体废物

---

① 生态环境部官网：《关于印发生态环境损害赔偿磋商十大典型案例的通知》，2020 年 4 月 30 日，https://www.mee.gov.cn/xxgk2018/xxgk/xxgk06/202005/t20200506_777835.html。
② 生态环境部官网：《关于印发第二批生态环境损害赔偿磋商十大典型案例的通知》，2021 年 12 月 27 日，https://www.mee.gov.cn/xxgk2018/xxgk/xxgk06/202112/t20211227_965379.html。
③ 如最高人民法院发布第 31 批指导性案例之五"湖南省益阳市人民检察院诉夏顺安等 15 人生态破坏民事公益诉讼案"；最高人民法院发布第 24 批指导性案例之九"江苏省徐州市人民检察院诉苏州其安工艺品有限公司等环境民事公益诉讼案"；检察公益诉讼全面实施两周年典型案例之十七"江苏省泰州市人民检察院督促泰兴市政府依法履行生态环境损害赔偿职责公益诉讼案"等。

8984.25万吨。① 总体上，生态环境损害赔偿制度向精细化纵深发展，生态环境损害赔偿责任认定呈现出以磋商为主导程序、以修复生态环境和赔偿损失为主要形式、以自然人为义务主体的显著特征。② 各地以案例实践为主要抓手，以具体行动践行习近平生态文明思想，取得了良好的社会效果。

（一）用最严格制度和最严密法治保护生态环境

生态环境损害赔偿制度的改革，是落实"损害担责"原则的重要举措，通过全面、严格追究造成生态环境损害行为人的责任，弥补刑事追责和行政处罚的不足，提高行为人的违法成本，提升其环境责任意识，用最严格的制度、最严密的法治保护生态环境。

例如，江苏省人民政府诉安徽海德化工科技有限公司生态环境损害赔偿案（最高法指导案例129号），海德公司和无危险废物处置资质的第三方，将未经处理的废碱液排入长江系统，由此导致的水污染事件造成生态环境损害1731.26万元。一审法院判决海德公司赔偿环境修复费用3637.90万元，生态环境服务功能损失1818.95万元，评估费用26万元，共计5482.85万元，二审法院维持原判。目前沿长江化工企业分布密集，违法排放问题突出，严重威胁流域的生态安全。污染者应当依照"损害担责"的原则，赔偿生态环境修复费用和生态服务功能损失。该案在社会上产生较大影响，被评为"2018年推动法治进程十大案件"。

（二）主动磋商，加快生态环境修复进程

传统的公益诉讼办案环节有八个：发现线索、调查评估、提起公益诉讼、一审判决、上诉、终审判决、委托行政机关、组织修复。通过生态环境损害赔偿磋商只需要四个环节，即发现线索、调查评估、磋商、组织修复，通过这四个环节进行生态环境损害赔偿和修复，改变了传统的环境公益诉讼路线，极大地提高了案件办理效率，降低了行政和司法成本，促进了环境管理方式向精细化、定量化、规范化方向的转变。在山东青岛黄岛区山体破坏、浙江诸暨某企业大气污染、江苏苏州高新区某企业渗排电镀废水等案件中，赔偿权利人根据鉴定评估报告，主动与赔偿义务人进行磋

---

① 中国新闻网：《中国已累计办理生态环境损害赔偿案约1.13万件》，2022年9月28日，https://baijiahao.baidu.com/s?id=1745219158982274111&wfr=spider&for=pc。

② 《中国环境司法发展报告（2021）》。

商，双方达成一致后义务人及时开展环境修复，大大加快了生态环境修复的进程。

（三）社会普遍关注，增强群众良好生态环境获得感

生态环境损害赔偿制度改革受到社会普遍关注，"环境有价、损害担责"理念深入人心。例如，贵州息烽大鹰田等企业非法倾倒废渣案，劳务公司将废石膏渣运往大鹰田地块内非法倾倒，造成生态环境损害数额共计891.6万元，赔偿权利人与义务人达成协议，人民法院在受理司法确认申请后，及时向社会公开赔偿协议相关内容，保障了公众的知情权和参与权。赔偿义务人按照协议对大鹰田地块开展了生态环境修复，并于2017年12月前自行修复完毕，泥渣得到清理，荒地复绿，百姓拍手称赞。再如，江苏省政府诉安徽海德公司案、山东金诚重油化工公司生态环境损害赔偿诉讼案等具有重要意义的案件在中央电视台《新闻联播》《焦点访谈》《中国新闻》《朝闻天下》等栏目中进行了专题报道，在《中国环境报》等全国性媒体上进行宣传，引起了社会的广泛关注，增强了社会各界对生态环境损害赔偿改革工作的认识，形成了良好的舆论反响。

第三节 我国生态环境损害赔偿法律制度存在的问题

一 责任构成要件存在的问题

我国目前没有关于生态环境损害赔偿责任构成要件的专门规定。生态环境损害赔偿磋商、诉讼制度和环境民事公益诉讼制度共同构成我国生态环境损害赔偿追责的方式，关于该责任的构成要件也只是零星散布于这两大制度中。下文以这两大制度为切入点，梳理现有法律、司法解释、政策性文件对于生态环境损害赔偿责任构成要件的规定，并试图分析现有规定的不足之处。

《改革方案》《若干规定》《管理规定》是现行有效的关于生态环境损害赔偿磋商、诉讼制度的规范。《最高人民法院关于审理环境民事公益诉讼案件适用法律若干问题的解释》（以下简称《环境民事公益诉讼解释》）、《最高人民法院关于审理环境侵权责任纠纷案件适用法律若干问题的解释》（以下简称《环境侵权案件司法解释》）、《最高人民法院、最高人民检察院关于检察公益诉讼案件适用法律若干问题的解释》（以下

简称《检察公益诉讼司法解释》）是关于环境民事公益诉讼制度的规范。这些规范中没有专门规定生态环境损害赔偿责任构成要件的条文，我们只能通过对起诉情形、举证责任等规定的分析，总结出这些规范对于生态环境损害赔偿责任构成要件的态度倾向。

（一）行为要件规则：违法性规范模糊

在生态环境损害赔偿磋商、诉讼制度中，《改革方案》只是在规定生态环境损害的定义、确定赔偿义务人时通过一些词汇反映出对行为要件的态度。通过生态环境损害的定义"因污染环境、破坏生态造成……"可以看出《改革方案》要求的行为要件是"污染环境、破坏生态"。在确定赔偿义务人时，"违反法律法规，造成……"可以看出《改革方案》要求行为具有违法性。《若干规定》第11条规定"违反法律法规"，但是2020年修正以后，改为"违反国家规定……"《管理规定》与《改革方案》相同，在生态环境损害的定义中，要求行为要件是"污染环境、破坏生态"。

在环境民事公益诉讼制度中，《环境民事公益诉讼解释》第1条在规定起诉条件时要求行为要件是损害社会公共利益的污染环境、破坏生态行为，《检察公益诉讼司法解释》强调了将破坏生态环境和资源保护作为要件。《环境侵权案件司法解释》本应是对环境侵权责任的规定，但第17条又表明该解释也适用于环境民事公益诉讼，除非公益诉讼有特别规定。究其原因，该司法解释的立法者可能赞同环境侵权包含对环境本身的损害，从而将追究生态环境损害赔偿责任的公益诉讼纳入环境侵权的范畴。值得注意的是，什么是"公益诉讼另有规定"？《环境侵权案件司法解释》第1条不要求行为有违法性，《环境民事公益诉讼解释》虽然没有专门就是否要求行为有违法性作出规定，但该解释第1条的起诉情形中也没有要求污染环境、破坏生态行为是违法的。那么，《环境民事公益诉讼解释》第1条对于没有要求违法性的规定应视为对《环境侵权案件司法解释》的另有规定，还是"没有规定的，适用《环境侵权案件司法解释》的规定"，这并不清晰。

《民法典》第1234条、第1235条要求生态环境损害赔偿责任符合"违反国家规定"的条件，明确要求违法性要件，并将违法性中的"法"规定为"国家规定"。至于何为"国家规定"，"国家规定"该作广义解释还是狭义理解，《民法典》并无说明。但毋庸置疑的是，《改革方案》

《若干规定》关于生态环境损害赔偿的规定，应当视为"国家规定"。因此，在行为要件上，现有规定一致将污染行为、破坏行为作为生态环境损害赔偿的追责行为。但在违法性的要求上，在损害赔偿之诉中，明确要求有违法性；在公益诉讼中，司法解释的规定并不清晰。

（二）结果要件规则：损害结果要求不同

在生态环境损害赔偿磋商、诉讼制度中，通过《改革方案》《管理规定》对生态环境损害的定义可以看出，其要求的损害后果是环境要素、生物要素的不利改变及生态系统功能退化。对于什么情形可以作为上述要素的不利改变和生态系统功能退化，《改革方案》《管理规定》没有作出明示。《改革方案》《若干规定》对生态环境损害赔偿追责情形作出了相同的规定，都列举了三种追责情形，包括：较大及以上的突发环境事件，在重点生态功能区、禁止开发区的事件及其他严重损害生态环境的事件。通过追责情形可以看出对于损害后果的共性规定是要求"严重的损害后果"。

在环境民事公益诉讼制度中，《环境民事公益诉讼解释》第1条的起诉情形规定了结果要件，表述是"已经损害社会公共利益或具有损害社会公共利益重大风险"。与损害赔偿之诉的要求不同，公益诉讼只要求损害结果，没有要求结果达到"严重损害"的标准，而且将"具有损害的重大风险"纳入结果要件之内。可以看出，两种制度对生态环境损害责任的结果要件要求存在显著差异。《民法典》第1234条、第1235条要求"造成生态环境损害"，既没有规定达到"严重结果"的标准，也没有规定具有造成损害的重大风险。综上所述，对生态环境损害赔偿结果要件的规定，各类规范之间存在不一致之处。

（三）因果关系规则：适用必要性不明确

根据《民法典》第1230条的规定，生态环境损害赔偿责任的因果关系判断与传统的环境侵权责任采用相同的标准，即因果关系推定规则。由于行为人的污染行为、破坏行为与生态环境损害之间的引起与被引起关系是比较复杂的物理、化学反应过程，非专业人士很难判断。而行为人对其排放的污染物的成分比较了解，相对容易证明其行为与损害之间是否具有因果关系。因此，为平衡双方的利益，采用因果关系推定，由被告承担不存在因果关系的证明责任。

在生态环境损害赔偿磋商、诉讼制度中，《若干规定》第6条、第7

条分别规定了原告的举证责任和被告的举证责任,要求原告证明:被告实施了损害生态环境的行为、生态环境受到损害的结果以及具体数额、行为与损害之间具有关联性。被告对原告主张反驳的,由被告举证证明。值得注意的是,《若干规定》既没有要求原告证明因果关系,也没有要求被告证明因果关系。其要求原告证明关联性的规定看似实行因果关系推定,但又不同于环境侵权责任,并没有要求被告反证因果关系不存在。这并非严格意义上的因果关系推定。被告对原告主张反驳的举证,只是民事诉讼中一般的举证质证要求而已。究其原因,可能是由于生态环境损害过程非常复杂,将不存在因果关系的证明责任倒置给被告,过于加重被告的负担,但这样的规定与《民法典》出现了冲突。

在环境民事公益诉讼制度中,《环境民事公益诉讼解释》《检察公益诉讼司法解释》都没有涉及因果关系的内容。《环境侵权案件司法解释》第6条、第7条分别规定了在环境侵权案件中原告的举证责任和被告的举证责任。同上文对违法性要件的理解,公益诉讼制度没有就因果关系作出规定,是否意味着通过公益诉讼进行生态环境损害赔偿追责需要依据环境侵权责任的规定?倘若依据环境侵权责任的规定,依据《民法典》第1230条的举证责任倒置规则,需要由被告证明其行为与损害之间不具有因果关系,包含《环境侵权案件司法解释》第7条规定的4种情形。原告依据该解释第6条,证明被告具有损害行为、造成损害结果及二者间具有关联性。当然,通过对前述环境侵权与生态环境损害在本质上的区分,不管通过何种方式追究生态环境损害赔偿责任,直接适用关于环境侵权构成要件的规定都是有失妥当的。

(四) 主观要件规则:过错要求不清晰

在生态环境损害赔偿磋商、诉讼制度中,《改革方案》《管理规定》在探索赔付规则时提到"根据赔偿义务人主观过错……"似乎将主观过错作为构成要件,而《若干规定》没有就主观要件作出任何规定。在环境民事公益诉讼制度中,也没有关于主观要件的规定。若认为环境民事公益诉讼制度适用环境侵权责任的规定,则适用无过错责任。

总体观之,我国缺乏专门规定生态环境损害赔偿责任构成要件的规则,相关构成要件只是隐匿于生态环境损害赔偿制度的相关规定当中,规定不明确、不系统。立法上缺乏明确的构成要件规则是目前存在的最大问题。

二 赔偿范围存在的问题

生态环境损害的赔偿范围是生态环境损害赔偿制度中的基础问题，国家层面、地方政府、地方法院相关的规定还未统一。对此基础性问题，需要统一和明确。

（一）国家层面关于生态环境损害赔偿范围规定不一

关于生态环境损害赔偿范围的观点，主要有"四项说""五项说"和"六项说"，主要规定在《改革方案》《环境民事公益诉讼解释》《管理规定》和《民法典》中。

其中，各规定有共通的三项内容，即生态环境修复费用、生态环境修复期间服务功能的损失，以及生态环境功能永久性损害造成的损失。但《环境污染刑事案件适用法律若干问题的解释》将除上述三项之外发生的其他费用统称为"其他必要合理费用"，《民法典》《改革方案》《环境民事公益诉讼解释》《管理规定》对什么是"合理费用"作了进一步细化：《民法典》与《管理规定》中，"合理费用"为"防止损害的发生和扩大所支出的费用"；《改革方案》中，"合理费用"为"生态环境损害赔偿调查、鉴定评估等费用"；《环境民事公益诉讼解释》中，"合理费用"包括的事项最多，既有"清除污染以及防止损害的发生和扩大所支出的费用"，也有"律师费以及为诉讼支出的其他费用"。进一步审视，还可以发现《改革方案》将"清除污染费用"作为单独一项，而《民法典》和《管理规定》将该项作为与"修复生态环境费用"性质同一的一笔费用，《环境民事公益诉讼解释》则将该项视为与"防止损害的发生与扩大"具有同等性质的一笔费用。赔偿范围的不一，以及费用性质的不同，必将影响生态环境损害赔偿制度的实践操作。当前，随着社会的发展，保护生态环境的理念越来越深入人心，生态环境的完整性与和谐性越来越受到人们的重视。如果在国家层面没有一个统一的规定，不明确污染或破坏行为到底造成了哪些生态环境损害？又有哪些生态环境损害能够请求获得赔偿？不仅会造成实践乱象，也会削减生态环境损害赔偿制度保护生态环境的功效。

（二）地方政府关于生态环境损害赔偿范围规定不一

《改革方案》特别强调各地可以"根据生态环境损害赔偿工作进展情况和需要"，对赔偿范围作出细化。国家对各地在生态环境损害赔偿工作中的探索性研究与实践采取鼓励的态度。这一方面反映了当前我国的生态环境损害赔偿制度尚处于摸索阶段，另一方面表明国家希冀通过因地制宜，灵活适用，充分发挥生态环境损害赔偿制度保护生态环境的功能。

地方政府对生态环境损害赔偿的范围进行了规定，以天津市、江苏省、四川省为例，这些省市对生态环境损害赔偿范围的规定均包括清除污染费用、生态修复费用、生态环境修复期间服务功能的损失、生态环境功能永久性损害造成的损失，与《改革方案》《管理规定》保持一致。但有的省份将应急处置费用单列出来，如江苏省、四川省；有的省份则将其视为清除污染费用的组成部分之一，如天津市；有的省份将监测费用单列出来，如江苏省；有的省份则将其视为事务性费用的组成部分之一，如天津市。可见地方政府关于生态环境损害赔偿范围的规定缺乏一致性。

(三) 地方法院关于生态环境损害赔偿范围规定不一

地方法院在《若干规定》施行之前，为了审理生态环境损害赔偿案件，以"审判委员会纪要""若干意见""审理指南"等形式出台规定，指导生态环境损害赔偿案件的审判工作。以天津市、上海市、江苏省、山东省的高级人民法院关于生态环境损害赔偿范围的观点为例，不难看出，相较于各个地方政府，地方法院的规定更为翔实，在相关单列名目下列举了所包括的具体款项。综合来看，生态修复费用、生态环境修复期间服务功能的损失、生态环境功能永久性损害造成的损失是地方法院规定中的"老三项"，除此之外，地方法院的规定仍然存在较大的差异。上海市高院将"为停止侵害、排除妨碍、消除危险采取合理预防、处置措施而发生的费用"视为"清除污染费用"的组成部分之一，江苏省高院则将其视为应急性费用的组成部分之一，而天津市高院将其归为"其他费用"；即便是"老三项"之一的"生态环境修复费用"，其所包含的具体名目也各有特点，如天津市高院和上海市高院认为其包含的款项有"制定、实施修复方案，以及修复期间的监测、监管等费用"，江苏省高院则认为其包含的款项有"修复费用、替代性修复费用、修复方案编制费用、监测费用、监管费用、验收费用"。

综上可知，不管是国家层面，还是地方层面，不管是政府机关的实施方案，还是司法机关的诉讼规程，在生态环境损害赔偿的范围上，我国并未形成一个统一明确的共识，这在生态环境损害赔偿探索阶段尚且可行，但如果任其混乱不加以统一，终将影响生态环境损害赔偿制度功能的发挥。

三 磋商制度存在的问题

生态环境损害赔偿制度把磋商规定为前置程序，这是一项创新，但正因为其是创新的制度，同时也存在诸多的问题，主要体现在以下几个方面：第一，在磋商程序中，参与磋商的主体范围并不明确，索赔主体的范围仅限于政府机关，赔偿义务人的范围也较为模糊；第二，对于磋商程序缺乏专门的规定，现有中央政策文件和司法解释都没有明确磋商的具体程序规则；第三，磋商的具体性质不明确，这直接导致磋商协议的效力受到影响；第四，磋商主体之间地位的差异，导致难以平等展开磋商；第五，磋商作为生态环境损害赔偿制度开展的主要方式，在磋商结束后缺乏多元的救济方式进行衔接，使得受损的利益难以得到全面维护。

（一）主体的范围不明确

1. 索赔主体的范围

赔偿权利人是指有资格对生态环境损害请求赔偿的人。① 目前，许多专家学者认为行政机关作为赔偿权利人的理论基础包括公共信托理论、国家所有权理论，另有其他学者从国家义务这个全新的视角出发，提出行政机关应当是国家义务实现的主要承担者，国家是通过行政机关向公民提供物质性利益的，具体到环境领域就是指环境行政权。② 国家应当主动保护生态环境免于受到损害，如果未行使相应权利而导致环境公共利益受损，国家也应当承担相应的责任。生态环境保护是政府的义务，追究生态环境损害责任是政府的权利，这种权利义务是相对的，国家义务理论就成为政府作为生态环境损害赔偿中索赔权利人的理论支撑。但是，在生态环境损害赔偿中出现需要政府承担连带责任和补充赔偿责任的，行政机关就不再适宜作为索赔主体。

从七省市试点到全国试点期间各地颁发的规范性文件来看，关于赔偿权利人的规定与《改革方案》《管理规定》保持了高度的一致，即"国务院授权的省级、市地级政府（包括直辖市所辖的区县级政府）"作为主

---

① 刘倩：《生态环境损害赔偿：概念界定、理论基础与制度框架》，《中国环境管理》2017年第1期。
② 陈真亮：《环境保护的国家义务研究》，法律出版社2015年版，第110—127页。

要的赔偿权利人,实践中也是由一级人民政府决定是否启动生态环境损害赔偿。① 《民法典》规定的生态环境损害责任条款,规定了索赔主体是"国家规定的机关或者法律规定的组织"。但实践中启动生态环境损害赔偿的主体仅限于政府和政府指定的环保、自然资源等部门机构,司法机关和公民个人、检察机关、公益组织的主体地位并没有被明确,这就可能发生政府作为索赔权利人并未及时提起索赔的情形,以及政府作为责任主体无法提起索赔的情形。故索赔主体的范围适当扩大,并且涵盖相应的监督管理机关是必要的。

2. 赔偿义务人范围

目前生态环境损害赔偿制度规定的赔偿义务人范围比较模糊,只规定了"违反法律法规,造成生态环境损害的单位或个人"是赔偿义务人,对于单位的性质并未细化。为了明确生态环境损害赔偿责任,有必要扩大和细化赔偿义务人主体的范围。生态环境损害赔偿制度规定"各地区可根据需要扩大生态环境损害赔偿义务人范围",但是在实践中,具体应当扩大到什么范围,是值得讨论的。未尽注意义务的管理人和运输者、明知违法仍提供贷款给直接责任人的金融机构、滥用法人资格的股东等与造成生态环境损害结果相关的各环节的涉案人员、法人、机构等都可能成为生态环境损害赔偿义务人,还有观点认为"环境保险人和环境基金组织"也应当纳入赔偿义务人的范围。② 由此观之,以上主体都可能作为赔偿义务人承担责任,但是在实践中义务主体的设定应当合理、合法、合情,需要理论和制度支撑,不能让无辜主体遭受无妄之灾,导致责任分配的偏离。

(二) 程序规范过于原则

生态环境损害赔偿的相关条款以及《固体废物污染环境防治法》第122条只是笼统规定了磋商作为生态环境损害赔偿的前置程序,作为赔偿权利人的行政机关应当主动开展磋商。中央文件和司法解释也没有进一步明确磋商程序和规则。目前磋商制度的原则性规定主要源于我国行政协商的制度规范,多由效力层级低的文件规定,没有高层级的法规支撑,缺失

---

① 廖华:《生态环境损害赔偿的实践省思与制度走向》,《湖南师范大学社会科学学报》2021年第1期。

② 周婷婷:《生态环境损害赔偿磋商制度的构建》,《广西社会科学》2021年第10期。

了重要的法律基础。① 这将导致生态环境损害赔偿的磋商程序难以有效开展，即使开展，也无法有效保障磋商主体之间责任的公平划分，赔偿义务人的权益也难以得到保障。目前我国行政法律规范体系中缺少统一的行政程序法，这对生态环境损害赔偿磋商的实际开展带来操作上的困难。②

（三）协议性质不确定

生态环境损害赔偿磋商协议是指索赔权利人和索赔义务人在生态环境损害行为发生以后，通过磋商就生态环境损害的事实和程度、修复启动时间和期限、赔偿的责任承担方式和期限等问题达成一致后签订的协议，磋商协议是政府监督义务人履行生态环境修复责任的重要依据。目前对于磋商协议的性质问题，还没有明确的学术论断，主要是因为难以明确磋商协议到底是属于民事协议还是行政协议。磋商原本应该是平等的民事主体之间展开的，但是生态环境损害赔偿磋商的主体较为特殊，因为赔偿权利人是作为行政机关的政府，政府与赔偿义务人之间的协议，是否也具有行政效力，这就很有争议。民事协议说认为行政磋商是和解形式的一种，是民事主体在侵权纠纷发生后对自己权利的一种处分，体现了私法自治精神。行政协议说认为省市级政府主动磋商的行为属于具有公法性质的协商行政行为，由此推知磋商协议的性质属于行政合同。③ 要确认磋商的效力，就要明确磋商协议的性质，这样才能更好地救济受到损害的生态环境。对磋商协议性质的认定，需要专门的法律制度来明确，不能在具体适用中混同民事合同和行政合同的法律效力。

（四）主体间的地位不平等

生态环境损害赔偿磋商中存在主体地位不平等的问题，索赔权利人是代表公权力的政府，索赔义务人一般是公司企业，就社会地位而言，两者之间存在差距。就掌控的社会资源来看，政府作为行政机关，拥有丰富的资源和多种途径去获取生态环境损害各方面的信息和数据，而企业在这方面相对处于弱势。根据博曼的观点，行政协商往往存在不平等的可能性，而协商的不平等往往体现为权力不对称、交流不平等以及政治资源贫困或

---

① 杨临宏、马琼丽：《行政中的协商机制初论》，《思想战线》2013年第2期。
② 张露：《行政协议的效力判断》，硕士学位论文，南京大学，2016年。
③ 唐绍均、杜霞、蒋云飞：《论生态环境损害赔偿行政磋商协议的性质》，《理论导刊》2019年第9期。

公共能力的缺乏。① 行政机关有时可能会滥用其公权力，从而导致不公正不公平的责任划分，最终磋商协议的实际价值也会受到质疑。所以，应当用规范的法治和制度来调平权利倾斜的天平，使得赔偿义务人和索赔权利人公平、公正、有效地开展磋商，从而达成行之有效的磋商协议，这样才能有效发挥磋商的积极作用。

（五）救济方式过于单一

生态环境损害赔偿磋商的结果存在两种情形：磋商达成一致，赔偿义务人依照磋商协议开展生态环境修复；磋商未达成一致，赔偿权利人应当及时提起生态环境损害赔偿之诉。根据《改革方案》《管理规定》中"主动磋商，司法保障"的原则，无论磋商成功与否，政府作为赔偿权利人都应当对磋商负责，磋商达成一致时，要对磋商协议的执行进行监管；磋商未达成一致，要及时运用诉讼手段对受损的生态环境进行救济。在磋商失败的情形下只有诉讼这一种救济措施，会略显无力。就民事领域的救济而言，权利人可以通过多元救济途径，竭尽全力维护自身合法权益。磋商作为生态环境损害赔偿的首要措施，只有配合多元的救济措施，才能更好地保护受损的生态环境。有学者认为，除了行政机关提起诉讼外，也可在行政机关起诉前由环保组织提起公益诉讼，甚至可以由检察机关介入。② 不过对于救济措施的启动主体应当有顺位限制，有学者提出应当按照政府、检察机关、环保组织的顺序来安排起诉顺位。③ 现有的《若干规定》虽然明确了生态环境损害赔偿诉讼与公益诉讼的顺位，但是对于磋商这一前置程序而言，不具有参考价值。我们应该思考更为完善的救济手段，通过协商、仲裁、诉讼等多种手段对生态环境进行保护。

四 诉讼制度存在的问题

诉讼是生态环境损害赔偿制度的重要程序内容，也是受损生态环境权益得到救济的主要方式，生态环境损害赔偿的制度建设和改革发展，需要完善的生态环境损害赔偿诉讼制度。目前来看在诉讼制度方面主要存在以

---

① ［美］詹姆斯·博曼：《公共协商：多元主义、复杂性与民主》，黄相怀译，中央编译出版社2006年版，第78页。
② 王金南等：《加快建立生态环境损害赔偿制度体系》，《环境保护》2016年第2期。
③ 竺效：《生态损害公益索赔主体机制的构建》，《法学》2016年第3期。

下问题：第一，对于诉讼主体的规定相对模糊，《改革方案》《若干规定》《管理规定》并没有明确政府以外的主体可以提起诉讼；第二，缺少明确的起诉条件，生态环境损害赔偿诉讼的特殊性决定了法院释明权和当事人的争议焦点问题很难被确定；第三，缺少对先予执行与保全程序的规定；第四，诉讼的执行存在困难，同时也缺乏对具体执行的监督。

(一) 起诉主体模糊

生态环境损害赔偿诉讼的适格原告和赔偿权利人，是两个不同的概念，需要对适格原告的范围、资格、条件等进行更为明确的认定。生态环境损害赔偿诉讼中，虽然排除了公益组织的诉讼主体资格，但对公民和法人是否能够作为起诉主体，采用了更为宽泛的表述，即"应当及时研究处理公民、法人和其他组织举报要求提起生态环境损害赔偿的情形"，故可以把与生态环境损害有关的公民、法人、其他组织的举报行为也纳入诉讼的考量当中。

1. 政府及其部门作为起诉主体

负有环境保护监督管理职能的政府是否能成为起诉主体，首先应该考虑其本职职能，本身具有环境监管权力的政府部门，不能以提起生态环境损害赔偿诉讼为由掩盖自身行政执法不力的行为，规避相应的责任。因此，需要对政府作为起诉主体的基础权利进行必要论证，明确执法权与起诉权的适用区别。[①]

对于一些生态环境损害赔偿案件，可能多个政府部门都具备起诉主体的资格。处理好不同级别、不同地区、跨区域的管辖，也至关重要。这既关系到诉讼效率的问题，同时也能够使受损害的生态环境得到及时救济。因此，应当根据生态环境损害的具体性质和特征，进一步明确相关政府部门作为适格主体提起诉讼。

政府作为起诉主体提起生态环境损害赔偿之诉的，也应该结合自身的公共管理职能，运用优势资源，要求专业机构开展生态环境损害的鉴定评估以及修复效果后评估等工作。政府拥有较高的公信力，在判决结果执行的时候，政府也可以由原告身份及时转换为监督者的角色，督促判决结果得以充分执行。

---

① 杨朝霞：《论环保机关提起环境民事公益诉讼的正当性——以环境权理论为基础的证立》，《法学评论》2011年第2期。

2. 公民和法人能否作为起诉主体

要明确公民和法人能否作为生态环境损害赔偿之诉的适格起诉主体，就要对生态环境损害赔偿制度所要实现的最终目标进行讨论。目前并没有关于公民和法人可以作为索赔权利人提起生态环境损害赔偿诉讼的明确规定，但是《改革方案》《管理规定》提出了对其资格应当由"政府及其指定的部门或机构进行研究处理和答复"。据此我们可以探索公民和法人的诉讼主体地位。美国的私人检察总长理论很早就明确规定了起诉主体需要满足的三个条件：原告的起诉资格符合美国宪法第 3 条规定的"争议的条件"；为了公共利益之目的；起诉主体是政府官员以外的个人或组织。① 这些规定，明确了公民可以享有对公共环境利益的私人诉权，但是随后美国又出台了很多法案来限制这一权利，最终明确了私人行使诉权时必须能够证明自身的利益受到实际损害。因此，我国关于公民和法人能否作为生态环境损害赔偿之诉的起诉主体，需要进一步通过法律和制度来厘清。

（二）起诉条件不明确

1. 法院释明权行使之争议

释明权是指在民事诉讼过程中，为救济当事人能力上的不足，法院根据职权向当事人提出法律和事实上的质问，督促、引导当事人澄清、补偿、更正相关证据或诉讼请求。② 释明权相对于诉讼当事人来说是一种至关重要的权利，关系到当事人能否准确明了地提起诉求，维护自身合法权益，并最终通过法院获得公正的判决。修订后的《民事诉讼法》基于当事人平等主义原则，并未规定释明权。在一些环境公益诉讼案件中，因为原被告主体地位不平等，导致了很多诉讼请求遗漏，案件无法查明的现象。③ 因此，《环境民事公益诉讼解释》第 9 条规定："人民法院认为原告提出的诉讼请求不足以保护社会公共利益的，可以向其释明变更或者增加停止侵害、修复生态环境等诉讼请求。"但是对于生态环境损害赔偿诉讼而言，行政机关作为主要的起诉主体，原本地位就很高，如果法院行使释明权，有对行政机关进行偏袒之嫌，会导致释明权原本的职权主义色彩更

---

① 张辉：《美国公民诉讼之"私人检察总长理论"解析》，《环球法律评论》2014 年第 1 期。
② 江伟：《民事诉讼法学原理》，中国人民大学出版社 1999 年版，第 197 页。
③ 陈海嵩：《环境民事公益诉讼程序规则的争议与完善》，《政法论坛》2017 年第 3 期。

为浓重,这显然是不合适的。但是释明权作为诉讼当事人享有的一项重要权利,在生态环境损害赔偿之诉中存在与否,还需要专门的探讨。

2. 当事人争议焦点问题

目前我国对于当事人争议的焦点问题还没有明文规定,但是具体到司法实践中,争议焦点问题主要体现在事实争议和法律争议两方面。① 在生态环境损害赔偿之诉中,事实争议焦点相对清晰,只有事实明了的案件才能进入生态环境损害赔偿诉讼中,诉讼双方通过对事实的认定进而明确其责任分配。但是对于生态环境损害赔偿之诉中的法律争议焦点,应当根据生态环境损害的特殊性展开讨论。生态环境损害具有复杂性和不可预测性,争议焦点需要专门的法律来进行明确。生态环境损害赔偿的最终目的是使受损的生态环境能够得到全面的修复,从而追求人与自然的和谐共生,而并不仅仅是义务人进行金钱赔偿,所以有必要对生态环境损害赔偿之诉中的法律争议焦点问题进一步展开讨论。

(三) 先予执行与保全程序缺失

1. 先予执行

先予执行是民事诉讼中的重要程序,是指人民法院受理案件后、作出终审判决前,由一方当事人申请,裁定对方当事人向申请的当事人给付一定的金钱或财物,或者实施或停止某种行为,并立即付诸执行的一种程序。② 先予执行的目的是满足权利人的迫切需求。《民事诉讼法》对先予执行的条件作了严格的限定,即应当限于当事人诉讼请求的范围,并以当事人的生活、生产经营的急需为限。其中,"情况紧急"分为"立即停止侵害、排除妨碍;立即制止某项行为;追索恢复生产、经营急需的保险理赔费;立即返还社会保险金、社会救助资金;不立即返还款项,将严重影响权利人生活和生产经营"五种情况,需要法官结合具体的情形进行最终裁量。

先予执行作为一项重要的制度,在我国现行的诉讼体系中并没有得到充分的适用,环境民事公益诉讼和生态环境损害赔偿领域也没有相关规定。一些企业实施了严重危及生态环境的行为时,如果相关部门未能及时制止,可能会导致更为严重的生态环境损害后果,这种后果即使通过巨额

---

① 陈桂明:《审前准备程序设计中的几对关系问题》,《政法论坛》2004年第4期。
② 江伟:《民事诉讼法学研究》,高等教育出版社2003年版,第263页。

财产和大量人力物力也难以弥补。如果在生态环境损害赔偿之诉中充分发挥先予执行的保障作用，就可以较好地避免因生态环境的持续损害而付出的巨大代价，而且可以降低后期生态环境修复的难度。所以，应当对先予执行制度适用率低、可操作性差与法官如何采用等问题进行讨论。

2. 行为保全

生态环境损害赔偿之诉中没有对行为保全进行具体规定，《改革方案》中仅提到"各地人民法院要对行为保全制度进行研究"。行为保全作为一项重要的诉讼程序，早已进入了民事公益诉讼领域。2016年北京市第四检察院对"多彩公司"提起大气污染环境公益诉讼案，法院首次依职权采取行为保全措施，裁定禁止该公司在不符合环境保护标准情况下继续从事污染环境的生产行为，防止损害扩大。此后，该法院民事审判庭庭长对采取行为保全的原因、企业拒不执行该裁定的应对措施、法院后续采取的措施、行为保全的社会意义进行了详述。[①] 由于在该案件中适用行为保全只是一次创新性的尝试，并没有详细说明具体的保全内容、保全后如何执行等，故在生态环境损害赔偿之诉领域要如何进行行为保全，如何制定具体规则，都需要深入研究。

3. 诉前证据保全

诉前证据保全是指因情况紧急，在证据可能灭失或者以后难以取得的情况下，利害关系人在提起诉讼前申请保全证据。与先予执行和行为保全不同，证据保全是法官对证据的认定和采信采取的具体措施。在生态环境损害赔偿之诉中，诉前证据保全可以发挥重要的作用。当生态环境损害发生时，对污染物的检测和鉴定是一个复杂的动态过程，需要有与之同步的证据保全程序才能避免提起诉讼之后证据的灭失。同时，污染的持续发生也是对取证工作的巨大阻碍，造成环境污染或生态破坏的企业往往为了自己的经济目的，可能会想尽办法阻挠证据保全工作。现有的法律法规对诉前证据保全的规定过于原则和宽泛，这就迫切需要我们对相关制度和程序进行细化和完善。

（四）诉讼的执行监督不力

生态环境损害赔偿之诉的最终判决由法院监督执行，法院按照适度、

---

① 王玮：《环境民事公益诉讼首次适用行为保全制度》，《中国环境报》2017年8月24日第8版。

及时、穷尽原则制定生态环境修复具体方案,并责令相关责任人进行生态环境的修复。① 但是,法院作为司法审判机关,缺乏环境专业技术人才,在判决结果的执行过程中,无法很好地发挥监督作用。同时,生态环境损害的特征使得受损害的生态环境修复难度大,时间长,涉及主体众多,更加需要各环节的衔接和各主体之间的配合。因此,要达到生态修复的目的,必须要对执行的监督作出明确规定。

1. 环境行政机关监督职责不明确

生态环境损害具有不特定性、广泛性、持续性,被执行的场地会随着污染的转移而变化,执行情况较为复杂。法院应当在职权范围内督促执行的完成,同时可以指定专门的机构,以确保执行的专业性。同时,政府虽然作为原告,在执行过程中也应当发挥其作为行政机关的监管职能,但相应的权限应当受到法院的限制。总之,围绕生态环境损害赔偿之诉的执行问题,环境行政机关的监督职责需要进一步明确。

2. 司法机关监督不力

检察机关在生态环境损害赔偿之诉中需要发挥其监督职能,尤其是对生态环境损害赔偿执行过程的监督。检察机关不但要监督生态环境损害修复的程度,还需要监督赔偿资金的支付、环保工程的投入、生态环境修复方案的确定以及企业环保设备的升级转型等。现有制度缺乏对检察机关参与生态环境损害赔偿执行的明确规定,势必会影响改革进程。

五 鉴定评估制度存在的问题

生态环境损害鉴定评估作为生态环境损害赔偿制度中的重要环节,关系着生态环境损害事实的认定、损害程度的确认等重要内容。但是在制度的具体实践过程中,生态环境损害的鉴定评估却面临一些问题:第一,缺乏统一的法律规定和技术体系;第二,缺乏专业的鉴定机构和技术人才。

(一) 缺乏统一的法律规定和技术体系

关于鉴定评估的有关技术规范主要体现在一些指南、技术标准和评价方法等文件中,农业农村、渔业、海洋等部门也在各自领域内制定了环境标准和评估方法。但目前我国的生态环境损害评估还缺乏统一的法律依据和技术标准体系,这增加了鉴定评估的工作难度。

---

① 江伟、肖建国:《民事诉讼法》,中国人民大学出版社2015年版,第413—414页。

(二) 缺乏专业的鉴定机构和技术人才

生态环境损害具有复杂的成因，需要专业机构和专业人士对生态环境损害问题进行鉴定评估。原环境保护部发布了生态环境损害鉴定评估推荐机构名录，但没有规定机构应符合的条件和应达到的资质标准。关于鉴定评估人才的培训，在实践中也很少进行。为顺利推行生态环境损害赔偿制度，建立专门的鉴定评估机构、培养具有鉴定评估技术的专业人才是十分紧迫的。

六 赔偿资金管理存在的问题

生态环境损害赔偿资金关系到生态环境损害赔偿制度的各个环节，只有规范明确的资金管理体系才能推动生态环境损害赔偿制度的良好实施。目前在生态环境损害赔偿资金管理方面主要存在以下问题：第一，生态环境损害赔偿资金的法律性质模糊；第二，生态环境损害赔偿资金的使用范围不明确；第三，生态环境损害赔偿资金缺乏专门的履行保障机制，无法及时有效地修复受损的生态环境；第四，生态环境损害赔偿资金缺少统一明确的管理规范，直接导致各地资金的使用管理混乱。

(一) 法律性质模糊

目前，关于生态环境损害赔偿资金的性质，主要有两种观点，一种观点认为生态环境损害赔偿资金仅仅是补偿性的，只要能完成对受损生态环境的修复，就能实现赔偿资金的价值；另一种观点则认为，因为生态环境损害行为造成了严重的损害后果，所以仅是补偿性的赔偿资金不足以弥补受损的生态环境，也不能对潜在的生态环境损害行为起到震慑作用，所以生态环境损害赔偿资金应当具有惩罚性质。生态环境损害赔偿与传统的环境侵权赔偿不同，前者的保护对象是受损害的生态环境，一方面需要更加严格的责任制度来救济受损的生态环境，损害赔偿资金专款专用于生态修复；另一方面也要对生态环境损害赔偿资金数额进行限制，不能一味地追求花钱消灾。

生态环境损害赔偿的最终目的是保护生态环境本身，而不是一味地要求生态环境损害赔偿资金数额的多少。所以在明确生态环境损害赔偿资金的性质问题上，既要考虑修复受损的生态环境，又要考虑对实施生态破坏行为的主体起到警示作用，同时也应当保证赔偿资金数额的合理适当。这就需要专门的"生态环境损害赔偿法"予以明确。

(二) 使用范围不明确

目前从《改革方案》《若干规定》和《管理规定》的内容来看，对于生态环境损害赔偿资金的具体使用范围并没有明确的规定。《生态环境损害赔偿资金管理办法（试行）》（以下简称《资金管理办法》）对资金使用的范围也只作出了原则性规定，并没有进行细化。《民法典》试图在侵权责任编中明确生态环境损害赔偿的范围，即生态环境功能损失、永久性损失、损害调查和鉴定评估费用、修复和清污费用、防止损害发生扩大的费用五个方面，但仅此无法对资金的使用范围和使用规则进行具体规范。因而需要在专门的"生态环境损害赔偿法"中予以明确。各地的生态环境损害赔偿制度改革实践中，已经自下而上地形成了很多值得进一步推广的生态环境损害赔偿资金使用管理经验，值得通过立法形式予以固定。

综上所述，《改革方案》《若干规定》和《管理规定》对生态环境损害赔偿资金仅作了原则性的规定，亟待结合现有《资金管理办法》，细化其内容，提高其法律位阶，与其他具体规则一并形成"生态环境损害赔偿法"。

(三) 履行保障缺失

关于生态环境损害赔偿资金的履行保障，主要体现在资金的履行和资金的监管上。一方面，生态环境损害的特殊性质决定了在进行生态环境修复和生态环境救济的时候需要更多的履行保障。赔偿资金怎么支付、如何使用、怎样结算这些问题，都需要比传统民事损害赔偿进行更为复杂细致的考量。生态环境损害具有隐蔽性、广泛性、长期性等特点，赔偿资金的支付和使用也应该是一个持续的、长久的过程，因而需要对资金进行动态化、专业化的管理。

另一方面，巨额的赔偿资金对赔偿义务人而言，也是一种巨大的负担，一次性支付天价赔偿费用，对企业来说是致命的，很可能面临破产。只有确立合理的赔偿资金保障制度，才能让企业在生态修复的同时，进行绿色转型升级。赔偿资金的履行也需要监督，政府作为赔偿权利人在完成对赔偿义务人的确责程序后，就应当开始发挥其作为行政机关的监管职能。在对受损环境进行生态修复时，环境质量好转并不意味着受损害的生态环境完全得以修复，监管主体需要指定专业机构对修复过程和结果及时进行鉴定评估，一味把赔偿资金归入国库，不能实现生态环境的有效修复，也难以完全救济受损的生态环境。因此，用立法的手段明确赔偿资金的履行保障实有必要。

(四) 缺少统一明确的管理规范

从制度实践来看，各地都规定了生态环境损害赔偿资金的管理办法。资金管理模式层出不穷，财政、生态环境部门，检察院和法院，甚至是环保公益组织，都掺杂其中，参与资金管理。资金来源、资金规模、设置方式、管理归属、管理模式、申请条件、支付对象、监督办法等关键问题，也缺少统一的管理规范。《资金管理办法》虽然对上述问题作了一些回应，但实施效果依然有待检验。

按照当前规定，生态环境损害赔偿资金作为政府非税收入，全额上缴地方国库，纳入地方财政预算管理。但由于相关制度的缺失，制约了生态环境损害赔偿资金的追缴、修复费用的支付和赔偿资金的管理使用。例如浙江省，实行省直管县（市、区）财政体制，设区市下属县（市、区）追缴的赔偿资金交入当地财政局后，不能纳入生态环境损害赔偿资金账户，由设区市进行统一管理使用，无法做到专款专用于生态修复。因此，需要更高位阶的"生态环境损害赔偿法"，设专章对赔偿资金的管理作出明确统一的规定。

第三章

生态环境损害赔偿法律制度的理论基础

我国生态环境损害赔偿制度的构建并不是无源之水、无本之木，其必须建立在具有正当性和解释力的法律理论之上。人与自然和谐共生理论、马克思主义公共产品理论、生态正义理论和环境权理论应当作为构建生态环境损害赔偿制度的理论基础。

第一节 人与自然和谐共生理论

一 人与自然和谐共生理论概述

人与自然和谐共生理论，是习近平生态文明思想的重要组成部分，是融合了马克思主义关于人与自然关系的论断和东方天人合一思想的产物。只有明确人类的生存和发展离不开自然，人类是自然的组成部分之一，才能把握人与自然和谐共生理论的要义。分析来看，人与自然和谐共生理论的内涵主要包括以下四个方面。

（一）尊重自然、顺应自然、保护自然

作为生态文明建设的理论基础，人与自然和谐共生理论在充分吸收马克思主义自然观的基础上，深刻阐明了人与自然关系的逻辑起点，即尊重自然、顺应自然、保护自然。习近平总书记指出："人类应该尊重自然、顺应自然、保护自然。"[①] 这一论断科学地阐明了我国生态文明建设的道路和方向，也是处理好人与自然关系的最优解。基于尊重自然、顺应自

[①] 习近平：《决胜全面建成小康社会 夺取新时代中国特色社会主义伟大胜利——在中国共产党第十九次全国代表大会上的报告》，人民出版社2017年版，第50页。

然、保护自然这一逻辑起点,我国提出了"创新、协调、绿色、开放、共享"五大发展理念。上述理念的提出表明,建构尊重自然、顺应自然、保护自然这一人与自然关系新范式,不仅需要在思想层面形成共识,还需要将其融入具体的经济社会运行过程,只有这样才能实现人与自然的和谐共生。

(二) 绿水青山就是金山银山

习近平总书记指出:"我们既要绿水青山,也要金山银山。宁要绿水青山,不要金山银山,而且绿水青山就是金山银山。"① 在"绿水青山就是金山银山"这一论断中,"两座山"分别指自然环境和经济发展。自然环境中的水、土壤、大气、森林、矿产资源等都是"绿水青山"。相应地,通过长期的社会发展积累起来的社会财富被形象地表述为"金山银山"。

起初,面对生态环境保护与经济发展的矛盾,人们出于对经济利益的追求,没有正确处理好两者之间的关系。随着理念的不断进步,人们逐渐认识到经济发展和生态环境保护并不矛盾,"绿水青山"和"金山银山"可以共存。在此基础上,人与自然和谐共生理论要求我们转变落后的生产模式,将生态环境本身的经济价值开发出来,用"绿水青山"去创造"金山银山",而不是通过牺牲环境来换取经济的发展。"两山理论"高度概括总结了人与自然未来发展的方向,也从根本上解决了经济发展与环境保护之间的矛盾。

(三) 保护环境就是保护生产力

人类为了生存就要进行生产活动,进行生产活动就会与自然环境发生关系,人与自然的关系是我们需要永恒讨论的话题。原始的生产关系,使得人类在生产活动中只关注自己的利益,为了谋取利益破坏生态环境,甚至衍生出不破坏环境就不能带来经济发展的错误认识。正如人们以往界定生产力的概念时,总是认为生产力是人类利用自然、改造自然的能力,这就把人与自然的关系对立起来。随着社会的发展和人类认识水平的提升,"破坏自然,才能利用自然"的理念逐渐发展转变为"保护自然,才能更好地利用自然"。马克思摒弃了生产力就是人类利用自然、改造自然这种

---

① 《习近平在哈萨克斯坦纳扎尔巴耶夫大学发表重要演讲》,《人民日报》2013 年 9 月 8 日第 1 版。

人与自然处于对立关系的认识，将生产力概括为人对自然环境的适应能力，这种转变就意味着人类的发展与自然环境息息相关，生产力是要去适应环境，顺应自然的。

人与自然和谐共生理论正是基于以上认知，对人与自然的关系进行了重新界定。习近平总书记强调："保护生态环境就是保护生产力，改善生态环境就是发展生产力，决不能以牺牲环境为代价换取一时的经济增长。"① 我们应当用发展的眼光来看待环境保护和经济发展的关系，认识到保护生态环境不仅不会拖累经济发展，反而是日后可持续发展的基本保障。换句话说，生态环境的改善是生产力发展的重要支撑：第一，生态环境保护需求的持续增长，会为很多劳动者提供就业机会；第二，保护生态环境，可以促使高科技产业催生新的技术。因此，习近平总书记不仅强调"保护生态环境就是保护生产力"，同时也指出："改善生态环境就是发展生产力。"② 发展生产力与保护生态环境同步进行、双项共举，才能实现社会的全面发展。

（四）建设生态文明是中华民族永续发展的根本大计

人与自然和谐共生理论强调充分发挥人的主体性。应当看到，长期粗放型的经济发展模式对生态环境造成的破坏很难在短时间内恢复，也就是说，生态文明建设需要我们这一代，甚至是下一代的努力。

近年来，在党的领导下，人民生活逐渐富裕，人民的基本需求也随着日益丰富的物质生活不断提升，环境问题已经成为人们关心的新时代话题，生态文明建设成为党和国家高度关注的重要课题。于是，以习近平同志为核心的党中央，从历史高度把生态文明建设作为关系国计民生的重大问题。③ 正如习近平总书记在2018年全国生态环境保护大会上指出，生态文明建设是关乎中华民族永续发展的根本大计。当前我国生态环境保护的紧迫任务是解决人们对美好环境的向往和经济发展之间的矛盾。因此，我们要摒弃以往人与自然是对立关系的认知，充分发挥主观能动性，形成人与自然和谐共生的发展新范式。

---

① 《中共中央关于党的百年奋斗重大成就和历史经验的决议》，《人民日报》2021年11月17日第1版。
② 张磊：《习近平生态思想探析——兼论"保护生态环境就是保护生产力，改善生态环境就是发展生产力"》，《当代中国马克思主义评论》2017年第2期。
③ 顾海良、张雷声、袁银传：《马克思主义中国化史（第四卷）·1992年以来》（马克思主义研究丛书），中国人民大学出版社2018年版，第537页。

二 人与自然和谐共生理论视域下的生态环境损害赔偿法律制度

只有实行最严格的制度、最严密的法治,才能为生态文明建设提供可靠保障。人与自然和谐共生理论为生态环境损害赔偿的目的、原则、主要制度和责任追究等方面提供了理论支撑。

(一) 生态环境损害赔偿制度的目的

根据《管理规定》,实施生态环境损害赔偿制度的目的是持续改善环境质量,维护国家生态安全,推进生态文明建设,不断满足人民群众日益增长的美好生活需要,建设人与自然和谐共生的美丽中国。

生态环境损害赔偿制度是生态文明制度体系的重要组成部分,在人与自然和谐共生理念的指引下,应当加强生态系统保护与修复,呵护美丽中国。通过及时修复被污染的环境和被破坏的生态,能够对单个环境要素的物理、化学、生物特性的不利改变作出应对,亦能促进被破坏的生态系统回归稳定和平衡样态,从而推动生态环境质量不断改善、生态服务功能持续增强、经济社会效益显著提升,维护环境公共利益,提升人民群众对美好生态环境的获得感和幸福感。

(二) 生态环境损害赔偿制度的原则

根据《管理规定》,生态环境损害赔偿制度的基本原则包括依法推进、鼓励创新,环境有价、损害担责,主动磋商、司法保障,信息共享、公众监督。

依法推进、鼓励创新,是指按照相关法律法规规定,立足国情和地方实际,由易到难、稳妥有序开展生态环境损害赔偿制度改革工作。对法律未作规定的具体问题,根据需要提出政策和立法建议。该原则强调明确生态环境破坏的违法成本,指引执法人员依法执法,严格执法,一方面体现了"绿水青山就是金山银山"的重要理念,另一方面也践行了"以最严格制度最严密法治保护生态环境"的重要要求。

环境有价,损害担责,是指生态环境资源具有生态功能价值,任何对生态环境造成损害的单位和个人,都必须依法承担相应的法律后果。过去,因破坏生态环境而承担修复责任的企业或个人并不多,大多数情况下由社会公众承受污染后果,由政府善后买单,这样的归责结果不仅加重了政府负担,违背了社会公平,也弱化了对生态环境破坏者的惩戒、震慑、警示效应，更不利于实现人与自然的和谐共生。生态环境损害赔偿制度以"环境有价，损害担责"为原则，破解了"企业污染、群众受害、政府买单"的困局。该原则促使赔偿义务人对受损的生态环境进行修复，在赔偿义务人无法对生态环境进行修复的情况下，应当通过货币赔偿的方式来替代修复。赔偿义务人因同一生态环境损害行为需承担行政责任或刑事责任的，不影响其依法承担生态环境损害赔偿责任。良好的生态环境是人类文明形成和发展的基础和条件，生态环境损害赔偿制度以追究损害责任为导向，强化违法主体责任，提高违法成本，保护人民群众的生产和生活环境，从而有效保障"人民对美好生活向往"的美丽中国建设顺利推进，促进"人与自然和谐共生"的中国式现代化顺利实现。①

主动磋商，司法保障，是指生态环境损害发生后，赔偿权利人组织开展生态环境损害调查、鉴定评估、修复方案编制等工作，主动与赔偿义务人磋商。如果磋商没有达成一致，赔偿权利人可依法提起诉讼。由于生态环境损害波及的范围广、影响大、修复要求较高，磋商能够为责任者、公众与政府提供一个平等自愿的对话平台，实现公共环境利益保护的平等参与并平衡各方利益，不仅节省了司法资源，更有利于加快生态修复的效率，提升生态修复的质量，防止生态环境损害范围的进一步扩大。开展磋商是提起诉讼的前置程序，诉讼是开展磋商的支持和保障，是在磋商工作基础上的继续，②在磋商没有达成一致的情况下，赔偿权利人应当及时提起生态环境损害赔偿诉讼，保障受损的生态环境及时得到赔偿或修复。

信息共享，公众监督，是指实施信息公开，推进政府及其职能部门共享生态环境损害赔偿信息。生态环境损害调查、鉴定评估、修复方案编制等工作中涉及公共利益的重大事项应当向社会公开，并邀请专家和利益相关的公民、法人、其他组织参与。人民是社会主义的建设者、拥护者，是生态文明建设的主体，是绿色发展成果的享用者。中国式现代化是人与自然和谐共生的现代化，应当全方位地引导和促进社会力量参与环境治理，坚持"生态惠民、生态利民、生态为民"，为人民提供更多优质生态产品以满足人民日益增长的美好生态环境需要。

---

① 王莉、许微：《生态环境损害赔偿磋商制度法律属性的再识别——以协商行政理论为视角》，《河南财经政法大学学报》2023年第1期。
② 孙昭宇：《生态环境损害赔偿制度的问题检视与体系重塑》，《江苏大学学报》（社会科学版）2021年第5期。

（三）生态环境损害赔偿的主要制度

生态环境损害赔偿的主要制度包括磋商制度、鉴定评估制度、生态环境损害赔偿资金制度等，人与自然和谐共生理论为这些制度的实施提供了可行性。

磋商制度。生态环境损害赔偿磋商，是指生态环境损害发生后，经调查发现生态环境损害需要修复或赔偿的，赔偿权利人及其指定的部门或机构，就修复方案、修复启动时间和期限、赔偿的责任承担方式和期限等具体问题与赔偿义务人进行磋商，统筹考虑修复方案可行性和科学性、成本效益优化、赔偿义务人赔偿能力、社会第三方治理可行性等因素，达成赔偿协议的活动。为确保协议效力，赔偿权利人及其指定的部门或机构与赔偿义务人可以就赔偿协议向有管辖权的人民法院申请司法确认。通过磋商，赔偿权利人以平等协商的方式向义务人提起修复或索赔要求，以维护环境公共利益。这有利于提高环境管理效率，达到及时有效修复生态环境的目的，从而实现磋商效率和修复效益的双赢。

鉴定评估制度。生态环境损害鉴定评估，是指鉴定评估机构按照规定的程序和方法，综合运用科学技术和专业知识，调查污染环境、破坏生态行为与生态环境损害情况，分析污染环境或破坏生态行为与生态环境损害间的因果关系，评估污染环境或破坏生态行为所致生态环境损害的范围和程度，确定生态环境恢复至基线并补偿期间损害的恢复措施，量化生态环境损害数额的过程。[1] 国家发布了一系列生态环境损害鉴定评估的技术指南，能够规范损害鉴定评估程序，保障评估结果的准确性。

生态环境损害赔偿资金制度。生态环境损害赔偿资金，是指生态环境损害事件发生后，在生态环境损害无法修复或者无法完全修复以及赔偿义务人不履行义务或者不完全履行义务的情况下，由造成损害的赔偿义务人主动缴纳或者按照磋商达成的赔偿协议、法院生效判决缴纳的资金。[2] 科学合理的生态环境损害赔偿资金制度是填补生态环境损害、维护环境利益的重要保障，[3]《资金管理办法》对生态环境损害赔偿资金的保障、管理和监督制度进行了规定。

---

[1] 《生态环境损害鉴定评估技术指南 总纲和关键环节 第1部分：总纲》。
[2] 《生态环境损害赔偿资金管理办法（试行）》。
[3] 于文轩：《论我国生态损害赔偿金的法律制度构建》，《吉林大学社会科学学报》2017年第5期。

(四) 生态环境损害赔偿的责任追究

根据《管理规定》，违反国家规定，造成生态环境损害的单位或者个人，应当按照国家规定的要求和范围，承担生态环境损害赔偿责任，做到应赔尽赔。对于可以修复的生态环境损害，应当修复至生态环境受损前的基线水平或者生态环境风险可接受水平；对于无法修复的生态环境损害，赔偿义务人应当依法赔偿相关损失和费用，或者在符合有关生态环境修复法规政策和规划的前提下，开展替代修复。

良好的生态环境是最普惠的民生福祉，考虑到生态环境损害赔偿金额往往较大，一些企业承受能力相对有限，而且生态环境损害赔偿应当与经济发展相协调，我国对生态环境损害赔偿制度设计了多样化的责任承担方式，要求各地根据责任人主观过错、经营状况等因素，试行分期赔付、劳务代偿、补种复绿、增殖放流等多样化责任承担方式。① 这样既使受损的生态环境得到及时修复，又督促企业转型升级，推动经济高质量发展和生态环境保护协同共进，实现经济效益和社会效益的"双赢"，共建人与自然和谐共生的现代化。

第二节 马克思主义公共产品理论

一 马克思主义公共产品理论概述

马克思、恩格斯创立了辩证唯物主义和历史唯物主义，从生产资料的社会再分配角度深刻揭示了公共产品本质和供需问题，构成了马克思主义公共产品理论的基本框架。工业文明以来，人与自然的矛盾日益显现，人们开始重新审视人与自然的关系，并逐渐意识到公共产品的重要性。公共产品理论即是对以上问题的总结与回应。习近平总书记提出"良好的生态环境是最公平的公共产品"，这是马克思主义公共产品理论中国化的体现，是习近平生态文明思想的重要组成部分。

公共产品理论揭示了公共产品所体现出的公共利益。为满足整个社会的发展需求和社会成员的生产生活需要，要求国家对公共产品进行统一管

---

① 秦天宝：《让生态环境损害赔偿制度发挥更大作用》，《法治日报》2021年12月8日，http://www.legaldaily.com.cn/commentary/content/2021-12/08/content_8640451.html。

理。对公共产品理论的生态化改造，催生了生态公共产品理论，其重新分析了工业革命以来，在生态环境遭受严重破坏的情形下生态产品的供应模式，明确了全社会共同维护生态公共产品的重要性与必要性。为了推进生态文明建设，需要在提高全体人民生活水平的同时也要注重对生态公共产品的保护，维护生态环境公共利益。这是对马克思主义公共产品理论的进一步发展，也是基于我国国情作出的创新性表述。在强调经济发展的同时，应当注重生态环境的公共价值。

生态公共产品的供给包括对生态服务功能的破坏进行补偿。因此，马克思主义公共产品理论与生态环境损害赔偿制度在方向上是一致的。马克思主义公共产品理论认为，生态公共产品必须由国家提供。国家提供生态公共产品的职能实际是其公法义务，这与生态环境保护客体的公益属性是分不开的。国家要以法律赋予的权力，以体现环境资源生态功能价值的方式，履行保护生态环境的义务，修复被破坏的生态环境，从而维护生态环境公共利益。政府作为公权力代表，在生态环境受到侵害的时候，有权向赔偿义务人提起索赔，对被破坏的生态环境进行救济。

二 马克思主义公共产品理论视域下的生态环境损害赔偿法律制度

（一）生态环境损害的救济问题

生态公共产品的主要作用是满足人民群众的良好生活需求。一个国家生态公共产品的质量和供给模式，表明了这个国家的发展水平，也是其综合实力的体现。环境的污染和生态的破坏意味着生态公共产品的减损，环境公共利益需要进行救济，生态公共产品理论的发展很好地解决了这一问题。生态环境损害赔偿制度与公共产品理论有着相同的内核，其目标、实现方式、实现途径、价值追求都不谋而合，这就需要我们从人与自然关系的角度来重新考虑生态公共产品的供给问题。[①] 从公共产品到生态公共产品，反映了人们对生态环境价值认识的深化，生态环境的破坏就意味着环境公共利益的减损。损害生态环境也会造成人身和财产利益的损害，但其首先损害的是环境公共利益。因此，有学者认为，与生态环境破坏相关的

[①] 张静、张陈：《生态公共产品及其社会合作》，《学术界》2015年第10期。

利益是不同性质的私人利益与公共利益的复合利益。①

从生态公共产品的属性来看,其具有广泛的受益主体。不仅国家、法人和公民是其受益主体,尚未出生的后代人也是其受益主体。因此,环境公共利益不仅体现了代内公平,也体现了代际公平,一旦生态环境受损,将产生相当严重的后果。但也正是因为这种公益属性,使得"搭便车"现象层出不穷。如何更好地实现生态环境的救济,是一个需要不断探索的过程。

生态环境损害赔偿法律制度的核心目标是对生态环境损害进行救济,弥补环境公共利益的损失,对受损的生态环境进行修复与补偿,在一定程度上也可以起到威慑和预防的作用。在生态环境受到损害以后,索赔权利人的索赔方式、理论依据、责任范围,以及修复方案的确定和具体赔偿金额的明确,实际上都属于生态公共产品理论中生态产品的供给问题。

(二) 保护社会公共利益是国家的重要职能

公共利益主要体现在公共产品上,个人无法代表社会整体行使权利,这就需要国家作为公共利益的代表为社会提供公共产品,分配公共利益。公共产品供给关系到社会的发展,生态公共产品也是不可或缺的。环境利益是全社会的共同利益,这种利益的实现主体必须是代表整体利益的国家。国家在提供生态公共产品时,不仅要考虑合理的筹资方式,还要注意分配方式,从而满足全体社会成员的需求,促进整个社会的和谐发展。

在社会主义社会中,国家的生态保护职能尤为凸显。国家作为生态公共产品的供给者,一方面要通过履行行政职能进行公平分配,另一方面也需要发挥其强制力救济受损害的环境公共利益。国家以规划等方式满足不同地区的生态产品需求,还可以通过各种优惠的政策,来刺激社会对生态产品的生产,提升生态公共产品的供给能力,保证公众的环境利益需求。我国在开展生态环境损害赔偿工作时,高度重视政府环境行政责任的履行,强调政府依职能修复受损的环境公共利益。② 因此,各级人民政府应当充分发挥在公共产品供给方面的主导作用,在公平提供生态产品的同时发挥生态服务职能。

---

① 吕忠梅:《论环境侵权纠纷的复合性》,《人民法院报》2014年11月12日第8版。
② 张蕾:《让损害生态环境者承担赔偿责任》,《光明日报》2015年1月4日第3版。

(三) 国家职能通过法律规定的公法义务得以体现

国家的主要职能之一是分配公共产品。要解决生态环境问题，需要国家发挥其在生态公共产品领域的决策作用。国家在调整生态资源配置时，明确其义务至关重要。国家在公法上的义务是保护生态环境利益免受损失。生态公共产品的公共属性，决定了要运用法律对其进行保护，国家需承担相应的公法义务。当一项行动以公共利益为最终目标时，其实质就是社会的责任和义务的承担。冯·巴尔教授对生态破坏的公法性质作了评论："生态破坏本质上涉及的是公法问题，只不过这类公法中保留了一些私法概念。"[①] 国家的公法义务对保护环境具有重要意义。国家保护生态环境的义务需要宪法予以规范，更需要专门的法律予以明确。目前，世界范围内有许多国家已将环境保护作为基本国策纳入宪法，明确了国家保护生态环境的义务。

《环境保护法》第 4 条规定"保护环境是国家的基本国策"。为了实现这一基本国策，就需要明确各级人民政府及其部门的具体管理职责。以《环境保护法》为指引，各领域的法律法规也应当体现国家环境保护义务。我国宪法和法律明确了国家生态文明建设的任务，需要在国家层面进行统一的资源调配和制度建设，相对应的生态环境保护义务就体现为国土空间用途管制制度、自然资源监管制度、空间规划制度等的建立与运行。生态文明体系的建设，主要依靠国家行政管理职权展开。[②] 生态公共产品理论和社会实践证明，只有国家承担了其在生态环境领域内的公法义务，才能更好地调配社会资源。

(四) 国家公法义务决定了实现该义务的公法权力

国家保护环境的公法义务，实质上是维护环境公共利益的强制性义务。为了平衡公共利益和私人利益，法律一般通过赋予权利和设定义务来运作。回顾历史，我们过分强调了环境利益的权利属性，而忽视了其义务属性。迄今为止，人们对环境问题的关注大多集中在权利上，而不是权利义务之间的适当平衡。事实上，义务和权利是密切相关的。我们不能将权利置于义务之上，但也不能将义务置于权利之上。一般来说，法律规定的

[①] ［德］克雷斯蒂安·冯·巴尔：《欧洲比较侵权行为法》（下卷），焦美华译，法律出版社 2001 年版，第 506 页。
[②] 徐祥民、辛帅：《民事救济的环保功能有限性——再论环境侵权与环境侵害的关系》，《法律科学》（西北政法大学学报）2016 年第 4 期。

义务，是对主体的一种约束，是主体必须履行的。而权利则是法律赋予主体的许可和保障。权利和义务是相互依存的，不存在无义务的权利，也没有无权利的义务，所以权利的实现必须以义务的履行为条件。

政府作为生态环境损害索赔人的理论基础是国家具有保护生态环境的公法义务。通过提起索赔，政府实现了国家授予的"代表权"。在这种法律关系中，政府与国家是统一的。在生态环境受到破坏的情况下，政府有义务通过磋商、诉讼等方式救济环境公共利益。此外，政府还享有公法上的调查、咨询、执行和监督等权力。综上，马克思主义公共产品理论是生态环境损害赔偿制度的理论基础。国家被赋予了保护环境公共利益的职能，并由此承担起保护生态环境的公法义务。

第三节　生态正义理论

一　生态正义理论概述

正义是法律的重要价值，也是衡量一部法律是否为良法的重要标准，同时，法律的正确实施可以促进正义价值的实现。自"正义"一词被提出以来，其内涵也随着社会的发展而变化。工业革命后，环境污染和生态破坏问题日益严重，人们逐渐认识到保护生态环境的重要性。为了用正义理论解决生态领域的问题，以马克思生态正义思想为基础的生态正义理论由此产生。

生态正义分为分配生态正义和矫正生态正义，我们可以通过权利、义务、责任来明确生态正义的主要内容。目前我国还没有关于生态环境损害赔偿的专门法律，这就导致企业实施生态环境损害的行为后，并不会自觉承担相应的损害责任。因此，生态环境损害行为会导致社会环境责任的不公平分配，我们亟须对上述行为进行生态正义的改造。要使生态正义合法化，就需要明确环境立法的基本价值理念，并将生态正义的定义法律化，设置特定的生态权利、义务和责任。

二　生态正义理论视域下的生态环境损害赔偿法律制度

（一）生态正义、道德与法律的关系

环境污染和生态破坏会影响经济社会的可持续发展，早期的生态正义

仅仅停留在道德层面，没有专门的法律对其进行规定。随着人们对生态环境的需求与日俱增，生态正义需要在法律层面得以体现。

生态正义理论停留在道德层面，但是道德层面的约束不具有强制力。仅靠道德约束，人们面对日益紧缺的资源时，只会竭尽全力地追求其财产价值，而忽视其本身的生态价值。没有强制力的约束将导致不公平的利益分配。目前我国在生态正义理论的指引下，在相关法律中规定了生态环境道德权利，但是对于义务和责任却没有专门的规定。义务和责任条款的缺失，意味着权利的行使缺乏保障，相当于只能靠道德上的自觉来约束行为人。经济人的目的是追逐利益的最大化，并不会自觉地遵守生态正义的道德约束去主动保护生态环境。没有明确的法律意义上的生态正义责任，就意味着经济人在肆意追求资本的同时也可以不计成本地损害生态环境。因此，为了提升经济主体的环保意识，使其承担保护生态环境的社会责任，并增加其违法成本，需要专门的法律明确生态正义的相关责任。

（二）生态权益、义务与责任

仅在道德规范的框架下，生态正义无法有效地预防和控制环境污染和生态破坏。如果生态正义始终停留在道德层面，那么其将永远成为空中楼阁，生态不公的现象将会越来越严重。因此，应当通过法律对生态正义予以明确，使生态正义具有强制的约束力。只有这样，才能提高生态环境保护的实效。生态正义包括分配生态正义和矫正生态正义。我们不能让生态正义法律化仅停留在原则性的规定上，要对具体的权利、义务、责任进行细化，把原本道德层面的生态正义概念上升为具有强制力的法律概念，明确生态正义对于生态环境保护的重要作用。

生态正义的核心是对生态环境利益和责任的公正分配。生态正义在被正式规范之前，仅作为一种法益存在，只有明确主体的义务和责任，才能真正有效地实现生态正义。《德国民法典》第826条规定，故意以违反善良风俗的方式损害他人利益的，应当承担损害赔偿责任。"法益"本质上是法律消极承认的一种特殊利益，也是一种不确定的原则利益，由于"法益"在被明确规范后，才可以成为一种"权利"，所以，对"法益"的保护力度低于"权利"。[①]

我国的《环境保护法》认可了公众有在良好的生态环境中生存的权

---

① 吴文嫔:《论民法法益》,《国家检察官学院学报》2004年第1期。

利。因此，多数学者认为目前的生态法益仅停留在生态利益层面，尚未形成专门的"生态权利"，更不存在所谓的生态正义权利。需要注意的是，"法益"和"利益"这两个词语时常混淆。"法益"是法律消极保护的特殊利益的一部分，"利益"包含"法益"。为了在生态保护中凸显生态正义，我们用"生态权益"来表明其特殊性，生态环境损害赔偿法律制度的确立也需要明确"生态权益"这一概念。

生态权益，源于人们日益增长的生态环境需求。随着社会发展和文明演进，人们逐渐意识到生态权益的重要性，也频繁地面对生态权益受损所导致的利益冲突与社会纷争，这在一定程度上证成了生态权益的应然属性。人们追求生态权益的根本原因在于，随着人类社会的发展，人与自然的关系得到缓和，并逐步达到和谐共生的境界。

生态权益是生态环境保护义务、生态环境损害赔偿责任的逻辑内核。生态权益价值能否彰显，与其是否能在规范层面予以规定息息相关。只有在规范层面肯定生态权益，生态环境保护义务和生态环境损害赔偿责任方能发挥作用，进而法律规范保障生态权益的目的才能实现。具体而言，生态权益具有以下特点：第一，生态权益属于基本权益；第二，生态权益可依主体性质之不同划分为个人生态权益、集体生态权益与国家生态权益；第三，生态权益既是对世权益又是特别权益。在过去很长一段时期，我国的环境保护立法都没有明确规定生态环境损害赔偿责任，一个重要原因就是生态正义价值理念的缺失。因此，制定专门的"生态环境损害赔偿法"，对于更好地保护生态环境，实现生态正义，具有十分重要的意义。

第四节 环境权理论

环境权作为一种新兴的权利，其概念和内容都在不断发展和完善中，最早定义环境权的是美国的 Joseph 教授，他通过"公共信托"和"公共财产"理论阐释了环境权的概念，环境权作为一种人民共同的财富，人民对基本的自然环境要素进行必要保护并将其托付于国家，国家有义务为全体人民保护环境，人民也有权利监督和督促国家履行环境保护职责。[①] 1972 年的《人类环境宣言》对环境权作了概括性的阐述，明确了

---

① 蔡守秋：《论环境权》，《金陵法律评论》2002 年第 1 期。

人类对环境享有平等、自由、充足使用以满足其合理生活的权利。我国学者对环境权展开了深入研究,他们从权利主体出发,有的主张以环境本身作为权利主体;有的以人为环境权主体,认为环境权应当是人作为主体享有美好舒适生活环境的一种基本权利。总之,随着社会进步和认知的发展,环境权理论为生态环境损害赔偿立法提供了重要的理论支撑。

一 环境权理论概述

(一)促进人与自然和谐

1. 人类与自然的共生关系

人类与自然之间是共生的关系。一是人类与其他自然生物一样,同受大自然孕育和恩惠,也受制于自然规律的支配;二是自然环境本身是一个完整的系统,人类是这个系统中的重要组成部分和影响因素;三是人类是理性的动物,善于在自然中学习,并逐渐具有了认识自然和改造自然的能力。

2. 人类应当发挥主观能动性以实现人与自然和谐共生

人类天然地具有认识自然和改造自然的主动性。人与自然要维系和谐共生的关系,人作为能动的一方,必须调整自己的行为方式和思维方式。每个人都有享受环境恩惠的权利,同时也承担保护环境的义务。首先,人与自然的和谐共生是一种自然状态,也是和谐社会的价值理念。其次,环境问题的本质是人类需求与自然环境承载力之间的矛盾。我们只有发挥主观能动性,尊重自然,保护自然,掌握自然发展规律,才能实现与自然的和谐共生。

3. 促进人与自然和谐共生是环境权的价值目标

环境权具有深刻的哲学内涵,它以人的主观能动性为基础,以人与自然和谐共生为价值目标,倡导生态或自然本位,注重对自然发展规律的把握。[①] 生态环境是人类生存和发展的根基,环境权蕴含了人与自然和谐共生的内容。

(二)保护环境生态利益

环境权源于人类共同利益的现实需要。权利的实质是主体的利益需求在特定社会群体中的一种转化形态,即利益是权利的出发点和最终归宿。

---

① 张辉:《是非环境权》,《安徽大学学报》2011年第3期。

霍尔巴赫在《自然的体系》中提到，利益，就是每个人根据自己的性情和思想使自身的幸福观与之联系的东西。环境权的本质与环境本身所产生的利益诉求密切关联。环境权源于人的社会属性，是以人类的视角看待环境保护问题时的一种抽象性权利。

1. 人类对环境的多重利益诉求

对于人类而言，"环境"是一个多含义的概念。根据功能的不同，作为自然要素的生态产品被分别称为环境、资源和生态。环境各要素及其整体给予人类的多重价值，包括经济价值、资源价值、生态价值，分别指向人的经济利益、资源利益、生态利益。

所谓环境的经济利益，是人们在从事生产消费等经济活动中对自然资源和环境利用过程中获得的利益，经济利益的获得主要源于环境要素具有资源价值属性的一面，具有鲜明的稀缺性。环境的生态利益则是指人类在生产和生活中从环境的"生态系统服务功能"中获取的一种客观非物质利益，表现为满足人们对良好环境的需求。① 环境的生态利益具有公共性、非物质性、区域性与系统性等鲜明的特点。

2. 生态利益诉求的普遍性

生态利益作为一个客观存在，是环境要素及其系统本身具有的属性，是环境要素及其系统对人的有用性在社会层面的投影，它随着人们认识的深入而被逐渐发现并得以彰显，从而成为现代利益谱系中重要的组成部分。生态利益具有"先在性"和不可或缺的"共享性"，生态环境先于人类产生，并且为全人类所共有。环境权作为保护生态利益的一种权利，保护生态环境的同时也是保障全人类普遍享有的生态利益，人们对生态利益最基本诉求的享有也就具有普遍性。

3. 保护生态利益是环境权产生的直接目的

一方面，生态利益的冲突性产生环境权，生态利益可以视为在不同的主体之间导致冲突和纠纷的起点，也是产生权利诉求进而争取权利的重要推动力；另一方面，生态利益的平衡性产生环境权，环境生态利益的正当性和协调各方环境利益冲突都需要环境权的确立来实现。由此可见，保护生态利益就成为环境权产生的直接目的。

---

① 史玉成：《环境利益、环境权利与环境权力的分层建构——基于法益分析方法的思考》，《法商研究》2013年第5期。

(三) 调适环境社会关系

环境权源于人的社会属性,是人类共同社会关系变革的具体表达。正如温德海得将权利称为"要求任何人或特定的人对权利人作出一种积极或消极行为的权利"①。环境权是人类环境利益受到侵害后,要求改变社会关系以满足其现实需求的产物。从社会系统看,环境权是以环境为媒介,对社会关系的一种约束或调适,是解决环境问题的重要出口。

1. 多元环境社会关系的存在

在环境社会关系中,环境问题根源于人类内部社会关系中存在的矛盾,环境要素的日益稀缺直接影响到社会内部人与人、个人与集体、公民与国家之间关系的良性运行与协调发展。与此同时,社会价值观、社会制度安排和行为模式等反作用于外部环境关系,这种作用既可能表现为环境危机的加剧,也可能表现为环境得到改善和好转。

2. 环境社会关系中的对抗性

环境问题的解决很大程度上依赖于生产力的发展和社会关系的调整,而社会关系的调整是通过社会内部的斗争过程推动和实现的,这也是权利的本质之所在。在人类对环境要素及其系统价值和功能的享有与配置的过程中,人与人、个人与集体、公民与国家之间的冲突和对抗关系逐步显现。

3. 有助于调适环境社会关系

当人类认识到人人都应当公平地享有环境要素时,环境权应运而生。通过权利义务关系的调整使环境社会关系内部的冲突与对抗得以缓释,这是解决社会冲突的一种方式,环境权的确立有助于实现这一目的。环境权蕴含了社会关系中的生态法则,包括环境公平和可持续发展,表现为调整生产模式和生活方式,使社会发展与自然规律相适应。

二 环境权理论视域下的生态环境损害赔偿法律制度

环境权理论中的权利内涵范围包括在良好环境中生存、开发利用环境资源、知悉环境信息、参与环境决策、获得私法救济、缔结环境社团和使用环境容量等权利。将生态环境损害的权益界定为环境权,有利于为生态

---

① 参见[法]雅克·盖斯旦等《法国民法总论》,谢汉琪等译,法律出版社2004年版,第142页。

环境损害的侵权法救济提供直接的理论基础。大陆法系国家无权利即无救济原则要求将权利受到损害作为侵权责任构成要件之一。我国侵权责任救济制度同样以实体权利的存在为前提，且需具有损害的事实。环境权私法化理论从权利应当救济的角度可以作为公民有权享受美好环境而要求侵权者损害赔偿的重要理论依据。

环境权的主体不仅包括所有自然人，还有单位、国家，甚至也包括后代人，因为环境权关注当代公平的同时，也注重代际公平。环境权是基本的、独立的人权，是一种对世权，其不应当被剥夺。环境权体现了权利和义务的统一，所有主体都拥有在良好的环境中生存的正当性，但不能过度利用，因此所有主体都负有保护生态环境的义务。

从环境权的角度看，生态环境保护的原因在于主体所拥有的权利受到了损害。无论是工业废水、生活污水导致的水污染，或是工业排气、汽车尾气带来的大气污染，或者是倾倒废弃物、化肥或重金属引发的土壤污染，需要救济的是依赖该环境生存、发展的各类环境权主体，如水污染对居民用水、企业用水带来困扰，大气污染给居民出行、眺望带来不便，土壤污染使得农民无法种植出饱满的作物，消费者无法买到满意的农副产品。所以生态环境的损害在法律关系上实质是公民、企业环境权的损害，无法享有美好的景观，无法合理利用自然资源，无法享受到和谐的生态功能，环境使用权能受到限制，所以需要救济。在请求权的内容中，既涵盖请求排除进一步损害，又包含请求赔偿、修复已发生的损害，前者如公民为救济环境权利，可以通过请求私力阻止侵害、排除妨碍，或请求公力救济，由行政执法机关惩治违反法律的污染行径，以排除潜在的更大的污染、破坏；而后者，基于已经造成的污染破坏，环境权主体得以要求责任人赔偿生态环境的损失，具备提起环境公益诉讼的权利依据，即公民的起诉主体资格是其环境权所赋予的，是属于环境权的一项基本内容。

环境权理论也是支持政府行使生态环境损害索赔权的一项重要理论。环境权虽然没有在我国立法上明确规定，但是在现实生活和现有规定中却是有所体现的。在《管理规定》中之所以提出政府是生态环境损害的索赔权利人，有很大一部分原因就是生态环境损害涉及的不仅仅是法律规定的属于国家所有或集体所有的自然资源，还有许多无主的，或者说公共性的生态环境资源，政府行使生态环境损害索赔权所保护的不仅仅是生态环境中自然资源的经济价值，还有不可估量的生态价值，这是现有的自然资源所有权所不能包含的,而环境权却将其包含在内。

环境权区别于传统权利的最明显的特点就是其主体不仅包括当代人还包括后代人。如果当今的生态环境损害行为损害了后代人的利益,那么后代人或者基于公众委托的政府就可以提起诉讼,政府作为生态环境损害索赔的权利人,有权对该损害行为依法提起诉讼,这对我国生态环境损害赔偿制度的建立有着巨大的推动作用。现行法律中规定的环境保护参与权和环境损害求偿权在一定意义上是基于环境权。环境权除了常见的经济性权利,还应包括生态性权利,比如清洁空气权。环境权理论体现出环境是一个整体,各个环境要素构成的整体就是生态系统,生态系统的平衡一旦被打破,就会造成严重的损害后果。生态环境是公民共同享有的,具有公共性和非排他性,此时由政府作为代表出面行使生态环境损害索赔权,对生态环境损害进行救济,具有合理性。所以,环境权理论可以为生态环境损害赔偿制度的建立提供必要的理论支持。

第四章

生态环境损害赔偿法律制度的域外经验

第一节 美国生态环境损害赔偿法律制度分析

美国的生态环境损害赔偿制度，一方面，通过普通法下的环境侵权理论对因环境损害导致的人身财产损害进行救济；另一方面，制定专门的法律法规，使得生态环境本身遭受的损害得到救济。美国的生态环境损害赔偿制度，对赔偿内容和范围、赔偿责任主体、赔偿程序等进行了详尽细致的规定，可为我国生态环境损害赔偿制度的建立健全提供借鉴。① 美国针对生态环境损害评估形成了内政部和大气海洋管理局两套损害评估方法与程序。

一 美国环境保护法律体系

美国环境法律渊源可以从总体上划分为制定法与普通法两大层面。在制定法层面，包括宪法、环境法、行政法规以及国际条约或公约等。在普通法层面，主要通过典型判例中法官对法律的解释阐明法理，作为以后类似案件的处理原则，又称"遵循先例"原则。在生态环境损害赔偿领域，美国主要从环境要素和具体保护对象两方面进行生态环境立法。

（一）制定法

1. 宪法

美国联邦宪法没有明确赋予国会具体的环境保护权力，但是，联邦宪法中的"商业条款""支出条款""财产条款"，以及"必要和适当条款"

---

① 林灿铃：《国际环境法案例解析》，中国政法大学出版社2020年版，第342页。

通过扩大解释可为环境法律的制定提供基础。由此可见，美国联邦宪法并没有明文规定对于环境权益的保护，而是将环境保护的精神贯彻在宪法有关政府权力及公民权利的规定中。

2. 环境法

1969年美国国会通过的《国家环境政策法》，是首部解决环境问题的制定法，对如何解决环境问题、如何协调经济发展和环境保护的关系等问题进行了回答。20世纪70年代，美国成立了美国国家环境保护局，为专门统一执行环境法律的联邦机构。《国家环境政策法》颁布后，国会制定了大量防治环境污染和生态破坏的成文法，涵盖了空气和水污染、濒危物种保护、农药控制、资源保护和危险废物处置等相关领域。比较重要的法律有《清洁水法》《清洁空气法》《综合环境反应、补偿与责任法》（又称《超级基金法》）以及《石油污染法》。[①]

3. 行政法规

由于美国立法机关制定的法律原则性较强，为使法律在实践中得以更好地执行，需要行政机关就法律的具体执行问题进行规定，即制定行政法规、规章或条例。法规制定由相关机构主导，遵循《行政程序法》中的"通告和评论规则"，通过公告形式让有关当事方和利益相关方进行评议。但评议并非必经程序，因为这种方式容易导致法规难以兼顾平衡各方利益且易引发针对法规内容的诉讼，从而对法规的确定性和合理性产生不利影响。

（二）普通法

美国环境法的起源是普通法。20世纪中期以前，解决环境污染问题的法律主要是普通法。因为普通法是以保护个人利益为基础的，财产利益是个人利益的核心内容之一。[②] 美国早期将自然资源作为财产，适用普通法下的侵权法，对其予以保护。传统的侵权法虽对环境公益损害有一定救济，但对主体的起诉资格有严格的限制，且损害赔偿仅限于自然资源经济价值的减少，忽略了生态价值损害。更重要的是，在传统侵权法的框架下，赔偿请求权由个人来行使，赔偿用途等也受到个人权利的左右。为最大限度提高普通法对自然资源损害赔偿的调整效果，美国对侵权法的一些

---

① 陈冬：《美国环境公民诉讼研究》，中国人民大学出版社2014年版，第176页。
② 王利明：《民商法研究》，中国人民大学出版社2020年版，第236页。

理论进行了修订,但仍无法有效应对自然资源损害赔偿的有关问题。[①]

(三) 生态环境损害赔偿相关法律

1. 栖息地保护

美国在对野生动物栖息地的保护中存在私人土地使用权与野生动物保护的矛盾和博弈。在美国,野生动物的保护由州和联邦政府负责(主要由州政府负责,联邦政府只享有对极重要的野生动物的管理权),而私人的土地使用,不能由联邦政府和州政府直接进行控制。亦即如果作为野生动物栖息地的土地不属于联邦或州政府所有而属于私人所有,私人土地所有者完全可以基于法律保护私人财产权利的旨意而对土地进行利用,忽略栖息在其土地上的野生动物的需求。这样一来,野生动物保护就毫无优先性。为解决这一问题,美国颁布了《濒危物种法》,通过发布濒危或受威胁物种清单和指定重要栖息地的方式对私人土地所有权进行限制。私有土地所有者要想利用自己的土地获利,将首先进入协商程序,由政府和非政府组织等多方利害关系主体进行协商,最终采取对野生动物栖息地影响最小的方案。

2. 水生态环境保护

美国的水污染防治立法以《联邦水污染控制法》及其一系列修正案为核心。在1948年《联邦水污染控制法》颁布以前,美国水污染防治的立法旨在保护水体的适航性,是基于促进贸易往来、推动经济发展的考虑,并未从保护生态环境的角度进行水污染防治。20世纪40年代后,由于工业化和城市化的迅速发展,全国水污染严重,联邦政府从保护水体的适航性转向保护水体生态环境。1948年,国会颁布了《联邦水污染控制法》,但该法律把防治水污染看作州和地方政府的责任,联邦政府只在财政和技术上给予支持,这并不能很好地防治水污染。1970年,国会颁布了作为《联邦水污染控制法》修正案的《水质改善法》,确立了针对石油泄漏的严格责任并将清理污染的费用纳入污染者的赔偿责任范围。1977年颁布的《清洁水法》,进一步扩大了污染者承担责任的范围,不仅包括清理污染的费用,还包括了生态环境修复的费用。1990年颁布的《石油污染法》,再次扩大了责任范围,将受害者遭受的间接损害也包括在内,

---

[①] 赵相林、覃华平:《国际环境污染案件法律问题研究》,中国政法大学出版社2016年版,第149页。

突破了传统的侵权法不要求对间接损害赔偿的做法。美国的水生态环境管理权主要在联邦政府，美国国家环境保护局是其主要职能部门，内政部、农业部、运输部、海岸警卫队等也有部分的水污染控制和管理权，这些联邦机构可以直接行使水生态环境管理权，也可以委托或授权州政府行使。在水污染的管理和控制上，由美国国家环境保护局负责制定各类水质基准或排放限值，各州由此制定各州和流域的水生态环境质量标准或排放限值，并予以实施。美国主要采用水质标准和排放限值相结合的方法对水污染防治进行管理，具体通过排放许可证制度进行操作。美国的排放许可制主要限制污染物的排放量、速度、浓度和流出标准。

3. 土壤生态环境保护

美国土壤污染防治最重要的两部法律是《资源保护回收法》和《综合环境反应、补偿与责任法》。《资源保护回收法》旨在对陆地废弃物及有害废物进行管理，并着重对危险物质危害人体健康和生态环境的预防措施进行规定，弥补了先前环境法中存在的漏洞。《综合环境反应、补偿与责任法》是一部旨在修复全国"棕色地块"的法律。所谓"棕色地块"，是指曾经用于工业或特定商业用途、受某种有害物质或其他污染物污染，但被妥善治理后仍可以重复使用的特定地区。[①] 由此可见，"棕色地块"是被废弃的或未被充分利用的地区，如果对其进行再开发和利用，可以充分利用土地资源，缓解城市化进程中出现的土地资源稀缺问题，遏制城市规模过度扩张。《综合环境反应、补偿与责任法》的责任制度是美国生态环境法律中最为严苛的，它规定了土地、厂房、设施等不动产的污染者、所有者和使用者应对污染土地的清理和修复承担溯及既往的、连带的、严格的、无限的责任，这种责任应首先根据"污染者付费"原则，由污染者承担；在污染者无法确定或无力承担的情况下，由超级基金进行支付。超级基金主要来自石化行业的税收和联邦政府的财政拨款。由于《综合环境反应、补偿与责任法》中的责任过于严格，超级基金的运转情况并不好，在实践中，超级基金的投入远不能满足土壤修复巨额费用的需求，而且政府已经投入的资金不能从污染者那里得到很好的追偿。考虑到这种情况，美国又以税收等优惠措施刺激私人资本对"棕色地块"的治理和再利用进行投资。

[①] 王世进：《美、英两国土壤污染防治立法及其对我国的借鉴》，载《2007 年全国环境资源法学研讨会（年会）论文集》（第 3 册），第 178—183 页。

二 美国生态环境损害赔偿途径

（一）诉讼途径

美国的生态环境损害赔偿诉讼主要包括两种诉讼方式，一是公民诉讼，二是自然资源损害赔偿诉讼。

1. 公民诉讼

美国是最早规定环境公益诉讼的国家，环境公益诉讼在美国被称为公民诉讼。20世纪60年代，由于环境污染问题的日益严重和公民环境保护意识的提高，美国传统的"与案件有利害关系"的原告资格确定理论已经不能满足环境诉讼的需求。在民众环境运动的推动下，美国国会通过了20多项联邦环境立法，这些立法以污染预防为理念，设定污染物排放标准、建立排污许可证制度，并规定了政府与公民的相互关系等方面的内容。1970年美国《清洁空气法》中首次规定公民诉讼条款，规定任何人均享有向法院起诉以保护生态环境公共利益的权利。公民诉讼是指公民可以依法就企业违反法定生态环境保护义务、污染生态环境的行为或主管机关未履行、违法履行法定职责的行为提起诉讼。公民诉讼只适用于生态环境本身受到损害的赔偿，通过赋予公民监督权利，使其对直接污染生态环境的企业、组织、公民行为或者对因环境管理决策不当而间接引发生态环境污染的政府机关行为进行干预，意义在于弥补生态环境公共利益损害情况下诉讼原告主体的缺失。

（1）公民诉讼理论基础

一是公共信托理论。水、空气等与人类生活密不可分的生态环境要素是全体国民的共有财产，政府应当为全体国民管理好这些财产，国民与政府之间是委托人与受托人的关系。全体国民交给国家管理财产，国家有义务保护这些财产不受损害，国民将自己的一部分诉讼权也托付给国家，由此产生诉讼信托。二是私人检察总长理论。任何公民或者法人可以根据国家或法律的特别授权而成为公共权利的代表，在公共利益受到损害的情况下代表公共利益提起诉讼，从而具有原告资格。[①]

（2）公民诉讼的种类

第一类是针对排污者的民事公益诉讼。以排污者为被告提起的公民诉讼必须以排污者违反法定污染防治义务为起诉事由。第二类是针对行政机

---

① 林灿铃：《国际环境立法的伦理基础》，中国政法大学出版社2019年版，第171页。

关的行政公益诉讼。以行政机关为被告提起的公民诉讼往往针对的是行政机关在环境管理上的不作为、不当作为或违法作为。行政公益诉讼只适用于行政机关的非自由裁量行为,对自由裁量行为适用一般的行政诉讼程序。① 此外,提起行政公益诉讼的公民需在起诉前 60 天告知有关部门,若相关机构能在 60 天内履行职责则不再起诉。

(3) 公民诉讼原告资格认定

在美国,检察机关、环境保护行政机关、社会团体、公民个人都可以作为环境公共利益的代表提起公民诉讼。② 美国的公民诉讼主体资格也是不断完善的,经历了原本的在法律上与案件结果有利害关系的人才能成为原告,延伸扩展到不加限制的任何公民,再到《清洁空气法》中要求只有在原告受法律保障的权利正在或已经受到侵害时才能提起诉讼,最后在《清洁水法》中才被完善为只要原告受到事实上的损害就可以提起诉讼,不论受损害的权利是否为法律所保障,并且损害不再局限于经济上的损害,还包括美学、环境舒适度等非经济上的损害。

2. 自然资源损害赔偿诉讼

美国的自然资源损害赔偿诉讼可以为我国的生态环境损害赔偿制度提供一定借鉴。美国的自然资源损害赔偿诉讼主要是在侵权法框架下提起的环境妨害诉讼,环境妨害不仅包括各种间接性、非排他性的干扰,还包括煤烟、灰尘、臭气、噪声、高热、阻碍阳光、污水、电流以及对土地利用造成不便的其他类似侵扰,以及大气污染、水污染、噪声污染等。

妨害包括公共妨害和私人妨害,生态环境损害可能同时造成公共妨害和私人妨害。针对私人妨害,根据传统侵权法理论由受害人或受害人的代表提起损害赔偿或侵害禁止的诉讼,要求对损害进行赔偿或禁止侵害。针对公共妨害,一般由政府机关或检察机关提起,只有在造成公共妨害的同时也对私人权利造成特殊或特定损害,且这种特殊或特定损害不同于公共利益损害类型的情况下,受害人才可针对公共妨害提起损害赔偿或侵害禁止的诉讼。为更有效地保护生态环境公共利益,美国侵权法理论已经赋予公民享有对生态环境公共妨害提起禁止或消除之诉的原告资格,公民无须具备"受特殊或特定的不同类型损害"的要求即可提起禁止或消除生态

---

① 杨扬:《论环境行政公益诉讼制度的构筑——以民事公益诉讼制度的确立为契机》,《山东审判》2014 年第 4 期。

② 陈冬:《美国环境公民诉讼研究》,中国人民大学出版社 2014 年版,第 176 页。

环境公共妨害的诉讼。然而，若公民个人针对公共妨害提起生态损害赔偿之诉，则仍应具备"不同类型损害"的条件。

从诉讼经济的角度出发，对涉及相当多的侵权行为人或受害人的纠纷，美国实行集团诉讼制。由于具有共同利益关系的人数众多，如果不能共同参与诉讼，就由一个或多个共同利益相关者代表全体共同利益相关者提起诉讼或回应诉讼。① 美国诉讼的判决效力对直接参与诉讼的集团成员、没有参加诉讼的主体以及对没有预测到的相关主体都具有约束力。与个别诉讼相比，集团诉讼可以简化诉讼程序，节约时间和资金，避免法院审判中的分歧。美国集团诉讼与公民诉讼制度不同，集团诉讼只是将人数不确定的具有同一事实或法律关系的多数当事人一方拟制为一个整体，仍然是传统的民事诉讼形式，但该制度对维护环境公益与推进生态环境政策的制定仍然具有重要意义。

美国自然资源损害赔偿诉讼实行无过错责任原则或称为严格责任原则，旨在合理补偿受害人的损失。在无过错责任原则下，不论行为人主观上是故意或过失，只要损害结果实际发生并且行为与结果间存在因果关系，就可以将责任归结为行为人。因果关系是决定责任的基本要件，无因果关系则无责任。在举证责任分配上实行举证责任倒置，原告只需举出损害事实及行为与结果间的事实关联即可，由被告提出反驳证据或对法定免责事由进行举证。

（二）非诉讼途径

自然资源损害赔偿的非诉讼机制又称为替代性纠纷解决程序，主要包括谈判、调解、仲裁等。美国环境纠纷调解和仲裁的第三方包括律师事务所、咨询机构等独立民间机构，也包括政府（如环保局设立的机构），还包括法院等。相较于诉讼纠纷解决机制，非诉讼纠纷解决机制具有及时性、灵活性、经济性等诸多优点，不受诉讼程序、证据规则等标准的限制，可以较早地介入环境纠纷的处理，避免生态环境进一步恶化，并可以通过了解各方利益和立场达成共识，从而真正从根源上解决纠纷。另外，前置性的非诉讼方式可以将争端解决在诉讼之前，从而分流诉讼，减轻法院压力。

美国非诉讼环境纠纷解决程序有关的法律包括国会的立法、美国国家

---

① 王明远：《美国妨害法在环境侵权救济中的运用和发展》，《政法论坛》2003年第5期。

环境保护局行政立法、法院的判决以及总统发布的行政命令等。美国国家环保局鼓励采用非诉讼程序预防和解决环保局与外部当事人之间的纠纷、环保局内部的纠纷以及外部当事人之间的纠纷。环保局与外部当事人的纠纷包括环保局与州政府、行业、环保组织等法律主体间的纠纷，涉及行政立法、政策制定、行政执法、许可证的发放、公众参与等方面。环保局内部的纠纷包括内部人事管理方面的纠纷。外部当事人间的纠纷是指环保局之外的法律主体间因环境行政立法、行政执法等发生的争议。美国以非诉讼方式解决纠纷的机构包括律师事务所、咨询机构、法院和政府设立的机构。民间机构提供有偿服务，政府机构提供无偿服务。在政府机构中，最典型的代表就是美国国家环保局设立的冲突预防和解决中心，该机构的服务免费，而且具有很高的权威性。美国国会设立的美国环境纠纷解决机构也在非诉讼纠纷解决方面发挥了重要作用，其服务范围主要是保护区、公共土地、自然资源管理、能源、交通以及环境质量等方面的纠纷。

三 美国生态环境损害赔偿法律责任

美国生态环境损害赔偿法律责任由制定法与普通法共同规定。制定法层面上的法律责任包括行政、民事及刑事责任，承担责任的主体包括自然人、法人。其中，民事赔偿责任具体包括对污染清理费用的赔偿和对生态环境损害的赔偿。

（一）污染清理费用责任

以《清洁水法》为例，关于污染清理费用赔偿范围的规定，包括对故意行为引起的污染，所有者或经营者应承担全部清理费用；对非故意行为引起的污染，则应承担最高限额下的赔偿责任。具体来说，污染清理费用包括联邦、州及地方政府为避免泄漏威胁而采取行动所发生的费用，或为及时、有效地遏制、疏散和消除油或其他危险物质的排放而发生的费用。以《综合环境反应、补偿与责任法》为例，污染场地的清理和污染应急等行动或者由美国国家环保局直接实行，或者由其强制潜在责任方实行。在清理过程中，州和地方政府环境管理机构也应当参与。法案规定了著名的超级基金，为美国国家环保局顺利、及时地进行污染清理和应急提供了财政保障。美国国家环保局可以先动用基金对污染进行紧急清理和应急，在清理结束后，在污染清理过程中支出费用的联邦、州或地方政府以及个人都可以向责任人提起追偿诉讼，由责任方最终承担清理费用。

(二) 生态环境损害赔偿责任

《综合环境反应、补偿与责任法》和《石油污染法》规定了设施或船只的所有者或经营者对生态环境损害承担的赔偿责任，赔偿包括修复或重置自然资源的费用。① 对排入国家水道和海岸线的油类污染，《石油污染法》还规定，责任方应承担的责任包括评估费用、生态环境损害费用以及自然资源生态服务功能的丧失等费用。② 对于如何界定"生态环境"，这两部法案规定："生态环境"是"处于联邦、州、地方政府或印第安部落管理下，受其托管并受其控制"的一种环境资源。以上政府机构被称为生态环境的"受托人"。

生态环境损害赔偿的基础是生态环境的损害评估与修复。《清洁水法》对"受托人"的职责进行了规定，包括评估生态环境损害，向责任方收取损害赔偿金，并用赔偿金修复受损害的生态环境。为保障受托人顺利履行职责，法律规定受托人可以与潜在责任方就评估和修复问题进行协商谈判，并向法院提起诉讼，要求潜在责任方承担生态环境的评估及修复计划的制订费用，而且受托人可根据联邦政府规定的特定标准实行评估或修复活动，并提起追偿评估与修复费用的诉讼。《综合环境反应、补偿与责任法》和《石油污染法》也规定，受托人的主要职责是对生态环境的损害程度进行生态环境损害评估并确定修复损害的适当方案和赔偿数额。《石油污染法》规定，美国国家环保局对内陆水域的油泄漏事故负责。当出现向内陆水域排油或存在该种排放的重大威胁（该排放可能会对美国所有的生态环境、附属于美国的生态环境或美国具有专属管辖权的生态环境造成影响）时，环保局必须开展清理与修复行动，并与受影响生态环境的受托人就清理与修复措施进行协商。

对生态环境损害的赔偿诉讼时限，《清洁水法》和《石油污染法》也进行了明确规定。《石油污染法》规定，政府机构向责任人追偿污染清理与修复费用的诉讼期限是清理与修复行动完成后3年；若人身或财产权益遭受损害，损害赔偿诉讼需要在发现损害并确定因果关系之日起3年内提起；若生态环境遭受损害，则要在损害评估完成后3年内提起诉讼。

---

① 高敏：《美国环境侵权诉讼》，《世界环境》2002年第6期。
② 葛勇平：《国际海洋权益法律问题研究》，中国政法大学出版社2020年版，第148页。

第二节 欧盟生态环境损害赔偿法律制度分析

欧盟通过统一的国际法框架救济生态环境损害。欧盟法律中的"生态环境损害"指生态环境本身的损害。欧盟的生态环境损害赔偿制度借鉴了美国的经验,并在此基础上形成了具有自身特色的制度体系。

一 欧盟环境保护法律体系

欧盟与各成员国有各自独立的立法、司法、行政系统,各成员国将一部分权力让渡给统一的欧盟,以增加欧盟的权力。

欧盟的三大权力机构为欧洲委员会、欧洲议会、欧洲联盟理事会。其中,欧洲委员会是欧盟的常设执行机构,其职责主要是制定法律,以及负责欧盟的日常运作,并负责欧盟各项法律文件(指令、条例、决定)的具体贯彻执行。欧洲法院也是欧盟的一个重要机构(与欧洲人权法院不同,人权法院是欧洲议会的一个机构),其作用主要是:审查欧洲议会和欧盟理事会所制定法令的合法性;审查对第三方直接产生法律效力的法令的合法性,审理共同体机关、各成员国、成员国自然人或法人向其提起的诉讼,就各成员国国内法院在涉及共同体法的案件中请求发表权威意见。[①]

在环境领域,欧盟根据理事会1990年5月7日颁布的第12W/90号条例成立了欧洲环境署,该机构的职责是:向成员国或成员国公民提供独立的环境信息,以便制定、通过、执行和评估环境政策,将环境因素纳入经济政策之中。但是,对于环境法律的制定,则不属于欧洲环境署的职责范围,仍由欧盟机构负责。环境是欧盟和各成员国之间共同管理的领域之一。欧盟介入环境领域将有助于以下目标的实现:改善环境质量,保护人类健康,促进自然资源的合理开发利用,并在国际范围内解决地区性和全球性环境问题。

(一)欧盟环境保护原则

1957年3月25日法国、德国、意大利、比利时、荷兰和卢森堡六国于罗马签订的《建立欧洲共同体条约》第19章"环境"中规定:"环境

---

① 王曦:《国际环境法》,法律出版社2005年版,第35页。

政策应基于风险预防原则、采取预防行动原则、源头治理原则和污染者付费的原则。"2004年,欧洲议会和欧盟理事会根据《建立欧洲共同体条约》发布了《关于预防和补救环境损害的环境责任指令》(以下简称《欧盟环境责任指令》),该指令规定:"如果还没有发生环境损害,但有即将发生的损害威胁,经营者就要立即采取预防措施,不要拖延。""即将发生的损害威胁"是指在近期一定程度上发生环境损害的可能性。这一规定表明其适用风险预防原则和采取预防行动原则。

1. 风险预防原则

风险预防原则作为《欧洲联盟条约》的正式规定,要求即使在缺乏绝对科学的风险程度认定的情况下,也必须采取适当的措施以提前消除环境风险。关于风险预防原则的明文规定最早可追溯到1969年瑞典的《环境保护法》。风险预防原则在国际法范围内首次以书面的形式出现可追溯到1984年的《不来梅宣言》,该宣言是在关于保护北海的国际会议上达成的,明确提出,相关国家在采取应对风险的行动前不需要掌握损害事件的充分证据。之后,诸如1987年9月15日签订的《蒙特利尔议定书》等各类国际条约均表达了类似观点。然而,直到在1992年的联合国环境与发展大会上,风险预防原则才得到普遍认可。之后签订的许多国际协议中,风险预防措施始终作为一项关键因素,并成为国际环境法的一般原则。风险预防原则可以被定义为共同体法的一般原则,主管当局应要求采取适当的措施,优先考虑公共健康、安全和环境利益要求,而不是经济利益,以防止威胁公共健康、安全和环境的特定潜在危险。如果对于危及人类健康的风险是否存在或在何种程度上存在并不确定时,相关机构可以采取预防措施,而不必等到这些风险的事实和严重性充分显现。

2. 采取预防行动原则

采取预防行动原则基于这样一种理念:相对而言,预防环境损害比对已经发生的环境损害进行救济更加经济、容易,环境危害也较小。采取预防行动原则作为一项基本原则规定在很多法律中,特别是那些规制有害废物产生、运输、处理、储存和处置的法律。与采取预防行动原则类似的原则是"源头控制"原则,这表明欧洲的环境政策措施更倾向于从源头上治理环境损害。《欧盟环境责任指令》第2条第10款和第5条分别针对"预防措施"和"预防行动"进行了规定。例如,第2条第10款规定了"预防性措施""防止或尽量减少可能导致环境破坏威胁的事件、行为或遗漏而采取的任何措施"。

3. 污染者付费原则

污染者付费原则规定在《建立欧洲共同体条约》中，是一项"谁污染谁负担"的环境原则。随着时间的推移，污染者付费原则的范围包括意外污染预防、控制和净化成本。如今，污染者付费原则已成为国际环境法普遍公认的原则，并且成为欧盟的环境政策基础原则。该原则的内涵是，原则上，产生污染风险或引起污染的人应当负担预防或修复行为的成本。因此，污染者付费原则不仅要求造成污染的人单独承担污染修复费用，而且要求其承担采取预防措施产生的费用。该原则可能适用于污染事件发生后，也可能适用于危害发生之前的预防。近年来，欧盟实施的环境税、排污权交易等相关指令也体现了这一原则。

4. 比例原则

比例原则是《建立欧洲共同体条约》的一般原则条款，要求欧盟及其机构应在法定的范围内行使权力或开展行动。该条约第5条第3款规定，共同体的措施不能超出实现本条约目的所需的范围。此外，《欧洲人权公约》第18条也包含比例原则的内容，该条约允许的权利或自由的限制只为预先确定的目的进行。根据这一原则，共同体机构的干预行为必须限制在为了实现这些条约目标必需的行动范围内。在所有的共同体法领域，比例原则都起着衡量和评价共同体机构和成员国行政主管机关的立法和行政措施合法性的作用。

5. 可持续发展原则

可持续发展体现了欧盟的价值理念，其包含了对公民具有重大影响的问题，包括是否能保持并促进长期繁荣，是否能解决气候变化并致力于建设一个安全的、健康的和包容的社会。由于面临日益复杂多样的全球问题，从冰川消融到日益增长的能源需求，解决不可持续态势的需求比以前更为迫切。欧盟的可持续发展战略旨在带来更高级别的环境保护、社会安定团结和经济繁荣，并积极促进世界范围内的可持续发展。

可持续发展原则在欧盟逐步得到重视与发展。《阿姆斯特丹条约》引入了可持续发展理念，并将其作为欧盟的核心目标之一。2001年在哥德堡，欧盟通过了实施可持续发展战略的行动计划，2002年在巴塞罗那，欧洲理事会补充了可持续发展战略的外延，并积极支持在约翰内斯堡的可持续发展世界首脑会议达成的共识。2005年6月，欧盟发表了"可持续发展指导原则"声明，全面、系统地阐述了欧盟的可持续发展计划，宣布继续执行2001年出台的《欧盟可持续发展行动计划》。

(二) 欧盟环境保护法律

1. 条约

欧盟法的首要法律渊源是各成员国之间通过多边谈判、协商而达成的关于欧洲共同体或欧盟的基础条约和后续条约。① 这些条约被视为宪章性条约，相当于国内法中宪法的作用，具有绝对优先适用效力。如果说条约是欧盟法的首要法律渊源，那么次级法律渊源则主要包括欧洲委员会、欧洲联盟理事会和欧洲议会所颁布的条例、指令、建议和欧洲法院的意见和决定。它们具有派生的法律约束力。

2. 条例

条例是指在欧盟范围内可直接和统一适用的规定。条例通常被认为是基础条约的实施细则。条例具有约束力并直接适用于所有成员国，即无须经过任何国家的立法认可即可生效。如果欧盟的条例和成员国现有法律之间存在冲突，则优先适用欧盟的条例。

3. 指令

指令是指为了履行条约的义务而对特定成员国作出的约束，指令指定成员国在一定的期限内通过国内立法程序将其转变为该成员国的国内法律规定，以促使成员国履行义务。具体到生态环境损害的问题上，欧洲委员会于2000年通过了《环境责任白皮书》，并将其作为一项纲领性文件。该文件在肯定一些成员国已通过立法追究现有的污染场地清理责任的同时，指出欧盟在解决生态环境损害问题方面缺乏统一的措施。因此，欧洲议会与欧盟理事会于2004年4月通过《欧盟环境责任指令》，建立了统一的生态环境责任框架。其基本原则是，污染者必须为其造成的损害付费。

4. 规划

除立法活动外，欧盟还进行了大规模的环境规划活动，环境规划在共同体范围内明确了解决水、土壤和空气等紧迫的污染问题的目标。具体来说，1973年，欧洲联盟理事会通过了第一个跨年度环境行动规划（1973—1976年），该规划将环境定义为自然环境与人工环境，并且对一些重要的环

---

① 例如，《欧洲煤钢共同体条约》《欧洲经济共同体条约》《欧洲原子能共同体条约》以及《欧洲联盟条约》和《阿姆斯特丹条约》等。

境原则做出了规定,如"污染者付费原则"。第一个跨年度行动规划出台后,随后又陆续出台了一系列的跨年度行动规划。其中,前4个行动规划采用纵向和跨部门的方法解决环境问题,第5个规划提出了"横向"规划方法,该方法把引起污染的所有原因均考虑在内。第6个行动规划(2002—2012年)重点考虑气候变化,健康、环境和生活质量,自然和生物多样性,以及自然资源和废物管理4个主要的领域。截至2022年7月,欧盟已通过了8份环境行动规划,对欧盟环境政策的完善具有重大意义。

5. 软法

无论是欧洲委员会、欧盟理事会和欧洲议会的指令和规章,还是欧洲法院的裁决,均对当事方具有约束力,无论当事方是成员国还是个人。与之相反,"建议""意见"和其他非正式的欧盟法律渊源则对成员国或成员国公民没有约束力,而只是表明提出该建议或意见的机构的观点。

二 欧盟生态环境损害赔偿途径

(一) 欧盟生态环境损害赔偿的诉讼途径

1. 可适用的诉因

《欧盟环境责任指令》为成员国提供了规定环境损害修复的法律框架。①《欧盟环境责任指令》的序言和第3条、第12条规定,自然人和法人具有对环境损害或潜在损害的威胁结果提出索赔的赔偿请求权,以及对当局有关决定、行为或遗漏的审查请求权。根据《欧盟环境责任指令》,主管机关通过自身或第三方代替造成损害的经营者采取环境修复措施后,主管机关可以通过诉讼方式向经营者索赔由此产生的费用。

2. 诉讼时效

欧盟成员国通过国内法律对诉讼时效进行了规定。由于涉及各国民事诉讼程序问题,欧盟法律没有对诉讼时效做出统一规定,但是一般来说,适用于非契约行为的诉讼时效比适用于契约行为的诉讼时效短。

(二) 欧盟生态环境损害赔偿的配套措施

1. 欧盟生态环境损害的预防与控制

欧盟与美国一样,对于生态环境损害的预防可以分为风险预防与损害

---

① 王轩:欧盟《关于预防和补救环境损害的环境责任指令》,《国际商法论丛》2008年第9期。

预防两类。风险的预防依据是"风险预防原则",针对目前尚无科学定论的是否必然导致生态环境损害的现象或行为进行预防,如对转基因食品的预防;损害的预防依据是"采取预防行动原则",核心内容是对目前科学技术水平下已知的确定会造成生态环境损害的现象或行为进行预防,如损害发生后的应急行动等。为了防止生态环境损害,《欧盟环境责任指令》和成员国国内法明确规定了生态环境损害的预防。一是生态环境损害虽尚未发生,但经营者应根据客观情况合理判断生态环境损害将会发生,业主应立即采取预防措施。经营者采取的预防措施不能排除生态环境损害的危险时,经营者应尽快上报,[①] 内容包括不能排除的紧急生态环境损害危险、采取的预防措施及危险;任何人违反上述规定都构成犯罪。二是发生生态环境损害时,经营者要根据客观情况合理判断其活动造成的生态环境损害,并及时通知主管当局,或者通知有关部门。经营者应立即采取一切可能的措施,控制、消除和处理污染物,或查明损坏原因,防止对人体健康、生态功能的损害及损害的扩大;任何人违反上述规定都构成犯罪。

2. 欧盟生态环境损害的报告制度

《欧盟环境责任指令》第 5 条第 1 款规定,当存在紧急的生态环境损害威胁时,经营者应立即采取必要的预防措施。如果采取了预防措施,但这种紧急威胁没有消除时,成员国应规定经营者有义务尽快向主管机关报告所有情况。当生态环境损害事件发生时,经营者更应立即通知主管机关,并立即采取控制、遏制或消除有关污染物或任何其他损害因素等的"一切可行措施"以限制或防止进一步的生态环境损害和对人类健康的不利影响。[②] 此外,如果发生生态环境损害,经营者应当立即采取修复措施。根据《欧盟环境责任指令》第 6 条第 2 款的规定,控制、消除污染物或任何其他损害因素的可行措施可由主管机关确定,主管机关可向经营者发出指令或自行采取措施。但在修复问题上一般由主管机关要求经营者采取措施。除非经营者出现下列情况,才由主管机关自行采取修复措施作为最后的解决办法:(1)经营者未能履行本指令或公共秩序规定的义务;(2)经营者无法确定;(3)经营者并未被要求承担该指令项下的费用。《欧盟环境责任指令》第 11 条第 4 款规定,主管机关应对其做出的预防或修复措施的决定说明理由,并将该决定通知经营者,因为经营者有权获

---

① 蔡守秋主编:《新编环境与资源保护法学》,重庆大学出版社 2019 年版,第 122 页。
② 林灿铃:《国际环境立法的伦理基础》,中国政法大学出版社 2019 年版,第 71 页。

知现有法律规定的修复办法和修复应遵守的时限。

3. 生态环境损害评估程序与方法

《欧盟环境责任指令》是预防和救济生态环境损害的统一法律框架。《欧盟环境责任指令》中的生态环境损害评估主要包括以下5个具体步骤。

(1) 初始评估

第一，要说明事故，筛选可用数据，以确定执行等效分析的可行性、合理性及其范围。第二，必须事先了解和评估已发生或预计会发生的生态环境损害的性质、程度、空间和时间范围，以及对环境服务的影响。根据修复计划，确定基本修复的需要以及修复替代方案的适当类型和程度，然后启动评估。

(2) 确定和量化损害

确定损害需要进行如下工作：收集、分析数据以初步认定潜在的环境损害；通过描述污染因子性质、暴露评价、受体评价、建立暴露和受影响资源与栖息地的概念模型等方法确定损害及其原因；确定事故与造成的损害之间在可行范围内的因果关系。量化损害，即评估损害和服务损失的空间、时间范围和损失程度。在这一阶段，还应计算期间损失。所谓计算期间损失，就是评估从每年第一次发生损害时到资源和服务恢复到基线状态时的资源或服务损失程度，将受损害地区每年的损失程度加在一起并贴现，得出总（现值）借项。

(3) 确定和量化增益

确定修复的备选方案，并进一步评估每种可行的修复方案实施后的服务增益。在进行修复效益的等值分析时，分析人员还需要处理与此相关的不确定性问题。①

(4) 确定补偿和补充性修复措施的规模

资源等值法旨在调整提供修复量，又称为按比例估算规模。因此，只需要计算出每单位贷项，再套用按比例估算规模的平衡公式，用每单位贷项除以总借项就可以得出适合的修复量（如规模）来弥补损害。这种方法对货币和非货币量度都有效，但是在价值等值分析的"价值—成本"框架内，规模的确定被简化：修复成本设定为等于损害大小。最后，要估算备选修复方案的成本，从中选择修复成本与取得的环境效益相称的修复

---

① 黄寰：《区际生态补偿论》，中国人民大学出版社2012年版，第49页。

措施。

（5）监测和报告

在确定修复项目的规模之后，应编制修复计划，并定期进行监测、编写监测报告，作为修复计划的一部分。修复计划应供公众审查。此外，《欧盟环境责任指令》还规定了出现损害风险或发生损害时，经营者和主管当局在采取预防性措施和修复性措施时各自的权利义务。

4. 生态环境损害修复

根据《欧盟环境责任指令》第2条第11款的规定，修复措施是指：任何行动或行动的结合。包括为了恢复、复原、替换受损害的自然资源和受损服务功能，或为了提供与附件Ⅱ所列的资源或服务功能相当的替代物而采取的减轻损失的措施或临时性措施。

（1）修复程序

《欧盟环境责任指令》规定，修复的第一步是鉴别可能的修复措施。该活动由经营者进行，经营者应当考虑《欧盟环境责任指令》附件Ⅱ中规定的标准。然后，经营者向主管机构提交采取修复措施的建议，由主管机构决定应当采取何种修复措施。在多种生态环境损害共存的案件中，如果不能同时采取必要的修复措施，主管机构应当根据损害所涉及的各种物质的性质、程度和严重性，自然恢复的可能性，[①] 对人类健康的风险等因素决定生态环境损害修复的优先顺序。

此外，《欧盟环境责任指令》还对损害事件中涉及的有关人员的权利做出了如下规定：受到或可能受到生态环境损害影响的自然人和法人；与导致损害的环境决策有充分利害关系的自然人和法人；声称权利受损的自然人和法人；（只在成员国行政程序法要求将此作为前提时）在其土地之上实施修复措施的土地所有人，可以向主管部门提交他们所知道的生态环境损害或损害迫切威胁的观测报告，并可请求主管机构根据《欧盟环境责任指令》采取行动，支持所请求的相关信息和数据。如果这些相关方参与修复程序并且主张真实，主管机构应考虑其观测报告和行动请求，给予相关经营者说明其观点的机会，尽快通知递交观测报告的个人，对是否同意行动请求进行答复并说明理由。主管当局应要求经营者按照其指示采取必要的修复措施。经营者没有履行义务的能力或者经营者无法确定，主

---

① 李永宁：《环境资源法前沿热点问题研究》，中国政法大学出版社2018年版，第73页。

管机关可以自行采取必要的措施作为最终方法,在这种情况下,经营者可以不承担修复费用。

(2) 修复内容

《欧盟环境责任指令》附件 II 规定了选择最适当的修复措施所应考虑的标准框架。具体来说,附件 II 根据不同类别的生态环境损害规定了以下两种不同的标准:水或受保护物种或自然栖息地的损害修复以及土壤损害修复。

其一,针对水或受保护物种或自然栖息地损害的修复目标。通过补偿性措施将环境恢复到基本状态,消除对人类健康的显著风险。当"基本的"修复不能将环境恢复到基线状态时,将采取"补充性"修复措施。此外,还应采取"补偿性"修复措施以弥补期间损失。根据附件 II,合理的修复应采用最佳可用技术,并基于以下标准对每个备选修复方案进行评估:方案对于公共健康和安全的影响;实施方案的成本;方案成功的可能性;方案防止未来损害的程度,以避免因为实施方案而产生间接损害;方案对自然资源或公共设施的有利程度;方案考虑社会、经济和文化影响,以及地方的其他特定相关因素的程度;生态环境损害恢复至可有效使用的环境所需的时间;方案实现生态环境损害场地恢复的程度;与损害场地的地理联系。

其二,针对土壤损害的修复目标。土壤损害修复的目标是至少要确保污染物被消除、控制、吸纳或减少,以使被污染土地在目前使用情况下或将来可能的用途下不再对人类健康造成显著风险。对人类健康的危险必须通过土壤的特性和功能、有害物质、制剂、生物或微生物的类型和浓度等,以及风险扩散的可能性,土地使用规定中所涉及的土地用途及其可能的变化进行评估。

三 欧盟生态环境损害法律责任

(一)《欧盟环境责任指令》适用范围

《欧盟环境责任指令》第 2 条第 1 款指出生态环境损害意味着:(a) 对实现或维持物种和自然栖息地的优良状态造成重大负面影响。(b) 水体损害指任何对水体的生态、化学和数量情况,以及生态潜能造成的重大的不利影响。(c) 土地损害是指由于在土地内、土地表面或陆地上深入引进物质、制剂、生物或微生物而引起的土地污染和可能对人体健康产生不利影响的重大危险。《欧盟环境责任指令》进一步将"损害"

定义为"直接或间接形成的、可测量的、对特定自然资源造成的不利影响或对特定自然资源服务功能造成的损害"。《欧盟环境责任指令》不适用于人身健康损害、私人财产损害或者任何经济损失，这类损害由各成员国国内立法予以规制。除此之外，以下事项也不属于该指令的适用范围：（1）武装冲突、敌对行动、内战或叛乱造成的生态环境损害；（2）"异常的、不可避免的且无法抗拒的自然现象"造成的生态环境损害；（3）附件Ⅳ中由国际公约专门处理的生态环境损害；（4）生态环境损害的核风险也不受本指令制约；（5）由具有扩散性质的污染所造成的生态环境损害，除非能确定损害和个体经营者的活动之间的因果关系；（6）服务于国防或国际安全的活动。

（二）《欧盟环境责任指令》中的责任形式

《欧盟环境责任指令》中的环境民事责任形式包括两种：（1）严格责任，适用于指令附件Ⅲ所列职业活动所造成的生态环境损害；（2）过错责任，适用于附件Ⅲ之外故意或过失引起自然环境或物种损害的职业活动。[①] 附件Ⅲ中规定的职业活动指被认为是对环境或人类健康具有危险或潜在危险的活动，如涉及危险物质的工业或大型农业安装活动等。这种类型的职业活动只要能够证明损害和活动之间的因果关系就足以令经营者承担损害责任。附件Ⅲ之外的其他职业活动是指，根据欧盟法律的规定，不被视为对环境或人类健康具有危险或有潜在危险的活动，该活动经营者只有在下述情形下才承担责任，如经营者存在过失或疏忽，并且活动对共同体法律保护的物种或栖息地造成了损害或造成了紧急的损害威胁。

（三）《欧盟环境责任指令》中的赔偿

1. 责任范围

根据污染者支付原则，赔偿范围包括预防和修复工作产生的费用。根据《欧盟环境责任指令》第2条第16款，"成本"是为确保适当有效地执行本指令而产生的合理成本，包括预防措施、对生态环境损害和损害威胁进行评估以及修复措施的发生成本。[②] 包括行政、法律和执行成本、数据收集成本和其他一般成本。

[①] 樊杏华：《公法视角下欧盟环境损害责任立法研究》，《环境保护》2014年第42期。
[②] 梁咏：《国际法点点通——全球化时代的法律冲突与对话》，复旦大学出版社2014年版，第297页。

2. 责任主体

《欧盟环境责任指令》中规定的承担费用的责任人是"经营者",包括"任何经营或控制生产活动的自然人或法人,私法人或公法人,或在国家立法中,有权控制该活动的技术运作的人。包括从事该活动的经许可或授权的人,或该活动的注册人和通告人"。无责任土地所有者不属于"经营者"范畴。在经营者未能遵守《欧盟环境责任指令》中规定的义务,但又不能确认其是否应承担费用的情况下,主管当局可自行采取预防或修复措施。针对主管当局在预防和修复活动中垫付费用的问题,《欧盟环境责任指令》规定主管机关有权在相关措施采取后或已确定作为责任方的经营者或第三方之日起五年内向经营者提起费用追索诉讼,或向造成损害的责任方或第三方提起费用追偿诉讼。

3. 责任豁免

如果生态环境损害或该损害的直接威胁由如下原因引起,经营者无须承担预防和修复费用:(1)损害由第三方引起,且经营者采取了安全措施;(2)依主管当局的强制命令进行的行为;(3)经营者无过错,且损害排放被国家许可;(4)排放造成的损害在当时的科学技术水平下无法预见。另外,从理论上讲,只要是预防和修复产生的费用就应由经营者承担,但由于主管当局和财产受损的当事人可能同时采取行动,这可能造成经营者就同一事项要支付双重赔偿。为避免这种重复处罚的情况出现,《欧盟环境责任指令》第16条规定,成员国可以采取适当措施,以避免在相关指令下主管当局和财产受损害的当事人同时采取行动时所发生的双重赔偿。

第三节 日本生态环境损害赔偿法律制度分析

在日本,生态环境损害赔偿与侵害排除为不同的救济模式,通常依侵权行为法请求损害赔偿,依物权法等请求侵害排除。日本生态环境损害赔偿的典型特点是针对公害健康损害赔偿设计了极具特色的公害健康被害行政给付制度。从1970年开始,日本的一些市民对公司、高速路管理局和中央政府提起了数百起诉讼,诉讼称所在区域的工业企业排放污染物损害了其健康。大多数判决支持了原告的诉讼请求,判令相关企业支付了高额的赔偿费。这些判决体现了民法领域的普遍观点:法院判决由企业承担空气污染造成的损害；多数被告承担连带责任；推定因果关系的存在；其他共同的因素并不能使被告免责；遵守许可不能使被告免责；疾病发生率的证据能充分证明损害的可诉性。公害案件的审判推动了日本生态环境保护法律制度的完善。

一 日本环境保护法律体系

日本的环境法律体系，主要由基本法，公害控制法，自然环境保全法，生活环境整治法，费用负担、资助法，以及被害救济、纠纷处理法等构成。这些法律通过对不同环境法律关系的调整以实现环境法的目的。

（一）大气污染方面

在大气污染方面，之前有《煤烟控制法》，后来修改为《大气污染防治法》。另外还有《矿山安全法》《电气事业法》《煤气事业法》等相关法。[①]

（二）水质污染方面

在水质污染方面，之前有《工场排水控制法》，后来修改为《水质污染防治法》。另外还有《濑户内海环境保全特别措施法》《湖沼水质保全特别措施法》。此外，也可依《矿山安全法》《电气事业法》《关于海洋污染等与海上灾害的防止的法律》予以调整。

（三）海洋污染方面

在海洋污染方面，有《关于海洋污染等与海上灾害的防止的法律》，后日本积极参与国际环境事务，根据《伦敦倾废公约》，对该海洋污染立法进行了修改。此外还有《濑户内海环境保护特别措施法》。

（四）固体废物污染方面

在固体废物污染方面，日本的立法自成体系。基本法除了1993年的《环境基本法》外，还有2000年通过的《建立循环型社会基本法》；综合法则有1970年通过并历经数十次修改的《废弃物处理法》，以及1991年通过、2000年修订的《资源有效利用促进法》；专项法则有《容器和包装物的分类收集与循环法》《特种家用机器循环法》《建筑材料循环法》

[①] 杨波：《日本大气污染物排放标准体系及其内容探析》，载《中国环境科学学会环境标准与基准专业委员会2013年学术研讨会会议论文集》（二），第135—144页。

《可循环性食品资源循环法》《绿色采购法》《多氯联苯废弃物妥善处理特别措施法》《车辆再生法》等。

（五）公害纠纷立法

日本关于生态环境损害赔偿法的一些规定也体现在行政法规中。为了在直接原因不够清楚明确的情况下，平等地救济因公害造成的健康损害的受害者，日本制定了《公害健康被害补偿法》，以行政救济的方式进行补偿。如果可能发生损害的特定活动得到了经济管理厅的许可或批准，则可以根据《行政不服审查法》进行申诉或根据《行政诉讼法》提起取消诉讼。

日本生态环境保护法律体系的主要特点在于，以保护人体健康为目的建立和完善了公害健康损害救济制度；在生态环境侵权损害赔偿诉讼难以快速有效救济公害健康损害的情况下，创设并发展了公害健康损害行政补偿制度，形成了环境健康损害赔偿民事和行政救济途径并存的特点。①

二 日本公害健康损害民事救济制度

民事救济途径是指公害健康受害者可以通过传统的民事诉讼请求加害人承担损害赔偿民事责任。日本学术界和判例理论根据环境侵权损害的特殊性，修改了传统的侵权责任归责原则、侵权构成要件等。②

（一）归责原则

1898年实施的《日本民法典》第709条规定："对因故意或过失侵害他人权利而造成的损害负责。"过失责任主义是《日本民法典》的一般原则，一般侵权的构成以过失为基础。但是随着环境法理论和实践的发展，日本通过法律规定和司法判例，确立了过失推定制度和无过错责任制度。③

1972年，日本修改了《大气污染防治法》和《水质污染防治法》，规定即使行为人没有任何过失，也应对其行为造成的损失承担责任，法律上明确规定了环境损害赔偿的无过错责任。④ 对公害救济的无过失损害赔偿责任的确立主要是通过《日本民法典》第717条事业单位所有者的无

---

① 于宪会：《日本法研究》（第4卷），中国政法大学出版社2018年版，第112页。
② 罗丽：《日本环境侵权损害赔偿制度的创新及其启示》，《北京理工大学学报》（社会科学版）2008年第2期。
③ 王莉：《环境侵权救济研究》，复旦大学出版社2015年版，第103页。
④ 王明远：《日本环境公害民事赔偿法研究》，《北大法律评论》2001年第1期。

过失责任规定来实现的。司法实践中，也有工厂因污水处理设施不健全，污水处理能力不足，造成水污染危害，而被追究无过失赔偿责任的案例。

其中最著名的判例是山王川事件。原告是利用山王川的河水种植水稻的12名农民，国营的酒精制造厂所排出的废水含氮，因而使得山王川的河水的氮浓度远远超过了水稻生长的最大允许值，水稻尚未成熟便出现东倒西歪现象并减产。上述12位农民便以遭受损害为由，向国家提起了损害赔偿请求诉讼。一审法院认为，本案的损害之所以发生，是由于酒精厂缺乏预防损害的设备造成的。据此，根据《国家赔偿法》的规定，判决被告负有损害赔偿的责任。被告不服判决，上诉至东京高等裁判所，二审原则上维持了一审判决。但是，二审判决与一审判决的不同之处在于被害人是否负有损害规避责任。东京高等裁判所认为，由于原告漫不经心，未能研究规避方法而使用了该河流的水，这是被害人一方的过失。根据《日本民法典》的规定，适用过失相抵原则，认定赔偿额为被损害稻谷的1/2。关于原告为寻找水源而请求打井的费用问题，认定被告应全部照付。之后，被告上诉至最高裁判所。1968年4月23日，最高裁判所作出判决，认定被告人将工厂废水排放于山王川的行为与所引起的水稻减产损害存在一定的因果关系，因而被告在此范围内应负全部赔偿责任。本案采取了无过错责任原则。

但是，这种无过失责任的认定是有条件的、有限制的。首先，其适用于大气污染、水质污染和放射性污染等造成的损害，对于因其他污染造成的损害则不适用；其次，原因物质被限定为"有害于人体健康的物质"或"有害物质"，对于未被指定为此类有害物质的污染物所造成的公害，则不适用；最后，赔偿范围被限定为人体健康和生命损害，财产损害则不适用。除上述条件之外，在其他情况下必须证明污染者有过错。[①]

（二）构成要件

1. 违法性认定

日本通说认为，侵权行为的本质要件是加害行为的"违法性"。但是对于如何判断环境侵权行为的违法性，日本法学界也存在很多争议。之后，对于公害事件，日本判例采用了"忍受限度"理论，该理论将人们对污染对象的忍耐限度作为侵害发生的标准。[②] 根据这一理论，人们可以

---

① 刘长兴：《环境损害政府补偿责任研究》，中国政法大学出版社2019年版，第87页。
② 曹明德：《日本环境侵权法的发展》，《现代法学》2001年第3期。

忍受一定伤害，如果伤害超过可承受的限度，加害者便应尽注意义务，无论加害者是否有过错，受害者可以进一步采取法律措施。该理论在战后日本的公害判例中提出，解决了环境侵权行为的非法性认定问题，并迅速发展。日本法院在"都营地铁工程噪声"事件中认为，人类生理上的睡眠是不可缺少的基本需求，长期不能保证晚上充足的睡眠，在某种意义上的痛苦程度远远超出物质上的损失。即使产生噪声的行为本身不是错误的，甚至是对社会有益的，但如果超出了人们社会生活所能忍受的限度，就构成非法，因此造成的损害应由行为人负责。

2. 因果关系

民事赔偿责任的承担以违法行为与损害结果之间具有因果关系为要件，因果关系是连接案件事实与法律责任的纽带。日本民法对因果关系的认定包括两个层次：第一层次是纯粹事实的、自然的因果关系，旨在确认侵权事实与损害结果之间的客观联系，从事实上认定加害行为是否为损害结果发生的原因，而不包含价值评判；第二层次是权利侵害和损害相结合，关于加害者必须赔偿损失的范围的因果关系，在承认损害和权利侵害之间具有事实因果关系的基础上，对加害者应赔偿受害者损害的法律价值作出判断，通常称为"相当因果关系"，这是日本民法因果关系理论的通说。加害者只承担以非法行为为相当条件的损害责任，这是相当因果关系论的意义所在。"相当因果关系"大大增加了损害结果发生的可能性，同时也是损害结果发生的必要条件。不能只根据某些事实，认为在现实情况下发生某些结果时即存在因果关系，要根据正常的观察和推论判断因果关系是否存在。但在环境侵权中，环境污染损害具有致害原因复杂、损害后果潜伏期长、损害事实查证困难等特征，且双方当事人在经济能力、科学技术与信息等各方面存在差距，适用传统的相当因果关系理论不利于污染受害者的权利救济。

三 日本公害健康损害行政补偿制度

日本的公害健康损害行政补偿制度是政府筹集资金对特定地域罹患特定疾病的不特定多数人进行行政补偿的制度，[1] 该制度虽然具有行政性质，但建立在"污染者付费"原则的基础上，是为了规避健康损害赔偿

---

[1] 蔡守秋：《从环境权到国家环境保护义务和环境公益诉讼》，《现代法学》2013年第35期。

民事司法程序中的因果关系认定难题，而对健康受害者予以迅速、及时救济的制度。其实质是用行政手段解决民事责任问题，与民事诉讼属于并列的环境损害救济方式，公害健康受害者通过行政手段如仍未解决赔偿问题，可根据大气、水等专门污染防治法提起民事诉讼。

（一）日本公害健康损害补偿制度基本内容

1. 公害健康补偿条件

《公害健康被害补偿法》规定公害健康损害的赔偿条件包括指定地区、指定疾病、暴露期限等。指定地区是指可以得到补偿的受害者必须居住在政府指定的公害地区，是大气污染引起的哮喘和肺气肿等非特异性疾病较多的地区，在这类地区政府补偿后将停止对污染企业的追偿。此外，在痛痛病等特定疾病较多的地区，政府补偿后要对污染企业进行追偿。指定疾病是指由空气污染引起的慢性支气管炎等政府指定为公害的病。暴露期限是指居住在公害指定区域的期间或时间。①

2. 公害健康损害受害者补偿的认定

公害健康损害受害者包括两类：第一类是指在第一类地区内居住或工作一定期间，患有慢性支气管炎、支气管哮喘、哮喘性支气管炎、肺气肿及其并发症的患者；第二类是指在第二种地区患有痛痛病、水俣病等疾病的患者。公害健康损害受害者只需提出认定申请并得到指定地区行政机构的认定，便可以获得受害者资格，从而获得补偿。具体来说，受害者补偿认定包括如下方面。

（1）认定机构

认定公害健康损害受害者的机构是中央公害调整委员会以及各都、道、府、县公害审查委员会。公害调整委员会及公害审查委员会根据1970年《公害纠纷处理法》设置，是中央和地方的环境咨询机构，为其同级政府的外设机构。调整委员会和审查委员会由环境领域专家、律师、退休法官、环境保护人士组成。

（2）认定方式

认定方式是诉讼外的替代纠纷解决机制，公害调整委员会的处理方式有斡旋、调停、仲裁、裁定四种，公害审查委员会的处理方式包括除裁定外的其他3种。斡旋、调停等不像审判那样严格认定事实，明确适用法

---

① 王晓辉：《日本公害补偿制度评析与借鉴》，《环境保护》2011年第16期。

律，而是与当事人进行交涉，寻求适当的解决方案。

(3) 认定内容

认定内容仅仅是对证明资料完整性进行书面审查，不做实质性审查，如对大气、水体污染与公害健康损害之间的因果关系的审查。但公害健康损害两类地区的认定内容存在细微差别。在第一类地区，由于哮喘、肺气肿等疾病在不发生大气污染的情况下也有可能产生，因此法律对于此类公害健康损害的因果关系实行整体视角的概括认定。具体做法是，如果受害者长期居住在污染地区，该地区与其他地区相比呼吸道疾病患者多，且受害者与该地区很多呼吸道疾病患者患有相同的疾病，那么，只要无法证明该疾病是其他原因造成的，则可以认定是因污染影响导致的。在第二类地区，如果没有特定的污染，特异性疾病就不可能发生，因此对这种公害健康损害因果关系的认定需要采取个别认定，但这种个别认定仍属于形式认定，不进行实质探究。

(4) 认定类型及范围

两类地区公害健康损害补偿认定的类型及范围有细微差别。第一类地区包括初始及更新两种认定，分别针对第一次受害认定申请以及超过有效期限后疾病仍未治愈的受害认定申请。此外，第一类地区受害者可能因为患病而导致劳动能力丧失及相关工作利益的损失。因此，这类地区的认定包括了残障等级的认定。在第二类地区，由于水俣病、痛痛病等没有认定的有效期限，也不存在用于确定补偿给付的残障等级认定。因此，这类地区的认定不包括更新及残障认定。

(5) 认定程序

公害健康损害认定程序是公害健康受害者向指定市的市长申请审查其提交的疾病证明资料，或让其接受指定检查官的医学检查。在此基础上，指定市的市长向公害健康审查委员会提交相关资料，征求意见，判断申请者疾病医学证明的正确性，并由指定市的市长将认定意见通知公害健康损害认定申请人。

(6) 认定效力

申请人对地方政府做出的认定决定不服，可以直接向公害健康审查委员会提起异议审查；也可以先向做出决定的地方政府提出异议申诉，若其两个月后仍未做决定，再向审查委员会提起异议审查。若对审查委员会的裁决依然不服，可以向法院提起诉讼。

（二）公害健康损害补偿费征收与负担

公害健康损害受害者获得认定后，可以获得公害健康损害补偿，包括补偿金、公害保健福利事业、公害健康费三部分。其中，补偿金是公害健康损害受害者可以直接得到的金额；公害保健福利事业具有福利性质，能够起到对补偿给付费有效的补充作用。

1. 补偿给付费

（1）补偿给付费的具体内容

医疗及疗养费：被确认为公害病的患者可以在指定为公害医疗机构的全国各医院免费接受公害医疗，原则上采用非现金给付的方式。但是，如果患者难以获得医疗，或存在其他紧急不得已的原因，需要在指定医疗机构外接受诊疗，可以现金支付疗养费。

残疾补偿费：对确定的患者，根据其残疾水平进行支付，残疾补偿费具有因丧失劳动能力而丧失相关利益的补偿和安慰双重性质，是构成健康补偿体系的核心内容。残疾水平分为4级，根据残疾等级按月支付相当于同龄全体劳动者平均工资2.5—8倍的补偿费。

遗属补偿费：对患者在实际确认的公害下死亡时依靠其维持生计的遗属，在一段时间内支付相当于平均工资7倍的补偿金。这也是具有失去利益的补偿和安慰金双重性质的支付。

遗属一次性补偿费：向不可以接受遗属补偿费的一定范围的遗属支付的一次性补偿费。

儿童补偿津贴：如果确认患者未满15岁，将以保育费和安慰金为名，按疾病等级每月向相关养育者支付一定金额。

医疗津贴：根据住院所需的杂费、去医院所需的交通费等，支付一定金额的补偿金。

丧葬费：患者死于指定的疾病时，可以支付这笔费用。

（2）补偿给付费的征收与负担

补偿给付费的征收与负担在公害健康损害补偿的两类地区不同，但这一费用严格贯彻"污染者负担"原则，完全由造成污染的责任人承担。在第一类地区，由于大气污染的强扩散性，非指定地区的大气污染也可能对指定地区的人体健康产生影响。因此，第一类地区的补偿给付费由全国的大气污染原因者共同承担，这些污染者包括工厂、企业等设置了污染防治法规定的排放设施的污染源的事业者。除此之外，由于汽车尾气也是大气污染的主要原因,《公害健康被害补偿法》根据固定污染源和汽车污染源排放的硫氧化物数量,按8:2的比例分摊补偿金。企业等固定污染源的费用从对污染负荷量的征税中扣除,汽车污染源的费用从汽车重量税中扣除。另外,《公害健康被害补偿法》将第一类地区按照污染程度分为7个等级,分别规定不同的税率,根据污染物质的排放量计算应征收的税额。对于第一类地区外的事业者,设置了相对于该指定地区较低的税率,第二类地区由于污染物质与疾病的因果关系相对明确,由污染工厂、企业等事业者全额负担,其资金来源于特定污染企业征收税。

2. 公害保健福利事业

公害保健福利事业包括:康复指导事业,异地疗养事业,家庭疗养指导事业,病毒流感疫苗接种辅助事业等。这部分补偿具有公益福利的性质,除了污染者之外,国家和地方也承担了部分费用。具体来说,该费用由国家财政负担的1/4,地方财政负担的1/4,污染原因者负担的1/2组成。

3. 事务费

事务费是公害健康损害赔偿制度的日常费用。该费用的一部分将根据《公害健康被害补偿法》由国家和地方财政各分担一半。

4. 公害补偿费支付及追偿

可以直接支付给公害健康受害者的补偿金只限于补偿给付费,该付费应由环境省统一征收后下发给地方都、道、府、县,由地方政府交付给受害人。在第一类地区,如果政府财政为污染者垫付了公害补偿给付费,政府不可以向污染者追偿,因为第一类地区补偿制度的设计是以因果关系的概括推定为基础的。在第二类地区政府可以对污染责任者进行追偿。

第四节 域外生态环境损害赔偿法律制度的启示

一 各国经验小结

美国通过普通法和制定法对生态环境损害进行救济,建立生态环境风险评估和防治、生态环境损害预防和应对、生态环境损害评估、生态环境损害赔偿和修复等重要体系,将生态环境资源损害纳入环境损害赔偿范围,建立民事诉讼制度和连带责任主体追踪体系,创立环境污染责任保险、环境基金等环境损害社会补偿体系,成为各国争相效仿的范本。欧盟在借鉴美国经验的基础上,通过发布《欧盟环境责任指令》对生态环境损害的赔偿与修复进行统一规定。日本针对生态环境污染导致的人体健康损害构建了独具特色的公害健康被害行政给付制度,以期在传统的民事救济程序之外快速简便地认定损害并做出补偿。

在对域外国家生态环境损害赔偿法律制度进行研究后,我们发现,传统的环境法律责任经历了传统民法到特别法再到专门生态环境损害赔偿法的发展模式。第一阶段,大陆法系的国家主要依据传统民法中过错、无过错责任、近邻妨害、干扰侵害等来实现对人身和财产损害的过错赔偿,而英美法系的国家主要通过妨害、侵害、过失、无过失规则来实现对人身和财产损害的救济。第二阶段,出现了特别法对环境民事责任的专门性规定,其规定的责任多为严格责任、连带责任。第三阶段,生态环境损害的民事责任出现了专门立法的趋势,尤其是大陆法系国家,开始制定"生态环境损害赔偿法"或"环境责任法",专门针对环境民事责任进行详细的规定。环境行政责任和刑事责任主要规定在环境资源法中,针对污染场址和危险废物带来的损害,域外国家开始制定污染场址清除和修复的法律,性质多为行政法,法律中规定了行政责任和刑事责任,但是也涉及私法的规则。

二 立法模式启示

不同国家的生态环境损害赔偿立法模式各异,我国需要根据国情适时选择。

(一) 统一立法与分散立法的选择

立法模式问题涉及我国是在民事立法、行政立法和环境立法中分散规定与生态环境损害赔偿相关的条款,还是单独制定一部体系化的"生态环境损害赔偿法"。域外国家普遍采取了分散立法的模式,虽然没有制定综合的生态环境损害赔偿法,但在现有法律的基础上,针对生态环境损害问题增加了相关内容。

以美国为例,美国制定了若干单行法案,其中包括有关生态环境损害的条款。其在保留普通法中干涉、侵害、危险行为的严格责任的同时,通过联邦法对有毒物质造成的土壤污染等问题再次加以规定。这种普通法上的严格责任和制定法的相关条款共同构成生态环境损害赔偿法律体系。以德国为代表的大陆法系国家，虽有法典传统，但并未制定综合的生态环境损害赔偿法。与生态环境损害赔偿相关的法律规则散见在民法、环境保护基本法、环境保护单行法等法律条文中。德国制定了《环境责任法》，但该法的重点是救济环境污染引起的人身财产损失，并没有涵盖生态环境损害赔偿事项，对生态利益的保护并不充分，仅仅在第 16 条规定受害人有权请求侵害人支付恢复环境的费用。从法律性质上讲，《环境责任法》是《德国民法典》的特别法。欧洲其他大陆法系国家的情况也大抵如此。例如，瑞典的《环境损害赔偿法》第 1 条规定："本法所称损害赔偿，是指对于基于不动产的人为活动通过环境造成人身伤害、财产损害以及由此导致的经济损失所给予的赔偿"。这表明该法属于民事特别法，将与人身、财产损害没有紧密联系的生态损害排除在救济范围之外。《欧盟环境责任指令》的适用范围也仅仅限于生物多样性、土壤污染、水资源等领域，并未涵盖生态环境损害赔偿的所有领域。

由上可见，域外国家关于生态环境损害赔偿立法模式的选择，为我国提供了经验借鉴。本书认为，从我国国情出发，我国有必要制定关于生态环境损害赔偿的综合性立法。这是因为，在生态环境领域，生态环境损害赔偿制度作为生态环境保护制度的重要组成部分，是建设社会主义生态文明的重大制度创新，需要专门的立法保障，以有效地解决我国新时期生态文明建设面临的突出问题。在新的形势下，需要总结我国生态环境损害赔偿的实践经验，制定一部"生态环境损害赔偿法"，并配合制定法规、规章，以发挥其在生态环境保护领域的作用。

(二) 公法规范与私法规范的融合

现代国家几乎无一例外地在经济、社会领域通过宏观调控纠正了意思自治的弊端，进而引起了公法与私法的融合。在环境保护法律中也不存在绝对的公法性质或绝对的私法性质的规范。在公私一体化的时代，一部法律的私法或公法属性只是一个程度上的问题。但是，仍可从法律法规的目的、调整方式等方面区分占主导的是公法属性还是私法属性。[①]

通过比较法研究，可以看出与生态环境损害赔偿相关的法律规范在以

---

① 樊杏华:《公法视角下欧盟环境损害责任立法研究》，《环境保护》2014 年第 42 期。

下两个方面体现了公私法的融合：其一，私法规范的运行越来越受到公法规范的影响，出现私法公法化倾向；其二，一些传统上通过公法规范实现的事项越来越多地引入了私法性质的法律机制，出现公法私法化倾向。生态环境损害赔偿领域的私法公法化倾向主要表现在生态环境损害的社会化救济和政府补偿责任两方面。生态环境损害赔偿制度以民事责任为基础，但考虑到生态环境损害的复杂性、延迟性、分散性，需要以社会化救济和政府补偿作为民事救济机制的补充，进而呈现出私法公法化的倾向。

传统上危害公共利益的行为主要由公法进行规范，行政责任和刑事责任是行为人应承担的主要责任。但近年来，很多国家通过民事赔偿责任机制，在行政责任和刑事责任之外，增加了污染者应当承担的具有民事属性的生态环境损害赔偿责任。国家不仅作为公权力机关对污染环境、破坏生态的行为进行监督管理，而且作为资源所有权人或所有权人代表向污染者主张民事性质的赔偿或环境修复费用。以美国为例，联邦政府除了可以作为政府机关规制污染土地的行为，还可以向相关责任人主张因为调查污染而发生的行政费用，并且可以通过超级基金向相关责任人主张修复环境的费用。《欧盟环境责任指令》也建立了类似的机制，规定经营者应承担预防生态环境损害或修复生态环境的费用，规定成员国的主管机关应要求造成生态环境损害或造成生态环境损害威胁的经营者，支付政府因为采取预防和修复措施所发生的费用。这些规定都体现出政府的双重身份和双重职能，即一方面作为管理者行使行政管理职能，另一方面作为所有权人或所有权人的代表，主张具有民事性质的赔偿，赔偿的范围包括采取生态环境损害预防或修复措施的费用，以及政府因特定生态环境损害支出的费用。

建议我国在生态环境损害赔偿立法中，规定生态环境损害的致害人应当承担政府预防或修复生态环境损害的费用，以及政府针对特定生态环境损害所发生的费用，且该笔费用不与致害人依法应当承担的刑事责任或者行政责任相冲突。

第五章

生态环境损害赔偿法律制度的实体内容

第一节 生态环境损害赔偿责任构成要件

一 生态环境损害赔偿责任构成要件概述

法律责任的构成要件是指认定法律责任需考虑的因素，是承担责任的依据。① 由于法律责任会给行为主体带来道德谴责和法律处罚等不利后果，科学合理地确定法律责任的构成就具有重要意义，以此来保障行为自由，保护责任主体利益，维持社会秩序，促进社会发展。② 生态环境损害赔偿责任是法律责任的一种，具有一般法律责任的属性，其构成要件的确立既离不开传统法律责任的基石，但也要考虑其特殊性。

（一）以传统民事责任构成要件为基础

根据不同的标准可以对法律责任作出不同的分类。最基本的分类就是根据责任类型将法律责任划分为民事责任、行政责任、刑事责任。民事责任专指平等主体之间侵害人身权益或财产权益后应承担的不利后果，通常表现为补偿性的财产责任。③ 所谓补偿，是指由行为主体以作为或者不作为形式弥补所造成损失的责任形式。其目的在于制止对法律关系已经造成的侵害，并救济被侵害的权利以期恢复原状。④ 其中，"损害赔偿"是最常见的补偿责任形式。依据《若干规定》，生态环境损害赔偿责任是指依

---

① 孔祥俊、杨丽：《侵权责任要件研究》（上），《政法论坛》1993 年第 1 期。
② 张文显：《法理学》，高等教育出版社 2018 年版，第 168 页。
③ 张文显：《法理学》，高等教育出版社 2018 年版，第 169 页。
④ 张文显：《法理学》，高等教育出版社 2018 年版，第 176 页。

法追究损害生态环境责任者的赔偿责任。生态环境损害赔偿责任的目的也在于补偿，只是其补偿对象是受损的生态环境本身。生态环境损害赔偿责任天然的补偿属性决定了其属于民事责任，在探究责任构成要件时不能完全脱离传统民事责任对于构成要件的设计。

关于一般侵权责任的构成要件，理论界主要存在三要件说①和四要件说②两种观点。三要件说与四要件说的根本分歧在于对过错性质认识的差别。三要件说采客观过错说，即以行为人的外在行为作为衡量是否存在过错的标准，通常以是否违反法律规定来评价行为本身。简言之，以是否违法作为衡量过错与否的标准。四要件说采主观过错说，即以心理状态作为衡量过错的标准。可见，三要件说与四要件说的分歧焦点在于违法性是否是独立的构成要件。③ 虽然过错可由外在行为体现出来，外在行为能够反映主观动态，但本质上，过错属主观范畴，违法性则是客观层面的。因而，我国《侵权责任法》（2021年已废止）采取了四要件说，《民法典》也不例外，其在第1165条④明确了"过错"这一侵权责任成立要件。

环境侵权责任是一种特殊的侵权责任。相较于一般民事责任，其构成要件方面的特殊性体现在不以违法性为要件以及适用无过错责任。在环境侵权责任中，对于违法性要件，除了1986年的《民法通则》在第124条⑤要求"违反国家保护环境防止污染的规定"，2010年的《侵权责任法》在第65条⑥，《环境侵权案件司法解释》（2020年修正）在第1条⑦都明确"违法性"并非环境侵权责任的构成要件。其理由在于：第一，违法性要件与无过错责任原则的要旨不符，违法即表明过错的存在。

---

① 三要件说中的三要件分别指：过错，损害，过错与损害之间有因果关系。法国、意大利、葡萄牙等国家采此学说。
② 四要件说中的四要件分别指：行为的不法性，损害，不法行为与损害之间有因果关系，行为人存在过错。此学说首创于德国，后被奥地利、瑞士、日本等国家采纳。
③ 王利明：《侵权行为法研究》，中国人民大学出版社2004年版，第215—216页。
④ 《民法典》第1165条　行为人因过错侵害他人民事权益造成损害的，应当承担侵权责任。依照法律规定推定行为人有过错，其不能证明自己没有过错的，应当承担侵权责任。
⑤ 《民法通则》第124条　违反国家保护环境防止污染的规定，污染环境造成他人损害的，应当依法承担民事责任。
⑥ 《侵权责任法》第65条　因污染环境造成损害的，污染者应当承担侵权责任。
⑦ 《环境侵权案件司法解释》第1条　因污染环境、破坏生态造成他人损害，不论侵权人有无过错，侵权人应当承担侵权责任。侵权人以排污符合国家或者地方污染物排放标准为由主张不承担责任的，人民法院不予支持。侵权人不承担责任或者减轻责任的情形，适用海洋环境保护法、水污染防治法、大气污染防治法等环境保护单行法的规定；相关环境保护单行法没有规定的，适用民法典的规定。

第二，环境法律规范在性质上属于行政法范畴，违法与否是行为人能否被行政机关追究责任的分界线，与民事领域的侵权与否没有关系。若行为人没有违法，行政机关将无权追究其行政责任，但如果该污染或破坏行为侵犯了受害人的权益，其仍然要承担民事侵权责任。通说认为，环境侵权责任为无过错责任，其理由是：第一，与各国侵权责任法规定保持一致。环境侵权无过错责任是各国普遍的做法，与之保持一致能促进我国民法理论和国际接轨，就环境侵权领域展开对话交流。第二，提升侵权人的环保意识。无过错责任不考虑行为人的主观过错，仅以行为结果为导向，强化行为人对污染与破坏行为的更深刻认识，督促其更好地履行环保义务。第三，利于保护被侵权人的合法权益。适用该责任，能够减轻受害人的举证责任，加重侵权行为人的举证责任。是故，从《民法通则》第124条、《侵权责任法》第7条①、第65条，到《环境侵权案件司法解释》第1条，再到《民法典》第1229条②，都坚持了环境侵权适用无过错责任原则。

具体到生态环境损害赔偿责任，其首先是一种民事责任。因此，在构成要件设计上不能脱离一般民事责任的规定。而要体现生态环境损害赔偿责任的独特性，则需要与环境侵权责任进行比较分析，探寻该种责任与一般民事责任及环境侵权责任的异同点。

（二）尊重生态环境损害赔偿责任的特殊性

从《改革方案》关于"生态环境损害"的概念可以看出，生态环境损害赔偿责任不同于传统民事责任，具有自身特殊性。生态环境损害是生态环境本身的损害，属于新的损害类型，体现出人类环境利益和环境自身价值尤其是生态价值的同时减损。③ 生态环境损害不仅包含对环境要素的破坏和污染，更囊括了因破坏或污染环境要素而导致的环境整体服务功能的退化。其以整体生态环境为"损害"的观察对象，并以其中个别要素的减损对生态环境总体的影响为认定标准。④ 这符合《环境保护法》中对"环境"的定义，不仅调整单个环境要素，更注重各要素统一、协调运行

---

① 《侵权责任法》第7条　行为人损害他人民事权益，不论行为人有无过错，法律规定应当承担侵权责任的，依照其规定。
② 《民法典》第1229条　因污染环境、破坏生态造成他人损害的，侵权人应当承担侵权责任。
③ 陈红梅：《生态损害的私法救济》，《中州学刊》2013年第1期。
④ 吕忠梅：《"生态环境损害赔偿"的法律辨析》，《法学论坛》2017年第3期。

所形成的系统功能。

生态环境损害赔偿责任旨在通过补偿受损的生态环境本身以保护生态环境法益。① 该补偿以一种特殊方式体现，即生态环境修复。生态环境修复是以救济生态环境损害为本位、保护生态环境利益为中心的责任设计。② 与恢复原状不同的是，后者是传统意义上侵权责任的承担形式，主要指恢复被侵权人受损私人财产的原状。生态环境修复与其不同，它侧重于填补生态环境本身受到的损害，恢复受损环境的各项功能以及状态，包括生态功能、经济功能和文化功能等。

生态环境损害赔偿责任的救济对象是生态环境。生态环境具有公益性。公益是国家、公众所需要的利益，是不特定的社会成员所享受的惠益。生态环境作为全人类生存发展的条件，是社会公共利益的重要组成部分。因此，生态环境损害赔偿责任是一种广义的、具有公法因素的、拓展了的特殊"民事责任"。③ 生态环境的公益性与其本质属性是分不开的。生态环境是一种典型的公共产品，具有公共产品效用的不可分割性、消费的非竞争性以及受益的非排他性的特点，是提供满足社会群体共同需求的产品和服务。生态环境之所以具有公共产品属性，其原因在于：生态系统是一个整体，组成生态系统的各环境要素既在形态上彼此相连，也在功能上不可分割、共生共存。与民法中的"物"不同的是，生态环境具有共享性。"物"一般只有一个所有权人，除"物"的所有权人之外的其他任何主体都不得占有、使用、收益、处分该物。生态环境则不归属于某一个体，它是全人类全地球共同的利益。④ 生态环境服务功能的对象系不特定多数人，个体享用生态环境不得排斥、不能影响其他主体从中获益；⑤ 消费私人物品，消费与成本成正相关，成本随消费增加而增加，但在一定程度内增加对生态环境的享用并不需要付出成本，因为生态环境本身具备自净能力。因此，探究生态环境损害赔偿责任的构成要件不能照搬传统民事

---

① 吕忠梅教授认为，要区分环境侵权与生态环境损害，建立既相互分立又相互衔接的救济制度，需要有超越传统民法的理念与智慧。详见吕忠梅《"生态环境损害赔偿"的法律辨析》，《法学论坛》2017年第3期。

② 李挚萍：《生态环境修复司法的实践创新及其反思》，《华南师范大学学报》（社会科学版）2018年第2期。

③ 段小兵：《生态损害赔偿责任初探》，载《中国环境资源法学研究会2014年年会暨2014年全国环境资源法学研讨会论文集》（第二册），第62—66页。

④ 李承亮：《侵权责任法视野中的生态损害》，《现代法学》2010年第1期。

⑤ 肖建国：《利益交错中的环境公益诉讼原理》，《中国人民大学学报》2016年第2期。

责任构成要件，还需要结合生态环境自身特点进行合理调整和创新。

（三）二元诉讼模式追责要求不同的构成要件

实体法与程序法是法律的划分标准之一。通常情况下，规定权利、义务、责任和法律保护具体情况的法律是实体法，而为确保权利义务得以履行的以程序为主要内容的法律是程序法。法律责任的构成要件属于实体法内容，但实体法与程序法并非截然分开，二者之间常常是你中有我，我中有你。因此，探究生态环境损害赔偿责任的构成要件既要从实体法角度进行审视，也需从程序法角度加以考量。从救济生态环境法益这一公共利益的路径看，我国采取的是环境公益诉讼和生态环境损害赔偿诉讼两者并行的"双轨制"模式。①

提到生态环境损害赔偿责任，人们往往首先想到《试点方案》《改革方案》《若干规定》，但在追究行为人污染环境、破坏生态的法律责任以修复生态环境，维护环境公益上，生态环境损害赔偿诉讼制度并不是唯一的路径。早在 2013 年，《民事诉讼法》就以第 55 条②明确了环境民事公益诉讼的合法地位。《若干规定》第 16—18 条③对于两种诉讼制度的衔接作出了明示。其中，第 18 条的规定表明环境民事公益诉讼能否被法院受理，取决于生态环境损害赔偿诉讼是否已涵盖了公益诉讼的诉求。由此可以推断出两种诉讼具有同质性，一个诉讼完成，另一个诉讼就相当于同样完成，或至少部分完成。有学者表示，生态环境损害赔偿诉讼是一种新兴的诉讼，它在本质上属于环境民事公益诉讼，对两者进行整合能够更好地

---

① 彭中遥：《论生态环境损害赔偿诉讼与环境公益诉讼之衔接》，《重庆大学学报》（社会科学版）2021 年第 3 期。

② 《民事诉讼法》（2013 年修正）第 55 条 对污染环境、侵害众多消费者合法权益等损害社会公共利益的行为，法律规定的机关和有关组织可以向人民法院提起诉讼。

③ 《若干规定》第 16 条 在生态环境损害赔偿诉讼案件审理过程中，同一损害生态环境行为又被提起民事公益诉讼，符合起诉条件的，应当由受理生态环境损害赔偿诉讼案件的人民法院受理并由同一审判组织审理。

第 17 条 人民法院受理因同一损害生态环境行为提起的生态环境损害赔偿诉讼案件和民事公益诉讼案件，应先中止民事公益诉讼案件的审理，待生态环境损害赔偿诉讼案件审理完毕后，就民事公益诉讼案件未被涵盖的诉讼请求依法作出裁判。

第 18 条 生态环境损害赔偿诉讼案件的裁判生效后，有权提起民事公益诉讼的机关或者社会组织就同一损害生态环境行为有证据证明存在前案审理时未发现的损害，并提起民事公益诉讼的，人民法院应予受理。民事公益诉讼案件的裁判生效后，有权提起生态环境损害赔偿诉讼的主体就同一损害生态环境行为有证据证明存在前案审理时未发现的损害，并提起生态环境损害赔偿诉讼的，人民法院应予受理。

实现保护环境的目的。① 可以看出，这两种制度在适用范围上有一定契合性，且两类诉讼的请求通常都是要求侵害人支付生态环境损害赔偿费用或者承担生态环境修复责任。② 既然生态环境损害赔偿诉讼和环境民事公益诉讼具有相同的诉讼功能和诉讼请求，有学者建议，未来可以考虑将两者整合并建立有效的衔接机制。③ 但这两种救济方式也存在诸多不同。首先，有权提起诉讼的主体不同。有权提起生态环境损害赔偿诉讼的主体是政府，有权提起环境民事公益诉讼的主体是国家规定的机关和法律规定的组织。其次，主体诉权来源基础不同。政府有权提起生态环境损害赔偿诉讼是基于其对自然资源的所有权，即该种诉讼建立在国家所有权基础之上；国家规定的机关和法律规定的组织有权提起环境民事公益诉讼是基于公共信托。因而，两类诉讼不能一概而论④。这就更加彰显了生态环境损害赔偿责任构成要件的特殊性，必须在做好与环境侵权责任区分的同时，做好与环境民事公益诉讼中生态环境损害赔偿责任的区分。

二 行为要件

与环境侵权责任重在救济私权益不同的是，生态环境损害赔偿责任重在救济环境公权益，这也使得两种责任的构成要件出现了本质性不同。对此，可从行为、结果、因果关系、主观要件及义务主体五个方面进行逐一阐释说明。

（一）以违法性为原则

在生态环境损害赔偿制度构建之前，环境行政执法是政府追究行为主体环境保护责任的主要方式。政府通过颁布环境法律法规、制定环境标准，对行为人设定义务。行为人一旦违反相关义务，政府便可依职权采取行政强制措施。显然，违法性是环境行政执法的必要前置条件。生态环境损害赔偿制度的出现丰富了政府追究行为人环境责任的方式，环境行政执法与生态环境损害赔偿诉讼看似目的不同，前者侧重惩罚威慑，后者更侧

---

① 林莉红、邓嘉咏：《论生态环境损害赔偿诉讼与环境民事公益诉讼之关系定位》，《南京工业大学学报》（社会科学版）2020年第1期。
② 程多威、王灿发：《论生态环境损害赔偿制度与环境公益诉讼的衔接》，《环境保护》2016年第2期。
③ 史玉成：《生态环境损害赔偿制度的学理反思与法律建构》，《中州学刊》2019年第10期。
④ 王树义、李华琪：《论我国生态环境损害赔偿诉讼》，《学习与实践》2018年第11期。

重于填补修复，但二者的目的一致，都是为了保护生态环境。作为环境行政执法中适用最广、运用最多的方式，行政罚款专款专用，通过财政方式用于治理和修复环境，组织恢复资金较为迅速，符合环境损害救济的急迫性和公益性。① 但是现行法律、政策没有规定对同一生态环境损害事实，政府优先选择何种方式予以救济，政府可以采取行政执法的方式，也可向法院提起生态环境损害赔偿诉讼。② 两种救济途径是否存在顺位关系，可从检察公益诉讼的相关规定中看出端倪。检察机关作为专门法律监督机关，以法律监督为本位，公益诉权是其监督职权的扩张。《检察公益诉讼司法解释》第 21 条③规定，检察机关发现行政机关在环境资源保护领域违法作为或不作为时，应首先向行政机关提出建议，督促其履责。只有在行使监督权不成，政府继续懈怠履行职责的情形下，检察机关才能提起诉讼。政府以行政管理为本位，行政执法权是政府的主要职权，政府提起生态环境损害赔偿诉讼的基础是政府负有环境保护职责，赔偿权利人的身份是行政管理职权的延伸。因此，针对同一污染环境、破坏生态行为，行政执法优于生态环境损害赔偿诉讼，生态环境损害赔偿诉讼是行政执法的补充手段，处于辅助地位。基于此，生态环境损害赔偿责任在行为性质上应与行政执法保持一致，即以违法性为前提。

违法性要件是平衡环境公共利益保护与行为自由的最好方式。站在生态环境保护的视角，不以违法性为要件似乎更利于保护环境，毕竟降低了生态环境损害赔偿责任的认定标准，更容易要求责任人修复生态、填补环境损害，况且实践中确实也会存在行为合法但污染环境的情况。但是，不以违法性为前提也存在弊端。生态环境损害的原因行为常与社会进步相伴而生，具有两面性，其对环境既具有危害性又具有价值性，平衡环境保护与企业的生产发展是永恒的难题，违法性要件是平衡环境保护与行为自由、经济发展的有效方式。环境损害虽有突发性的，但更多的是累积性的

---

① 王岚：《论生态环境损害救济机制》，《社会科学》2018 年第 6 期。
② 晋海：《生态环境损害赔偿归责宜采过错责任原则》，《湖南科技大学学报》（社会科学版）2017 年第 5 期。
③ 《检察公益诉讼司法解释》（2020 年修正）第 21 条　人民检察院在履行职责中发现生态环境和资源保护、食品药品安全、国有财产保护、国有土地使用权出让等领域负有监督管理职责的行政机关违法行使职权或者不作为，致使国家利益或者社会公共利益受到损害的，应当向行政机关提出检察建议，督促其依法履行职责。行政机关应当在收到检察建议书之日起两个月内依法履行职责，并书面回复人民检察院。出现国家利益或者社会公共利益损害继续扩大等紧急情形的，行政机关应当在十五日内书面回复。行政机关不依法履行职责的，人民检察院依法向人民法院提起诉讼。

污染与破坏。企业在生产经营中不可避免地会产生或大或小的污染，日积月累，污染从量变达到质变，就引发了一系列生物要素、环境要素的不良变化，进而导致整体生态系统功能退化。从一定程度上说，很难在排污与生产之间实现"鱼与熊掌"兼得之效，而违法性要件确立了生产与排污的清晰界限，为企业划定了行为底线。《若干规定》第 11 条①以"违反国家规定"明确了侵害人承担生态环境损害赔偿责任以行为违法性为要件。若不以行为违法性为责任成立要件，生产与排污的界限开始模糊，合法生产者也将承担沉重的生态环境损害赔偿责任。一旦生产经营失去安全标准，企业时刻面临高额赔偿风险，难免对生产产生担忧，势必会打击合法企业的积极性，甚至放弃能够为社会创造效益的正常活动。此外，不以违法性作为责任成立要件，守法企业与违法企业在承担责任上具有同等性，这实非法律公平正义之义。在以环境民事公益诉讼方式追究生态环境损害赔偿责任时，环境公共利益面临损害危险就可以要求行为主体承担责任，具有釜底抽薪的效果，更能影响企业存亡。预防性责任的承担本就不要求有实际损害结果，若对行为的违法性也不作要求，则极易导致预防请求权的滥用。概言之，违法性要求源自对国家与公民间的信赖利益保护，有利于维护法律秩序的稳定，激励行为主体遵守环境法律规范，释放出引导绿色生产的制度信号，产生预防生态环境损害的积极效果。②

当然，在行为要件的违法性选择上也存在例外。如生态危险性行为，由于其本身固有的环境风险，且一旦发生，生态环境受到的损害将是巨大且难以修复的。故，为提高生产者的风险防范意识，建议在对其认定时可暂不考虑行为的违法性。

（二）违法性的范围

《民法典》第 1234 条、③ 第 1235 条④要求生态环境损害赔偿责任符

---

① 《若干规定》（2020 年修正）第 11 条 被告违反国家规定造成生态环境损害的，人民法院应当根据原告的诉讼请求以及具体案情，合理判决被告承担修复生态环境、赔偿损失、停止侵害、排除妨碍、消除危险、赔礼道歉等民事责任。

② 张梓太：《生态环境损害赔偿纠纷处理机制探析》，《中国环境报》2017 年 12 月 21 日第 3 版。

③ 《民法典》第 1234 条 违反国家规定造成生态环境损害，生态环境能够修复的，国家规定的机关或者法律规定的组织有权请求侵权人在合理期限内承担修复责任。侵权人在期限内未修复的，国家规定的机关或者法律规定的组织可以自行或者委托他人进行修复，所需费用由侵权人负担。

④ 《民法典》第 1235 条 违反国家规定造成生态环境损害的，国家规定的机关或者法律规定的组织有权请求侵权人赔偿下列损失和费用：……

合"违反国家规定"的条件,明确了违法性要件,并将违法性中的"法"具体为"国家规定"。对此,可借鉴《刑法》第 96 条规定,"本法所称违反国家规定,是指违反全国人民代表大会及其常务委员会制定的法律及决定,国务院制定的行政法规、规定的行政措施、发布的决定和命令"。至于《民法典》中的"国家规定",该作广义解释还是狭义理解,《民法典》并无说明。但毋庸置疑的是,《改革方案》与《若干规定》中对于生态环境损害赔偿的专门规定,应当视为《民法典》中所指"国家规定"。

对何为违法性,学界中,有学者认为,违法是指客观上与法律规定相悖,主要表现为违反保护他人的法律、违反法定义务和故意违反善良风俗致人损害等。① 有学者认为,是否具备违法性,取决于受害人所受侵害的利益是否在法律保护的范围之内。一定意义上,违法性要件系对受害人方面客观因素的评价。② 还有学者认为,此处的"违反国家规定"应从狭义上进行理解,仅指与环境保护相关的法律法规。③ 而司法实践中,在法院认定承担生态环境损害赔偿责任的具体案件时,对违法性的表述大致分为三类:其一,直接使用"非法""违法"。诸如"违法排放废液""非法处置危险废物""非法生产异辛烷"。其二,采用"未经审批"。诸如"未办环评手续""未经相关部门审批""未经政府许可""未办理林地使用手续"。其三,采用"违反国家环境保护法律和危险废物管理规定"的表述。相较而言,"非法"的表述最为模糊,不能确定是狭义的法还是广义的法。"未经审批"较之"非法"更为明确,依据含义指的是与行政许可相关的规范。"违反国家环境保护法律和危险废物管理规定"的表述最为清楚,特指违反与环境保护相关的法律法规。从性质上看,违法性范围过窄,不利于环境保护;范围过大,又会使违法性要件失去价值,不易操作,增加判断难度。综合考虑,建议以"违反法律、行政法规、环境标准等"作为违法性标准,并结合《民法典》第 1234 条、第 1235 条"违反国家规定"的条件,将《改革方案》《若干规定》等关于生态环境损害赔偿的专门规定也纳入其中。随着制度的不断发展再逐渐扩展"违法性"

---

① 宗志翔:《侵权责任与赔偿研究》,中国政法大学出版社 2016 年版,第 73 页。
② 叶金强:《侵权构成中违法性要件的定位》,《法律科学》(西北政法学院学报) 2007 年第 1 期。
③ 冯汝:《论生态环境损害赔偿责任违法性要件的确立》,《南京工业大学学报》(社会科学版) 2018 年第 5 期。

概念，将违反公序良俗等关涉社会共同生活理想的内容纳入其中，在一定限度内扩大"违法性"之范围。

三　结果要件

损害后果，一般应为现实已存在的不良结果，这种不良结果具体表现为财产减少、身体残疾、精神痛苦、利益丧失等。但法律另有规定的，即使上述结果尚未出现，也认为存在法律上的损害，或者说此时认定责任不以损害实际出现为要件。[1] 法律另有规定的这种情形，被称为现实威胁，即为，一旦行为人的行为对他人的合法权益构成危险或妨碍，即使实际损害尚未发生，但其发生具有现实可能性，随时可能发生，也应认为存在法律上的损害事实。概言之，结果包含两种，一种是已经造成实际损害，另一种是有造成损害的可能性。在对生态环境侵害人进行追责时，在损害结果方面，以生态环境损害赔偿诉讼追责和以环境民事公益诉讼方式追责存在显著不同。

（一）生态环境损害赔偿诉讼侧重填补损害

根据《环境损害鉴定评估推荐方法》(第Ⅱ版)对生态环境损害的定义，[2] 生态环境损害包含对"损害"质的认定和量的认定两个维度。[3] 质的认定将生态环境损害与其他侵权损害区别开来。"质的损害"强调损害的内容为生态环境化学、物理、生物特性的不利改变或生态服务系统功能的破坏或减损，不仅包含环境要素的污染和破坏，更包含因部分环境要素的污染和破坏而导致的整体性环境要素的不利变化。"量的损害"指损害能被观察、可测量，量的认定要选择"利益总量"的观察方法，确定量的计算方法，明确统一标准。然而，生态系统一旦受损无法通过某一指标来全面反映，生态系统中各生态服务功能价值必须基于多源数据的不同指标综合量化才能反映生态环境变化。[4] 因此，对于损害在"质"方面的认定等技术性问题，仅依靠法学知识是不够的，还必须靠鉴定评估作为技术

---

[1] 张新宝：《侵权行为法》，浙江大学出版社2008年版，第44页。
[2] 《环境损害鉴定评估推荐方法》(第Ⅱ版)4.5条中专门规定了生态环境损害，指由于污染环境或破坏生态行为直接或间接地导致生态环境的物理、化学或生物特性的可观察的或可测量的不利改变，以及提供生态系统服务能力的破坏或损伤。
[3] 吕忠梅：《"生态环境损害赔偿"的法律辨析》，《法学论坛》2017年第3期。
[4] 肖武、张文凯、吕雪娇、王新静：《西部生态脆弱区矿山不同开采强度下生态系统服务时空变化——以神府矿区为例》，《自然资源学报》2020年第1期。

支撑和重要依据，应通过专门的鉴定评估机构出具意见。脱离鉴定评估，损害的"量"也无法被计算，损害要件成为空谈。

在生态环境损害赔偿磋商、诉讼制度中，从《改革方案》对生态环境损害的定义可以看出，其要求的"损害后果"是环境要素、生物要素的不利改变及生态系统功能退化。《改革方案》《若干规定》对生态环境损害赔偿追责情形做出了相同的规定，都列举了三种追责情形，包括：严重的突发环境事件、在重点且特殊环境功能区的事件及其他严重损害生态环境的事件。追责情形说明了"损害后果"的程度，即达到严重性。《若干规定》第12条①规定了生态修复的担责方式。修复正是针对损害而言的，有损害才谈得上修复。可见，以生态环境损害赔偿诉讼的方式追责要求有实际损害后果，且后果需较为严重。一般来说，生态系统自身具有维持、调控功能，②对环境要素的破坏，对自然的索取，只要不超过其生态阈值就不会破坏生态系统。但是，生态环境一旦遭受破坏，就是生态系统内大范围、多维度环境要素的破坏。③政府作为环保第一人，与其他任何主体相比，更有责任也更有能力在生态环境损害赔偿追责中发挥作用。由政府作为原告通过诉讼方式重点整治严重损害生态环境的行为，能够快速组织人财物调查取证、落实责任主体，集中力量迅速有效填补较为严重的环境损害，同时也对其他为牟取经济利益不惜牺牲环境的潜在违法主体起到震慑作用。

（二）环境民事公益诉讼侧重预防损害

现代社会是"风险社会"。④ 环境风险属于风险社会下一种不确定的、潜在可能的风险。在风险社会的大背景之下，消除所有的风险是不切实际的，而应将注意力放在抑制风险的合法性与合理性上。鉴于生态环境一旦

---

① 《若干规定》第12条 受损生态环境能够修复的，人民法院应当依法判决被告承担修复责任，并同时确定被告不履行修复义务时应承担的生态环境修复费用。生态环境修复费用包括制定、实施修复方案的费用，修复期间的监测、监管费用，以及修复完成后的验收费用、修复效果后评估费用等。原告请求被告赔偿生态环境受到损害至修复完成期间服务功能损失的，人民法院根据具体案情予以判决。

② 柳劲松、王丽华：《环境生态学基础》，化学工业出版社2003年版，第90页。

③ 刘清生：《论环境公益诉讼的非传统性》，《法律科学》（西北政法大学学报）2019年第1期。

④ 章国锋：《反思的现代化与风险社会——乌尔里希·贝克对西方现代化理论的研究》，《马克思主义与现实》2006年第1期。

遭到破坏，就很难恢复原状，即使能够恢复，所消耗的成本也是天价的。① 必须未雨绸缪，做好损害发生的预防性以及法益保护的早期化。我国环境民事公益诉讼的相关立法即是这一体现，《环境民事公益诉讼解释》第1条体现了环境民事公益诉讼的预防性，改变了以往只靠事后救济的诉讼思维，诉讼重点在关注过去的同时，更侧重于展望将来。② 预防性环境公益诉讼把危害生态环境、损害环境公共利益的行为扼杀在萌芽状态，以免造成不必要的、更大的损失；③ 注重源头防范，是环境公益诉讼的理想形态。④ 相较于生态环境损害赔偿之诉，公益诉讼不仅没有要求结果必须达到"严重损害"，还将"具有损害的重大风险"纳入要件之中，起诉并不以发生实际损害结果为要件，对可能危害环境公共利益的行为就可以提起公益诉讼。如此一来，适格主体既可以针对"已经损害社会公共利益"的行为，也可以针对"具有损害社会公共利益重大风险"的行为提起环境民事公益诉讼。相较于一般的民事诉讼，环境民事公益诉讼由事后救济扩展到事前预防，客观上起到了防患于未然的效果，改变了传统诉讼事后补救的被动性。政府追究违法行为人生态环境损害赔偿责任的线索的主要来源包括行政执法检查、环保督察、群众举报等。然而，就目前来看，一方面，政府执法检查与环保督察呈现阶段性与区域性特征，难以形成长期且全面监督的局面；另一方面，环境保护离不开公众参与，但公众的实际参与度并不高。这就造成行政机关对生态环境损害情况的掌握往往并不及时全面。而社会组织的成员分布在社会各个层面，生活在环境保护的最基层，以保护公益为组织目标和宗旨，也具备足够的环保知识，更能及时发现环境损害的蛛丝马迹，在一定程度上起到及时预防损害发生的作用。

生态环境损害赔偿诉讼重点针对严重的生态环境事件，侧重于填补较为严重的生态环境损害，要求较为严重的损害后果；环境公益诉讼贯彻环境法领域预防为主的原则，更侧重于预防环境损害，不要求实际损害。两种诉讼方式相辅相成，共同构成保护生态环境事前预防和事后重点填补的

---

① 李艳芳、李斌：《论我国环境民事公益诉讼制度的构建与创新》，《法学家》2006年第5期。
② 张旭东：《预防性环境民事公益诉讼程序规则思考》，《法律科学》（西北政法大学学报）2017年第4期。
③ 关丽：《环境民事公益诉讼研究》，硕士学位论文，中国政法大学，2011年。
④ 吴凯杰：《论预防性环境公益诉讼》，《理论与改革》2017年第3期。

整体格局。

四 因果关系推定

在损害行为与损害结果之间,前者是原因,后者是结果,原因是引起结果的现象,结果是经由原因引起的现象,损害行为与损害结果的这种联系称为因果关系。① 因果关系具有多样性,并呈现出不同的形态:一因一果、一因多果、多因一果、多因多果等,由此产生了有关因果关系的多种学说和规则。大陆法系中主要有条件说②、相当因果关系说③、盖然因果关系说④。英美法系将因果关系分为事实上的因果关系和法律上的因果关系⑤以及近因理论⑥。我国的因果关系规则主要包括直接原因规则、相当原因规则、推定因果关系规则,推定因果关系规则也称盖然性因果关系规则。⑦ 根据传统侵权法理论,是否存在因果关系需要由原告举证证明。鉴于现代社会证明危险活动对损害发生的原因力非常困难,为保护处于弱势地位的受害人,事实原因力推定理论应运而生。按照该理论,原告证明受到损害,损害由被告行为引起,且行为与损害之间的事实原因力达到盖然性即高度可能性,即可推定存在因果关系。该理论的适用范围限于高度危

---

① 杨立新:《侵权责任法》(第 3 版),法律出版社 2018 年版,第 74 页。

② 其含义是,凡是对于损害后果之发生起重要作用的条件行为,都是该损害后果法律上的原因。条件说又分为必要条件说与成分条件说。目前,多数大陆法系国家不再坚持条件说的因果关系理论。

③ 相当因果关系说也称为充分原因说,其基本含义是,加害人必须对以他的不法行为为相当条件的损害负赔偿责任,但是对于超出这一范围的损害后果不负民事责任。相当原因必须是损害后果发生的必要条件,并且具有极大增加损害后果发生的可能性即"客观可能性"。

④ 这一理论实质上不是完整意义上的因果关系之认定理论,而仅仅是因果关系的一种证明方式。其含义是,受害人证明加害行为与损害之间存在相当程度的因果关系的可能性即达到了其证明责任的要求,然后由被告对此进行反证。如果被告不能证明因果关系不存在则认定因果关系存在;反之,则认定不存在因果关系。

⑤ 法律上的因果关系是指原告所主张的事实和请求与某种特定的侵权诉因之间的关系:如果符合某种侵权诉因的要求,则认为存在法律上的因果关系;如果不符合该侵权诉因的要求,则不认为存在法律上的因果关系,受害人即使遭受损害也得不到该相关法律规则的救济。"事实上的因果关系"是指加害行为(或者还包括大陆法上的"准侵权行为")与损害之间的内在联系,与大陆法上的因果关系略同。

⑥ 近因一词大致包含了事实上的因果关系问题和可能被称为"法律上的原因"或者"应当承担责任的原因"问题两方面的内容,但是更多的是指后者。严格说来,近因方面的问题与时间和空间的远近关系或者因果关系之间的关系不大,只是在事实上的因果关系得到确认之后才发生近因方面的问题。

⑦ 杨立新:《侵权责任法》(第 3 版),法律出版社 2018 年版,第 79 页。

险活动及专业知识复杂的环境侵权等案件。①

（一）行为与结果之关联性

与传统的民事侵权相比，环境侵权的因果关系更为复杂。大气、土壤、空气等环境介质的介入，改变了传统民事侵权"行为—结果"的直接联系。这些环境介质的介入加剧了因果判断的复杂性，且环境介质的累积导致了损害的潜伏性和持续性，受害人很难立即察觉到。由此，《侵权责任法》（已失效）第66条②采用了反证原则，即举证责任倒置，由行为人对因果关系进行举证。《民法典》第1230条对此原则作出了肯定。③ 而原告对于因果关系的举证责任，《环境侵权案件司法解释》第6条第3项④采取了关联性的标准。关联性和因果关系属于不同的证明规则，关联性又称相关性，是指事物之间或变量之间存在的某种联系。损害行为与损害结果之间关系中的关联性指的是二者之间存在一定的联系，属于弱相关性。因果关系则强调两者存在引起与被引起的关系，是一种强相关性。⑤ 由原告证明关联性亦即原告仅需承担证明因果关系的初步举证责任。

《若干规定》第6条第3项⑥亦采取了相同规定，即由原告证明被告的生态环境损害行为与所造成的生态环境损害之间具有关联性。举证责任倒置的目的在于通过因果证明责任的分配，以平衡原告、被告双方相差悬殊的举证能力。生态环境损害赔偿诉讼的原告是包括生态环境管理监督机关在内的政府部门，既有作出行政行为的各种证据，且所掌握的环境科学等专业知识，较之环境侵权中的受害人要丰富得多。从理论上说，生态环

---

① 杨立新、梁清：《客观与主观的变奏：原因力与过错——原因力主观化与过错客观化的演变及采纳综合比较说的必然性》，《河南省政法管理干部学院学报》2009年第2期。
② 《侵权责任法》第66条 因污染环境发生纠纷，污染者应当就法律规定的不承担责任或者减轻责任的情形及其行为与损害之间不存在因果关系承担举证责任。
③ 《民法典》第1230条 因污染环境、破坏生态发生纠纷，行为人应当就法律规定的不承担责任或者减轻责任的情形及其行为与损害之间不存在因果关系承担举证责任。
④ 《环境侵权案件司法解释》第6条 被侵权人根据民法典第七编第七章的规定请求赔偿的，应当提供证明以下事实的证据材料：（三）侵权人排放的污染物或者其次生污染物、破坏生态行为与损害之间具有关联性。
⑤ 孙佑海、孙淑芬：《环境诉讼"关联性"证明规则实施阻碍和对策研究》，《环境保护》2018年第23期。
⑥ 《若干规定》第6条 原告主张被告承担生态环境损害赔偿责任的，应当就以下事实承担举证责任：（三）被告污染环境、破坏生态的行为与生态环境损害之间具有关联性。

境损害赔偿诉讼案件中原告、被告双方的举证能力并不需要以举证责任倒置进行再调整。但是，考虑到要查清生态环境损害赔偿案件的事实着实不易，特定情形下，作为原告的行政机关亦可能属于举证弱势一方。因此，虽然《若干规定》没有采用原《侵权责任法》第66条的因果关系举证责任倒置原则，但是沿用了《环境侵权案件司法解释》第6条第3项的关联性举证责任规定。从实践操作看，这种证明规则是科学可行的。需要注意的是，关联性的证明标准虽是高度盖然性标准，但原告提交的关联性证据只需证明因果关系存在的可能性，而无须证明因果关系确切存在。

（二）不再适用举证责任倒置

《若干规定》第7条[1]对被告的举证责任作出了要求，即被告反驳原告主张的，应当提供证据加以证明。被告主张具有法律规定的不承担责任或者减轻责任情形的，应当承担举证责任。该条规定，一是明确了被告需要举证证明己方对原告主张的反驳成立。结合《若干规定》上下文，这里原告所主张的乃是指"被告实施了污染环境、破坏生态的行为或者具有其他应依法担责的情形；生态环境受到损害，以及所需修复费用、损害赔偿等具体数额；被告污染环境、破坏生态行为与生态环境损害之间有关联性"三项内容。二是延续了原《侵权责任法》对被告减轻或免除责任情形的举证责任规定。

可以看出，相较于原《侵权责任法》及《环境侵权案件司法解释》，《若干规定》没有要求被告证明不存在因果关系。实际上，根据诉讼法的一般法理"原告对自己的主张负证明责任，而被告则对抗辩事实负证明责任"，被告本来就应对抗辩事由举证，这是"谁主张，谁举证"的一般原则在环境损害领域的具体运用，并不存在特殊性。所以，《若干规定》第7条关于被告反驳原告主张的举证责任规定，并不是举证责任倒置，实是与其他侵权类型一样的一般性规范。

但是，《民法典》第1230条规定，因污染环境、破坏生态"发生纠纷"时，行为人负有对抗辩事由和因果关系的举证责任。从字面上看，"发生纠纷"既包括"对他人造成损害的"一般环境侵害纠纷，也包括"对生态环境造成损害的"特殊生态环境损害赔偿纠纷。换言之，不管是

---

[1] 《若干规定》第7条　被告反驳原告主张的，应当提供证据加以证明。被告主张具有法律规定的不承担责任或者减轻责任情形的，应当承担举证责任。

环境侵权抑或是生态环境损害，按照第1230条的规定，都应由污染者、破坏者对行为与损害不存在因果关系承担举证责任。在法律位阶上，《民法典》高于《若干规定》，当以前者为准。但是，需要思考的是，在生态环境损害赔偿中适用举证责任倒置是否合适呢？对于环境侵权，采用举证责任倒置并无太大争议，无论是理论研究还是司法解释都确认了这一点。但是，能否把适用于环境侵权的规则直接转用于生态环境损害呢？举证责任倒置作为举证责任分配规则的例外，只有在一般的证明责任分配规则明显导致不公正和无法承受的社会后果情形下，才能予以适用。

首先，在生态环境损害领域中适用"谁主张谁举证"，并不会"明显导致不公正"。这是因为，无论是作为生态环境损害赔偿诉讼原告的政府，还是作为环境公益诉讼起诉人的社会组织、检察机关，其举证能力都明显优于环境侵权中的原告。尤其在生态环境损害赔偿诉讼中，作为公权力机关的政府或其指定部门的举证能力甚至都强于被告。政府部门能更清晰地看到人类对环境的直接威胁，了解环境问题的本质和范围，拥有丰富的有关环境问题的专门知识，知道如何有效进行救济。而适用举证责任倒置的前提和背景是，现实中需要减轻原告繁重的举证责任。显然，生态环境损害赔偿中并不存在这种情况，适用举证责任倒置的合理性被削弱了。

其次，在生态环境损害赔偿诉讼中不采用举证责任倒置，也不会产生"无法承受的社会后果"。环境侵权属于私法领域，在污染行为与损害结果之间的因果关系模糊或不确定时，将较重的举证责任分配给被告，符合矫正正义原则。而生态环境损害赔偿问题虽披有私法外衣，本质上却属于公法问题，不仅不宜完全适用无过错原则，在对具有偶然性或不确定性的因果关系的证明负担分配上，也不能遵循环境侵权的反证规则。此外，生态环境损害中的原告面对的实际经济风险也比环境侵权中的原告低得多。是故，在生态环境损害领域由原告承担适度败诉风险不会出现"无法承受的社会后果"。这就使通过反证原则把败诉风险分给被告的理由被大大削弱。因此，第1230条规定的举证规则只能适用于一般环境侵权案件，而不宜适用于生态环境损害赔偿案件。

生态环境损害的复杂性也决定了任何单一的证明理论都有其应用局限性。在因果关系的认定或推定上，可综合借鉴疫学因果理论、间接反证理论等成熟的因果关系理论。在查明生态环境损害事实的基础上，在对多元生态环境损害结果的因果关系进行认定时，可采用一种或多种判断方法。

一般而言，间接反证理论适用于大多数生态环境损害责任的因果关系认定。对某些特殊生态环境损害，可根据实际需求选择不同的因果关系证明方法。例如，在有毒物质泄漏引起的生物侵害疫情中，为了识别因果关系，可以采用疫学因果理论。而侵权方式简单、损害结果较为明确的案件，可以将优势证据论与事实推定相结合，在原告的初步证明中进行经验法则的推定。

五　主观要件

鉴于生态危险性行为和生态非危险性行为对生态环境的影响水平不同，对生态环境损害赔偿责任中的主观要件应适用二分法，即对生态危险性行为适用无过错责任，而对生态非危险性行为适用过错责任。但总体来讲，由于生态危险性行为的数量在整个社会中占少数，故在生态环境损害赔偿责任构成的主观要件方面也是坚持过错责任为原则，无过错责任为例外的理念。

（一）生态危险性行为适用无过错责任

无过错责任是伴随着社会化大生产尤其是大型危险性工业的兴起而产生发展的。在事故造成的损害面前，受害人要证明工厂主主观有过错才能获得赔偿，工厂主往往借口无过错拒绝赔偿。在此情况下，侵权法一方面坚持过错责任，另一方面就特殊损害类型承认了无过错责任。危险性是无过错责任中最重要的事由，危险建立在两个基础之上：一是无法防止损害出现，即使行为人尽到注意义务，危险发生具有高度可能；二是损害非常严重。① 无过错责任有利于敦促行为人对自己的危险作业高度负责，不断改进技术安全措施。② 在此类案件中，加害人总是处于优势的经济地位。无过错责任是从均衡整个社会利益、对比不同群体力量强弱来体现法律公平原则。③ 在造成损害的情形下，适用无过错责任，便于较快查清事实，救济受害人合法权益，符合弱者保护趋势。④

从域外经验来看，各个国家都在一定范围内确立生态环境损害赔偿的

---

① ［奥地利］海尔姆特·库其奥：《侵权责任法的基本问题（第一卷）：德语国家的视角》，朱岩译，北京大学出版社2017年版，第235页。
② 杨立新：《侵权责任法》（第3版），法律出版社2018年版，第64页。
③ 张新宝：《侵权责任法》，中国人民大学出版社1999年版，第26页。
④ 张宝：《环境侵权的解释论》，中国政法大学出版社2015年版，第115页。

无过错责任，美国在危险物质排放领域和其他对环境具有巨大风险的活动中适用无过错责任。可以将此类原因行为称为生态环境危险行为，概括为：对导致生态损害具有内在固有危险性的行为，包含使用危险设施、设备等行为。① 为此还可以以《国家危险废物名录》等相关名录为基础，制定危险行为及危险设备名录。这类原因行为具有损害环境的高度危险性，造成生态环境不利影响，行为人一般都能从中获利，其行为造成外部不经济性后果，但主观可能并无故意。② 而一旦出现危险废物泄露，会突破环境容量极限，造成巨大且难以估量的损害后果。不仅如此，产生危险的来源是企业，而企业能最真实地认识所从事的活动，控制、避免危险的能力最强，让危险行为的制造者承担无过错责任，能够有效刺激其采取积极措施，防止环境损害。危险活动中，行为人承担责任并非为了制裁其不法行为，而是基于公平正义理念合理分配"不幸损害"。③

在生态危险性行为中，以危险废弃物为例，具有易燃性、腐蚀性、反应性、有毒性及感染性等危害特性。④ 水、大气、土壤是最易受到其危害的环境要素，大气、水具有流动性，一旦遭受污染将快速扩散，为降低污染损害范围，要求环境损害救济具有时效性，无过错责任降低了生态环境损害赔偿追责的难度，为救济生态环境损害节省了时间成本。

（二）生态非危险性行为适用过错责任

适用过错责任主要有四个方面的理论依据：第一，法律调整应尊重人们的意思自治和行为的相对自由，契约自由系积极地促进个人自由，而过失责任主义则消极保护个人自由活动，两者相得益彰，贡献于近世文明。⑤ 第二，法律制裁应起到教育和预防作用，为人们确定行为规范标准，行为人应善尽对他人的谨慎和注意义务，努力避免损害后果。过错责任教育和引导人们主观上要善意，据此预防不善意的损害行为将产生的后

---

① 竺效：《生态损害填补责任归责原则的两分法及其配套措施》，《政治与法律》2007年第3期。
② 薄晓波：《论我国环境民事公益诉讼中法律责任的完善——以中华环保联合会诉德州晶华公司为例》，《环境保护》2015年第10期。
③ 黄萍：《预防性责任在环境污染侵权中的适用探讨——兼评〈侵权责任法〉的相关规定》，《中国发展》2011年第5期。
④ 吴卫星、贾晓冉：《论社会源危险废弃物生态环境损害赔偿的归责原则——基于社会源危险废弃物生命周期的分析》，《中国高校社会科学》2019年第5期。
⑤ 郑玉波：《民法债编总论》，三民书局1978年版，第136页。

果。第三，法律制度应该保持适当的弹性。① 过错归责原则不是一刀切，在过错的基础上区分故意、重大过失，据此产生不同的后果。第四，过错责任也是公平原则的体现，过错方承担责任，过错大小决定责任轻重，体现了法律的公平正义理念。

对于生态非危险性行为，过错责任可以协调平衡"个人自由"和"社会安全"两种利益的关系。生态非危险性行为与生态危险性行为相对应，指的是行为本身虽会对生态环境造成不良影响，但程度轻微，不具有高度危险性。企业大部分的生产行为通常都有利于经济发展，生态环境损害赔偿责任的判定应做好经济发展与生态保护这两个方面的平衡。行为主体的生产经营活动属于经济发展的组成部分，是行为自由的表现。不问行为人有无过错就要求行为人承担责任并非公平，反而会极大地限制行为自由与主体的自我实现，也将束缚经济的正常发展。对本身并不具有高度危害生态环境的行为活动适用无过错责任过于苛刻，无法发挥法律的教育功能，敦促行为主体心怀善意地进行生产经营活动。

《民法典》第1229条明确规定了环境侵权适用无过错责任原则，原因有二。一是考虑到现实国情。当前，我国重工业比重大，原材料消耗多，污染风险也高。一些企业在大量开发利用资源的同时，为节省处理成本，非法排污。基于此，适用无过错责任便于追究侵权人的责任，促使其预防和积极治理污染，救济受害人。二是考虑到环境侵权本身的特殊性。环境侵权具有复杂性、间接性、潜伏性，而加害主体与受害主体在经济实力、举证能力上通常不对等，受害人作为普通民众缺乏必要的专业知识。即使企业存在主观故意，受害人也很难证明，采用过错责任将使受害人难以获得有效法律救济。与环境侵权不同，在生态环境损害赔偿诉讼中，作为原告的政府部门同时也是环境监管部门，掌握的企业排污信息相对全面。强弱关系的改变，使得在生态环境损害赔偿责任中适用无过错责任并非如在环境侵权中那么理所当然，站得住脚。

人的主观想法往往通过外部行为表现出来。对此，违反注意义务就可认定为存在过错，在此层面上过错吸收了违法。随着现代社会和科技的发展，越来越多的领域采用各种技术性标准确定行为规则，对行为标准的确定愈发具体化，违反这些规则既表明行为有违法性，也表明行为人有过

---

① 王家福：《中国民法学·民法债权》，法律出版社1991年版，第454—456页。

错。生态环境损害赔偿责任以违法性为要件，也在一定程度上表明需关注行为人的过错。此外，从生态环境损害赔偿救济体系来看，一些自然资源法律已经明确生态破坏损害赔偿责任采用过错责任。例如，《矿产资源法》（2009年修正）第39条①规定了擅自采矿造成矿产资源破坏的损害赔偿责任。矿产资源是国民经济的发展支柱，对其开发具有特殊义务要求，行为人擅自开采的主观过错不证自明。与此相似，过错责任在《森林法》《草原法》中也有体现。

六　主体要件

《改革方案》规定，对违反法律法规，损害生态环境的单位或个人，应追究生态环境损害赔偿责任，做到应赔尽赔。有一些生态环境损害的义务主体相对容易确定。比如，在海洋泄油事件中，泄油海轮的所有人和管理人自然成为破坏海洋生态系统的加害人。然而，诸如河流、土壤、大气等污染，经常是复合主体共同作用的结果。这样一来，确定生态损害赔偿的义务主体将十分困难。以雾霾为例，汽车尾气、工业废气、生活油烟等多种废气综合作用最终产生了雾霾。对此，要求数以千万的车主和居民承担责任并不具有可操作性。如此作为不仅索赔成本很高，也将打乱人们正常的工作及生活秩序。因此，确定生态损害赔偿加害人必须有一个可操作的标准。

根据生态环境损害的特点，生态环境损害赔偿义务人应满足如下标准：（1）超标排污且对生态损害起到关键作用的法人、非法人组织；（2）故意损害生态环境的自然人。例如，雾霾形成的关键要素是企业排放的废气和石油加工业生产的低质量成品油。因而，对此类污染造成的生态环境损害进行索赔主要向上述两类主体提出。当然，这并不意味着广大汽车车主和家庭废气制造者在任何情况下都不用承担生态环境损害赔偿责任。如果车主故意非法使用大排量或低排放标准的汽车，也应承担相应的生态环境损害赔偿责任。这种区别性追责的合理性在于，在人类生产生活中，产生一些污染生态环境的物质是无法彻底避免的，法律应将关注点放

---

① 《矿产资源法》第39条　违反本法规定，未取得采矿许可证擅自采矿的，擅自进入国家规划矿区、对国民经济具有重要价值的矿区范围采矿的，擅自开采国家规定实行保护性开采的特定矿种的，责令停止开采、赔偿损失，没收采出的矿产品和违法所得，可以并处罚款；拒不停止开采，造成矿产资源破坏的，依照刑法有关规定对直接责任人员追究刑事责任。

在那些根源性的、过度的污染上，而不是"一刀切"，使得人类退回原始生活状态。实践中也出现过个人担责的案例。如，在破坏巨蟒峰案中，作为自然人的被告采用破坏性方式攀爬巨蟒峰，故意在巨蟒峰花岗岩柱体上钻孔打入26个岩钉，对巨蟒峰造成严重损毁，成为全国首例检察机关针对损毁自然遗迹提起的生态破坏民事公益诉讼案。

此外，应当增加污染单位的责任人作为义务主体。《环境保护法》第42条①规定明确了单位负责人和相关人员的责任，值得肯定。但该条款没有进一步明确对生态环境损害负有直接责任的单位负责人和相关人员在生态环境损害赔偿诉讼中的义务主体地位。加害单位实际上全部都是拟制主体，其所做决定常依赖于单位负责人和相关人员。因此，只有对负责人追究生态环境损害连带赔偿责任，才能打破生态环境损害责任中的"违者不罚，罚者不违"的尴尬局面，才能有效遏制破坏生态环境的不法行为。

生态环境损害赔偿责任构成要件是生态环境损害赔偿制度最核心的内容。开展具体的索赔工作，必须统一裁判标准，这就需要明确生态环境损害赔偿责任的构成要件。应做好生态环境损害赔偿责任构成要件与环境侵权责任构成要件的区分，二者在本质上体现了公法与私法的不同。同时，生态环境损害赔偿责任的构成要件虽然属于实体法问题，但也与程序法密切相关，要注意二元诉讼模式下所要求的不同责任构成要件。以民事责任构成要件作为基础，结合生态环境损害赔偿责任的特殊性，成立生态环境损害赔偿责任应具备五大构成要件，分别是损害行为、损害结果、关联性、主观要件、义务主体要件。在损害行为上，要求以违法性为主，并明确违法性的具体范围。在损害结果上，环境民事公益诉讼贯彻预防为主的原则，以预防环境损害为主，不要求造成实际损害后果。生态环境损害赔偿诉讼中，鉴于通过政府力量更有助于生态修复，故以填补损害为主，要求损害后果。二元诉讼模式形成了相互补充的责任体系。在因果关系方面，由于生态环境损害一般是多因多果，证明直接因果关系难度极高，应继续发展《若干规定》中对原因行为与损害结果之关联性设计。在主观

---

① 《环境保护法》第42条 排放污染物的企业事业单位和其他生产经营者，应当采取措施，防治在生产建设或者其他活动中产生的废气、废水、废渣、医疗废物、粉尘、恶臭气体、放射性物质以及噪声、振动、光辐射、电磁辐射等对环境的污染和危害。排放污染物的企业事业单位，应当建立环境保护责任制度，明确单位负责人和相关人员的责任。

要件上，坚持二分法，对大多数的生态非危险性行为坚持过错责任，而对生态危险性行为要求无过错责任。在义务主体方面，要进一步明确确定义务主体的标准。

第二节 生态环境损害赔偿的范围

从本质上看，生态环境损害赔偿范围的大小，表面上看是侵害人赔偿多少的问题，实则反映了环境公益与经济私益、环境保护与经济发展之间的衡平。生态环境损害赔偿制度作为损害赔偿制度的一种，因为与生态环境相关联而具有特殊性，即必须反映真实的生态环境损害成本，并且实现更大的分配公平，因此，既应该过滤掉一些比较牵强的和衍生性的经济损失索赔，也需要全面核算生态环境因污染或破坏行为所受的损害和所失的利益。对此，有一点值得注意和重视：应将生态环境损害肇致的损失与因追究生态环境损害赔偿而支出的相关费用区别开来。如此，一方面可以让侵害人和其他社会主体知晓污染或破坏行为造成了生态环境哪些方面的损害，让他们认识到生态环境的自身价值和保护生态环境的重要性；另一方面逻辑严谨地条分缕析，让侵害人明白每一项费用的名目和属性，避免因"眉毛胡子一把抓"造成磋商不易或诉讼不断，浪费社会成本，消耗有限的司法资源，影响司法公信力。

要界定我国生态环境损害赔偿范围，应将域外经验与我国国情结合起来，审视现有规定，以《民法典》为指导，通过明晰生态环境损害的概念，明确生态环境损害赔偿制度的目的与功能，确立生态环境损害赔偿的基本原则，分析生态环境损害的基本构成，最终界定生态环境损害赔偿的合理范围。

一 生态环境损害之赔偿目的

马克·韦尔德在研究欧洲和美国的环境损害民事责任时发现，侵权法的另一个主要限制是，它关注于个人遭受的损失而不是环境遭受的损失。因此，虽然判定的损害赔偿金可以反映索赔人个人的经济损失，但可能无法提供足够的资金进行全面的环境修复。[1] 生态环境损害赔偿制度的出现

---

[1] ［英］马克·韦尔德：《环境损害的民事责任——欧洲和美国法律和政策比较》，张一心、吴婧译，商务印书馆2017年版，第166页。

就是要解决这种限制，从传统侵权制度重在维护当事人的利益转移到维护环境利益上。可见，各国设立生态环境损害赔偿制度的目的就是要保障生态法益。这一目的可分为三个层次：

第一个层次是保护具体的环境要素和生物要素。研究显示："除大型的动植物外，不甚显眼甚至肉眼看不见之菌类、原生动物、藻类、无脊动物，及昆虫类等，对人类世代的永续生存、永续发展更为重要。换言之，地球的生物多样性，亦即遗传多样性、物种多样性、生态系统多样性，是人类永续发展的基础，因此生物资源对人类的经济和社会至关重要。"① 作为生物圈重要的调节和稳定成分，它们在数量上的增、减和其他变化，能够对自然生态系统的稳定造成极大的影响。从此意义上讲，在生态环境损害赔偿中，我们要保护单一环境要素和生物要素（例如水、土壤、某种鱼类、某个动物）免受污染或破坏。

第二个层次是保护由环境要素与生物要素所组成的生态系统。在一个稳定的生态系统中，各种生物种类的组成、各种种群的数量比例以及能量和物质的输入和输出等都处于一种相对稳定的状态。而各个生态系统之间以及生态系统的各个组成成分之间又处于一种相对的动态平衡状态，常称为生态平衡。其中，"任何一个生态系统或者生态系统中的任何一个组成成分受到外界的干扰或破坏，生态系统的平衡就会受到影响"②，此时也就影响到生态系统"顺畅地"提供生态服务功能，如涵养水源等。因此，在确认具体环境要素或生物要素受到污染或破坏的同时，必须认识到其对周围生态系统也带来不良影响，以致最终危害到整个生态系统。

第三个层次是保护环境健康。一个健康的环境，除了有丰富的自然资源，品质良好的环境质量，还具有持续不断提供生态服务的功能。通常，将环境介质恢复到某一水平以满足特定的使用功能，如将自然环境恢复到能够被人类用于娱乐、休闲或商务目的的水平，这是一种以人类为中心的解决方案，并且反映出一种经济手段，其关注的焦点在于如何恢复被破坏资源的经济功能；然而从环境健康角度看，这并不是一种理想的解决方案，因为它忽视了资源在生态系统中所扮演的角色。例如，可以将湖泊恢复到能够应用于帆船和游泳的水平，甚至还可以引入某些生存能力强的鱼类以重新引入垂钓项目。但是，残留污染可能使湖泊不能维持更细致复杂

---

① 陈慈阳：《环境法总论》，中国政法大学出版社2003年版，第199页。
② 王树义：《俄罗斯生态法》，武汉大学出版社2001年版，第32页。

的生命形式，从而无法充分发挥其在生态系统中应有的生态功能。① 可见，环境健康是生态环境损害赔偿制度保护生态法益的终极体现。

这三个目标层次在本质上反映的是各国法律逻辑或概念以外更深层的法律政策和社会价值，并受限于各国的经济发展，是"肇基于经济资源的利用与生态环境二者应取得保护平衡性之理念"②，需要在客观上逐步推进，既要能管理、照顾生态环境，也要符合法治国家的比例相当性原则。

二 生态环境损害之赔偿功能

（一）填补损害

在生态环境损害赔偿中，填补的损害是针对生态环境而言的，以生态环境为规范对象，其常见的方法是对受到污染或破坏的生态环境进行修复。《欧盟环境责任指令》将生态修复作了进一步细化。其一是"只要有可能，必须将受损的环境介质恢复到基线状态作为目标，即事件发生前状态，这被称为基本补救（primary remediation）"；其二是随着"潜在责任进一步延伸，责任方还应承担直至资源完全恢复为止发生的所有损失，这被称为补偿性修复（compensatory remediation）"；其三是"如果因为损害无法弥补而致使基本补救不可能完成，那么可以在其他的替代地点采取措施。例如，如果一个特定的野生动物栖息地已经丧失，那么可以在离受污染地区一定距离的其他替代地方进行植被恢复，这就是所谓的补充性修复"。③ 我国与之对应的分别是生态环境修复，修复期间生态服务功能损失的弥补和替代性修复。其中，替代性修复在我国并不是一种独立的填补损害的方法，其是生态环境修复中的一种方法，属于修复空间的转移。除此之外，生态环境修复还包括第三人修复，属于修复主体的转换。而在修复不能或修复代价过于高昂时，法律还允许支付修复生态环境所需的费用，以赔偿损失的形式来"填补"生态损害。而实际上，不管修复方式有多少种，权利人有怎样的选择权，其最终追求的是使受到损害的生态环

---

① ［英］马克·韦尔德：《环境损害的民事责任——欧洲和美国法律和政策比较》，张一心、吴婧译，商务印书馆2017年版，第333页。
② 陈慈阳：《环境法总论》，中国政法大学出版社2003年版，第222页。
③ ［英］马克·韦尔德：《环境损害的民事责任——欧洲和美国法律和政策比较》，张一心、吴婧译，商务印书馆2017年版，第345页。

境获得完全"填补"。

(二) 预防损害

生态环境损害赔偿制度的预防功能表现得并不明显,但损害赔偿是对侵害人课以不利益,既然趋利避害是人的天性,这将促使侵害人对自己的行为进行调整,在一定程度上可以起到预防的功效。这就意味着我们需要全面审视污染或破坏行为对生态环境造成的损失,至少不能让侵害人从生态环境损害行为中获利,否则不仅侵害人有可能再犯,也为其他社会主体树立了不好的范例,根本无法起到预防的作用。为强化生态环境损害赔偿制度的预防功效,俄罗斯在自然资源损害赔偿中除了规定补偿性赔偿,还规定了惩罚性赔偿,而德国也认可在某些情况下赔偿可以超过损失。其实,要实现预防,并非只有惩罚性赔偿或超出损害进行赔偿这一条路径。如果义务人不仅不能从污染或破坏行为中获得任何"好处",还因此担负一大笔并非"纯粹经济损失"的赔偿费用,义务人将会考虑采取措施减少污染,甚至从一开始即避免污染发生。

(三) 权利续造

相较于传统侵权,环境侵权属于一种特殊侵权,但其最终救济的仍然是传统的人身权和财产权。在此过程中,作为侵权行为介质的环境要素虽然也受到侵害,却无法获得救济。生态环境损害赔偿制度的产生正是要解决这一问题。在环境权缺位的情况下,通过法律赋予特殊主体提起诉讼的权利,要求侵害人对污染或破坏行为造成的损害进行赔偿,以获得足够的资金进行全面的生态修复,从而保障生态法益。损害赔偿请求权使受到侵害的生态法益的价值内容得以展现,人们越来越认识到生态环境在提供使用价值以外,还具有多种非使用价值,生态环境并不因对人们有用而存在,而是具有自身的存在价值。只是生态法益的载体——环境要素和生物要素并不参与市场交易,无法以其客观交易价值作为应予赔偿的最低损害,尚需要探索多种评价工具与方法,对多元化的生态环境价值进行认定。

综上,在生态环境损害赔偿制度的功能中,损害填补是首要和基本功能,但"损害填补赔偿'过去'业已发生的损害,是一种'事后'的救济。预防损害系着眼于'未来'损害的防免,是一种'向前看'的思路"[①]。显然,

---

① 王泽鉴:《损害赔偿》,北京大学出版社2017年版,第33页。

事后救济过于被动，不如事先进行防范。因此，在进行生态环境损害赔偿制度设计时，拟需要采取多种方式以激发其预防功能的发挥。至于权利续造功能，从制度到实践均在强化生态法益的重要性，人们不再纠结、拘泥于纯粹的经济损失，生态环境的多样性价值逐渐得到认可。

三 生态环境损害之赔偿原则

（一）全部损害赔偿原则

全部损害赔偿原则，即赔偿权利人应要求赔偿义务人对造成的全部生态环境损害进行赔偿，义务人也有对侵害行为肇致的损害予以全部赔偿的义务。即使侵害人不存在故意或过失，也并不因此减轻侵害人的赔偿责任，即在全部损害赔偿上，侵权人的主观过错对认定损害赔偿的范围或内容不会产生影响，此时不宜适用责任与赔偿比例原则，以保证赔偿的全面性。是否达到全部赔偿的最低标准要看能不能"恢复原状"，其含义是：当损害将要由损害赔偿金来进行补偿时，在计算损害赔偿金数额时，应尽可能使受损害的对象能够"修复"到原来的状态，亦即在它没有遭受不法侵害时的状态。[①] 更进一步来说，在此原则下，义务人对侵害行为所造成之生态环境的全部损害都需负责，实际上是将社会在此要担负之外部成本内部化，由义务人全权负责，以免"义务人受益，不特定多数人受害，政府买单"，使环境保护陷入僵局。该原则所主要表达的乃是生态环境"不再是可任人随自取用及其在毁损时不受制裁之自由财，而是公有财产之一部分的'公共财'。只有付出一定相对的代价始能加以使用，甚至要求使用时应尽可能采取一切措施，避免环境的破坏，倘使无法避免时，则要求行为人必须负担为排除此一毁损及破坏所应支付之费用"[②]。

（二）禁止得利原则

禁止得利原则在此包含两层含义：一层针对赔偿权利人。赔偿权利人虽为环境公益"请命"，但不可以公益为名，请求超过生态环境损害的费用。若权利人请求的损害赔偿除了填补受到损害的生态环境外还有多余，其实质就是对义务人的惩罚，将改变生态环境损害赔偿的性质。惩罚性赔

[①] ［英］马克·韦尔德：《环境损害的民事责任——欧洲和美国法律和政策比较》，张一心、吴婧译，商务印书馆2017年版，第126页。

[②] 陈慈阳：《环境法总论》，中国政法大学出版社2003年版，第229页。

偿准刑罚的性质决定了应对其适用范围加以限制。并且，如果有其他方式实现对生态法益的保障，实施惩罚性赔偿也就没有必要。① 赔偿权利人作为起诉人，不得请求或保有全部损害赔偿义务的利益。因为生态环境损害赔偿的目的是消除义务人对生态环境的不良影响，修复被污染或破坏的生态环境，保护生态法益，权利人不能从生态环境损害赔偿中谋取私利，受不当之利益。另一层针对赔偿义务人。正是义务人的污染或破坏行为造成生态环境的损害，影响了生态环境品质，最终处理结果绝不能使其从此种行为中获得"好处"，一旦"违法成本低于守法成本"，受利益驱使，会有更多社会主体予以"效仿"。因此，必须将义务人从损害生态环境中获得的利润②予以没收。

（三）合理可行原则

生态环境受到损害以后，最为完美的解决方案是修复已经被破坏的复杂生态系统，将环境"恢复"到以前的状态。但事实是，在生态环境受到侵害时，即便侵害人积极进行生态修复，在技术上，也不可能将生态环境修复到损害发生前的状态，其在客观上存在可以认定的瑕疵，此种"技术性贬值"理应考虑在内。因此，应修复的并非"原有状态"，而是"应有状态"，即将损害事件发生后生态环境的变动状况考虑在内。如果不加辨析，将可知的每一项价值都计算在内，势必造成重复计算，使得计算结果数值偏大，甚至畸高，打破了生态环境保护与经济发展之间的微妙平衡，这样的计量结果也就失去了实际应用价值，超出了合理性，不具有可行性。

四 生态环境损害之情形

（一）有形损害与无形损害

生态环境可以提供的服务一般包括：一是提供资源本身，如水、森林、动植物等，这被称为产品供给服务，往往可以通过市场价值体现出来。二是提供生态功能，如野生动物在自然环境中的生态功能，它们是自

---

① 从现有生态环境损害赔偿案例看，仅仅要求义务人支付修复生态的费用，已经让他们力不从心，再加上高昂的鉴定费用，不菲的律师费用，经济上的损失已经让义务人开始意识到损害生态环境的严重性。笔者以为，只要界定清晰生态环境损害赔偿的范围，切实做到让义务人全面赔偿，就可以起到惩戒义务人的效果。

② 利润包括正常利润与超额利润。正常利润包括在成本中，成本以外的利润为超额利润。

然资源和地球生物多样性不可分割的要素，是生物圈中重要的调节和稳定成分。它们在数量上的增、减和其他变化，能够对自然生态系统的稳定造成极大的影响。① 三是提供文化旅游服务，反映的是生态环境的社会价值，具体表现为文化、美学、娱乐等方面的服务。例如，由野生动物和未受污染的景观所带来的愉悦。这些有时被称作"被动的使用价值"。因为它们不涉及对环境有任何实际影响的活动。② 其中，侵害生态环境造成资源环境本身的损害就是有形损害，而因此造成生态功能的减损和社会价值的贬值属于无形损害。"资源无价"既反映了资源的重要性，一旦其毁损灭失将无法逆转，难以弥补，也表明很难量化被破坏资源的价值，尤其是生态价值和社会价值。

（二）财产上损害与非财产上损害

财产上损害是指具有财产价值，能够用金钱加以计算大小的损害。如滥伐林木，可根据市场上同类树木的交易价格计算砍伐树木造成的经济损失；非法捕捞水产品，可根据市场上同种鱼类的交易价格核算非法捕捞水产品造成的经济损失。与其对应的，非财产上损害是指不具有财产价值，难以用金钱加以衡量的损害。如，滥伐林木中，肉眼可见的直接损失是被砍掉的树木，难以衡量的损失包括树木带来的防风固沙、涵养水源、净化空气等生态效益，以及其婆娑多姿带来的美学价值、绿荫掩映带来的娱乐价值等。③ 非法捕捞水产品中，肉眼可见的直接损失是从水中捕捞的鱼类，难以计算的损失包括鱼类受损可能影响水生态系统的平衡和水生物多样性的完整度。

（三）所受损害与所失利益

所受损害也被称为直接损害，是指由于侵害行为致使现存利益的积极减少。所失利益也被称为间接损害，是指侵害行为在积极造成现存利益减少的同时，还消极妨碍潜在利益的取得。这里的"潜在利益"，一方面是指在生态环境领域该利益难以用金钱衡量，表现得并不明显；另一方面是指如果没有侵害人的行为，其他社会主体将可以持续享受该利益，而侵害事由则阻断了其他社会主体对该利益的享有。如森林遭到滥伐，购买树苗

---

① 王树义：《俄罗斯生态法》，武汉大学出版社2001年版，第37页。
② ［英］马克·韦尔德：《环境损害的民事责任——欧洲和美国法律和政策比较》，张一心、吴婧译，商务印书馆2017年版，第147页。
③ 王树义：《俄罗斯生态法》，武汉大学出版社2001年版，第36页。

的成本、树苗成长过程中的管理照看费用、树苗成熟后的市场价等都属于直接损害，而因为被砍伐，森林涵养水源、净化空气等原本持续不断的生态服务功能被阻断，人们肉眼虽然难以看见，但并不能否认这种"潜在利益"的客观存在。

五 生态环境损害赔偿之范围类型

我们需要全面考量污染或破坏行为会对生态环境造成哪些损失，力争将其全部纳入生态环境损害赔偿范围，使受到损害的生态环境获得全部赔偿，实现对生态法益的救济。生态环境损害赔偿之范围包括以下四项（以下统称"生态环境损害赔偿费用"）：第一项是生态环境修复费用，包括为防止污染扩大、消除污染而采取的必要措施所需的费用，制定、实施修复方案的费用，修复期间的监测、监管费用，修复完成后的验收费用、修复后效果评估费用；第二项是生态环境修复期间服务功能的损失；第三项是生态环境功能永久性损害造成的损失；第四项是环境健康的损失。至于诉讼过程中的调查取证、专家咨询、检验、鉴定，以及律师费、诉讼费等费用，虽按照规定，权利人可以要求法院判令义务人承担，但在性质上这些费用不能归属于生态环境损害赔偿之范围，更精确的称谓应是"因追究生态环境损害赔偿而产生的事务性及其他合理性费用"（以下简称"其他费用"）。如此划分的意义在于：

第一，众多"其他费用"并不直接用于生态环境，将其位列生态环境损害赔偿范围与损害赔偿金"专款专用"原则相悖。

第二，这些"其他费用"与其说与生态环境有着千丝万缕的联系，不如说是因追究生态环境损害赔偿责任而产生的费用，它们都流向了相应的主体。如，检验、鉴定费用流向了生态环境损害鉴定机构，律师费流向了律师事务所，诉讼费流向了国库。

第三，"其他费用"中，调查取证、专家咨询、检验、鉴定等具体环节，起着推进生态环境损害赔偿有序进行的作用，由此所产生的费用均属于事务性费用。除此之外的费用统称为其他合理性费用，这些费用并非专属于生态环境损害赔偿案件，在其他普通案件中也可能产生这些费用。相较而言，不管是"生态环境损害赔偿费用"，还是其中之一的生态环境修复费用的进一步细化，都是专属于生态环境损害赔偿程序中的费用。

可见，"专属性"（体现于专款专用与专属于生态环境损害赔偿程序）使得生态环境损害赔偿之范围与其他赔偿有了明晰的界限，如此泾渭分明的归类才能突出生态环境损害赔偿制度保护生态法益的纯粹性，有助于人们树立正确的生态环境价值观。

综上所述，必须对生态环境损害赔偿范围加以"提纯"，将对生态环境本身造成的损害与因追究生态环境损害赔偿而产生的费用区别开来，判断标准就是是否具有"专属性"，专用于生态环境自身和专属于生态环境损害赔偿程序的费用就归于生态环境损害赔偿范围；至于其他损失，根据其与追究生态环境损害赔偿责任的关系远近可分为事务性费用与其他合理收费。

第六章

生态环境损害赔偿法律制度的程序内容

第一节 生态环境损害赔偿法律制度的非诉机制

生态环境损害赔偿的非诉机制包括磋商、仲裁、调解、斡旋等方式。在我国生态环境损害赔偿实践中，磋商是最主要的方式，也是被《改革方案》《若干规定》《管理规定》所认可的方式。因此，本章所讨论的非诉机制主要围绕着磋商展开。

一 磋商的概念及法律性质

（一）生态环境损害赔偿磋商的概念

磋商，意在互相商议、交换意见。在法律文件中，多用于商事合同的订立以及外交谈判和会晤等正式场合。目前，有多个地区出台了专门的生态环境损害赔偿磋商办法。[①] 磋商机制不同于传统的诉讼机制，其有利于节约诉讼成本和司法资源，提供了多样化的确责渠道，使得赔偿权利人和赔偿义务人可以就损害事实与程度、修复启动时间与期限、赔偿的责任承担方式等具体问题先行进行沟通，在统筹考虑修复技术可行性、成本效益最优化、第三方治理可行性、赔偿义务人赔偿能力等基础之上，与赔偿义务人达成赔偿协议，赔偿协议经过法定程序生效之后，赔偿义务人就应当采取相应的措施，改善或者修复所造成的生态环境损害。

---

① 如《绍兴市生态环境损害赔偿磋商办法（试行）》《贵州省生态环境损害赔偿磋商办法（试行）》《福建省生态环境损害赔偿磋商管理办法（试行）》等。

但是关于磋商的性质、条件、程序以及磋商与其他程序的衔接等问题仍然存在着诸多争议。

1. 生态环境损害求偿主体机制

长期以来，关于生态环境损害赔偿相关制度的构建，我国学界对其有着广泛且深入的研究。有学者指出，在该项制度中，政府作为赔偿权利人，是指政府有权指定相关部门或机构负责生态环境损害赔偿具体工作。但是，这不等于政府是唯一的诉讼参与人，也不意味着政府能最好地承担监督环境修复的重任。政府作为赔偿权利人将生态环境损害赔偿求索资格授权给其他的机构或团体，那么这些被授权的机构或团体便成了生态环境损害赔偿诉讼的参与人。未来应建立"以环保行政机关为基本求偿主体""以检察机关为主要监督主体""以公众为督促主体"的三位一体的生态环境损害求偿主体结构，并将这三类主体融于"国家索赔优先、社会组织索赔为补充、检察机关润滑其中"的生态环境损害公益索赔机制中。

2. 生态环境损害的求偿的机制研究

关于磋商的性质，我国目前存在两种观点，民事磋商说和行政磋商说。支持民事磋商说的学者认为，磋商的本质属性仍然是民事行为，只是因为公法元素的介入而具有了一定的特殊性，赔偿权利人在开展磋商时必须放下其环境行政管理者的角色并不得运用行政权力，从而与赔偿义务人处于完全平等的地位。支持行政磋商说的学者认为，作为赔偿权利人的地方政府与赔偿义务人就生态环境损害修复与赔偿等事项所进行的磋商，是行政磋商。其主要贡献和价值在于在传统的行政处罚等强制性行政执法之外创立了协商确定具体赔偿问题的一种协议，即行政合同。也有学者提出了其他的纠纷解决机制，比如人民调解、行政调解、环境仲裁等。此外，也有大量关于生态环境损害赔偿诉讼与非诉衔接问题的研究。生态环境损害赔偿诉讼总体上应当属于公益诉讼。相较于非诉机制，我国学者对于公益诉讼的研究比较早，也比较深入，通过诉讼的方式来追究环境污染者的责任，是最终的解决途径。

3. 研究现状简述

自《试点方案》出台以来，我国学者已陆续开始关注磋商制度，但是关于生态环境损害赔偿磋商与诉讼的衔接问题的研究文献仍然相对较少。从整体上来看，我国目前对于生态环境损害赔偿磋商的专门理论研究数量有限,且真正深入的理论研究缺乏,呈现碎片化的状态。① 此外,对国外制度的研究和比较不够。这些文章对生态环境损害赔偿磋商问题进行了个别的研究,但是缺乏系统性、针对性和政策指导性,这也是本书希望进一步解决的问题。

(二) 生态环境损害赔偿磋商的法律性质

自 2015 年 12 月《试点方案》出台后,关于生态环境损害赔偿的论文多以研究整体全貌,或者具体的某一制度为主。关于生态环境损害制度中磋商的专门研究占比较少。

在现有环境民事诉讼之外,我国生态环境损害赔偿制度创设的"磋商"途径是一种生态环境损害救济的新途径,这种磋商有别于行政管理。尽管在磋商过程中有政府参与,但磋商当事人之间并不是行政法律关系,而是民事性质的关系。② 在磋商法律关系中,赔偿权利人可以尝试改变昔日运用的单一性、命令式方式维护生态环境利益,采用与赔偿义务人协商的方式,以生态环境赔偿权利人的身份寻求解决生态环境损害赔偿或修复的途径。

关于磋商法律性质的认定。我们认为,磋商的法律性质在本质上是一种行政法律关系,但手段上采用了民事性的方式。明确生态环境损害赔偿磋商法律性质的关键在于分析赔偿权利人和赔偿义务人在磋商过程中的法律关系。在两种学说中,民事磋商说即认为生态环境损害赔偿是一种民事法律关系;行政磋商说则是建立在赔偿权利人和义务人的关系是行政法律关系的基础上。而判断双方是民事还是行政法律关系的关键在于,分析赔偿权利人和赔偿义务人双方在磋商过程中的法律地位、法律依据、调整对象,以及行政机关是否是依法履行行政职责,行政主体在合同中是否享有优益权,即是否有变更、解除和监督指挥的权力等。

---

① 其中具有代表性的文献有:《生态环境损害赔偿磋商与诉讼衔接关键问题研究》(罗丽、王浴勋,2017)、《构建生态环境损害赔偿磋商与诉讼衔接机制》(贺震,2017)、《损害赔偿磋商与诉讼如何有效衔接?》(贺震,2017)、《生态损害赔偿磋商制度的解释论分析》(黄锡生、韩英夫,2017)、《首例生态环境损害赔偿协议司法确认案评析》(任世丹,2017)、《生态环境损害赔偿磋商制度构想》(程雨燕,2017)、《论生态环境损害赔偿制度与环境公益诉讼的衔接》(程多威、王灿发,2016)、《生态环境损害赔偿磋商制度解构》(潘佳,2019)、《生态环境损害赔偿磋商与司法衔接关键问题探析》(别涛等,2020)等。

② 罗丽:《生态环境损害赔偿磋商与诉讼衔接关键问题研究》,《武汉理工大学学报》(社会科学版)2017 年第 3 期。

首先，磋商程序仅仅为生态损害赔偿制度中的一个环节，而前期的调查、鉴定、评估等都是带有典型的公权色彩的行政行为，难以将其视为单纯的民事行为。

其次，磋商只是一种手段和方法，并不能完全涵盖维护环境公共利益的公法目的，应当将目的和手段区别看待。生态损害具有强烈的公共性色彩，影响的是公共利益，而公共利益的代表机关即为行政机关。赔偿磋商制度虽然是借"赔偿"之名，但走的是"责任承担"之实。在行政合同中，行政机关依法享有对合同的另一方进行监督、指导的权力，并且在一定条件下，可以在无须相对人同意的情形下，依法行使单方变更权或者解除权，变更合同相关内容或者解除合同。

最后，磋商程序为平等协商，固然可以保证"意思自治"的体现，但是难以针对生态损害进行有力的规制，不利于环境修复工作的有力开展。因此，行政说观点倡导磋商程序为一种新型的协商式行政行为，虽然引入了相关民事相关制度，但根本上还是一种行政行为。

综上，我们认为生态环境损害赔偿磋商在本质上是在服务型政府建设模式下，对于传统单一管制机制的创新，其目的并非是将政府在环境事务上的管理职能进行完全的舍弃，将政府和赔偿义务人置于相同的民事法律地位上，而是在现有机制中加入协商行政的机制，引入民法中的协商因素，提高生态损害赔偿协议达成的效率，以促进资源的最大化利用。

(三) 生态环境损害赔偿磋商的流程设想

生态环境损害磋商程序可以分为以下几个阶段。

生态环境损害事件发生：行政机关了解到生态环境损害案件事实发生后，应当及时作出相应行动，阻止环境污染进一步恶化。鼓励相关社会组织、媒体及个人积极举报或曝光环境污染事件，充分发挥公众参与的力量。

事件调查：由具有职权的相关行政机关依法进行先期调查，并注意保存现场照片及证据，同时及时通知其他有关部门，及时进行生态环境治理，防止污染进一步扩大。

生态环境损害鉴定评估：生态环境损害鉴定评估工作应当尽快进行，甚至和有关部门的调查同步开展，防止由于时间的延长导致证据、污染物灭失。生态环境损害鉴定应围绕生态损害事实与程度作出，并对生态修复方案提出意见，及时完成生态环境损害鉴定报告。

通知磋商：通过生态环境损害鉴定报告认定符合生态环境损害磋商范

围及条件的，赔偿权利人应及时确定赔偿义务人，并主动通知其进行磋商准备工作。从生态环境损害赔偿责任所适用的范围来看，《管理规定》出台后，生态环境损害赔偿责任的适用范围进一步拓宽。①

磋商：赔偿权利人或其代表通过召开磋商会议的形式，与赔偿义务人就损害事实与程度、修复方式、启动时间与期限、赔偿的责任承担方式与期限等进行平等协商，达成赔偿协议。应对磋商过程进行公开，并及时保存磋商过程中的笔录、录音录像、第三人意见等。磋商应严格限定期限，防止赔偿义务人怠于达成协议，致使生态环境修复困难。

达成赔偿协议：经赔偿权利人和赔偿义务人共同磋商达成一致意见后，应当及时签订"生态环境损害赔偿协议"，并将生态环境损害鉴定评估报告、磋商过程形成的笔录作为协议附件，及时到有管辖权的职能部门进行备案。

之后的程序分别是：司法确认、生态修复以及验收。

二 磋商结果的法律效力分析

（一）磋商结果

磋商的结果即指双方在磋商过程之中达成的赔偿协议。磋商协议的法律效力直接决定了其达成后，赔偿义务人如果不履行或履行不到位，赔偿权利人有权向人民法院提起诉讼的特别程序等问题。此外，除了磋商的结果具有法律效力之外，在磋商程序中经双方确定的磋商记录，是否也可以成为后续诉讼过程中的证据，也是需要去关注和解决的难点之一。

如前文所述，由于赔偿协议的一方主体为行政机关，其本质上也是行政主体在依法行使行政职权，因而实际上为一种行政合同。② 赔偿权利人

---

① 根据《管理规定》第4条，违反国家规定造成生态环境损害的，都应依法按照《改革方案》和《管理规定》的要求追究生态环境损害赔偿责任。但涉及人身伤害、个人和集体财产损失要求赔偿的，应适用《民法典》有关侵权责任的规定、涉及海洋生态环境损害赔偿的，应适用《海洋环境保护法》等法律及相关规定。若赔偿义务人不同意磋商，由赔偿权利人及时提起生态环境损害赔偿诉讼。

② 江必新：《中国行政合同法律制度、体系、内容及其构建》，《中外法学》2012年第6期。行政合同关系本质上是一种应由公法规则调整的行政关系，我国目前没有具体的法律对行政合同加以规定，但是依照公法模式调整行政合同是我国目前所采取的一般做法。具体来说，依法成立的行政合同对当事人具有法律约束力，当事人不得擅自变更或者解除合同；行政合同生效后，当事人应当按照约定履行自己的义务。对于行政主体而言，其依据合同而产生的行政性权利把包括依法强制执行并科以处罚等。

和义务人双方一旦签订该协议,即宣告该协议(合同)成立。如果规定协议不是成立即生效,那么此时就会将赔偿协议的效力区分为协议成立后的法律效力以及协议生效后的法律效力。在成立后,协议的效力主要体现为存在、延续和不可随意变更,此外,双方有着促使其生效的义务;当赔偿协议生效后,其效力主要表现为行政机关可以依据法律规定或者协议中的约定请求赔偿义务人为或不为一定行为的效力。①

(二)磋商协议生效的方式

关于磋商协议生效的方式,可以从表6-1中得到清晰展示。

表6-1　　　　　　　　　赔偿协议生效的地方文件对比

有关地方	生效方式	具体规定
绍兴市	协议达成即生效	《绍兴市生态环境损害赔偿磋商办法(试行)》第20条规定,达成生态环境损害赔偿协议的,可依法赋予该协议以强制执行效力
贵州省	司法确认	《贵州省生态环境损害赔偿磋商办法(试行)》第19条规定,赔偿协议经有管辖权的人民法院进行司法登记确认后,若赔偿义务人违约,赔偿权利人可以直接向有管辖权的人民法院申请强制执行
桐乡市	公证	《桐乡市生态赔偿暂行办法(征求意见稿)》第33条规定,赔偿协议应当经公证机构公证;公证文书应当及时送达赔偿义务人

(三)磋商协议生效与司法确认

根据《管理规定》第24条,可见目前我国采纳的方案为贵州省的方式,即通过人民法院司法确认赋予磋商协议以强制执行的效力。

司法确认制度是指对于涉及的民事权利义务纠纷,经行政机关、人民调解组织、商事调解组织、行业调解组织或者其他具有调解职能的组织调解达成的具有民事合同性质的协议,经调解组织和调解员签字盖章后,或双方当事人签署协议之后,如果双方认为有必要,共同到人民法院申请确认其法律效力的制度。

关于司法确认审查程序的特殊规则。司法确认审查程序的特殊规则基于司法确认程序特殊的价值目标,立法需要为其设置一些特殊的程序规则,以保证其快速、简便和经济之立法目的的实现。

---

① 江必新:《中国行政合同法律制度、体系、内容及其构建》,《中外法学》2012年第6期。

其一，审查期限。我国目前对司法确认的审查期限存在不同的规定和实践，短至 3 日审查完毕，长至 15 日，甚至可以在 15 日的基础上延长期限。由此涉及两个关键性的问题：一是如何确定审查期限才具有相对的合理性？二是逾期无法得出审查结论的，可否延长审查期限？就第一个问题而言，虽然一些法院目前对司法确认的审查期限大多能够控制在 3—7 日，但从长远来看，随着司法确认程序的构建和适用范围的扩大，要求法官在如此短的时间内对磋商协议进行实体上的审查并形成内心确信可能会存在困难，并可能造成审查期限普遍逾期的现象。基于此，生态环境损害赔偿磋商协议的司法确认的审查期限定为 15 天为宜。至于审查期限可否延长的问题，我们认为，节约时间是节约诉讼成本和提高诉讼效益的最直接手段，故生态环境损害赔偿司法确认程序应当自立案之日起原则上均不应超过 15 日即应作出裁定，因特殊情况需要延长的，经该院院长批准，可以延长 10 日。

其二，审查组织。司法确认案件的审查应当适用独任制，即由审判员一人对生态环境损害赔偿协议进行审查。这不仅是由司法确认程序的非讼性质所决定的，更是与司法确认程序的需求相符合的司法资源配置。

其三，整体确认原则。人民法院对生态环境损害赔偿协议进行司法确认应当遵循整体确认原则，即或者对协议全部内容一并进行确认，或者对协议的全部内容均不予确认。如果因部分内容无效而导致赔偿协议不宜整体确认的，法院无权进行更改或直接进行调解，而应裁定整体不予确认。需要指出的是，当赔偿协议仅仅存在文字表述不规范的情形，并无不予确认的法定事由的，法院在不违背赔偿协议实体内容的前提下以及征得赔偿权利人与赔偿义务人同意后，应当规范赔偿协议的文字，并在司法确认书送达相关当事人，告知其已规范的文字及其他事项。

（四）磋商监督

磋商监督，是指在生态环境损害磋商过程中，对赔偿权利人及赔偿义务人进行监督。一般认为，生态环境损害赔偿制度的监督可以设置两种监督模式，一种是诉讼外的监督模式；另一种是诉讼监督模式。本书重点研究诉讼外的监督模式。

赔偿权利人与赔偿义务人之间的先行磋商本质上就是基于快速、及时、完善等诸多效益的考虑。因此，在诉讼外设立监督制度，有利于在效率的基础上兼顾公平的实现。就赔偿权利人的监督制度而言，应当建立针对省级和市地级政府、指定的相关部门或机构及其负责人、工作人员的行为监督机制，理顺行政执法与刑事司法、纪检监察的衔接机制；就磋商协议的达成而言，对于涉及范围广以及引起社会广泛关注的环境事件，赔偿权利人应当组织在磋商协议达成之前召开听证会、专家意见会等，建立系统完善的听证制度、磋商达成之后的监督制度、中期的测评制度、生态修复定期考核制度等，以监督磋商协议的履行情况。

在整个过程中，应当进一步整合参与性的有关规范，加强公众参与，就生态环境损害赔偿款项使用情况、生态环境修复效果，针对公民、法人和其他组织通过举报、请求行政处理、提起诉讼要求赔偿的不同情形，区别性地建立处理、答复和意见反馈制度，向社会公开，接受公众监督。

三 磋商与诉讼的衔接

在生态环境损害赔偿诉讼程序之前设计前置的磋商程序，目的是通过责任者与政府的平等对话，实现环境公共利益的保护。无论磋商是否达成，都会涉及磋商的后续程序性问题。

针对不同的情况进行分别的规定，是有效解决制度之间可能产生的冲突的关键。在磋商成功的情况下，赔偿协议应当对如何执行、如何对协议的落实进行监督、如何为协议落实提供制度化的保障。此外，协议应当如何进行送达、当对协议的理解存在分歧时应当如何进行解释、赔偿义务人拒绝履行或者履行不全面时应如何通过相关制度来强制其执行等问题，也属于磋商的后续程序问题。[①] 而在磋商失败的情形下，应当对如何向诉讼进行转化、如何处理磋商程序和诉讼程序过程中可能出现的不衔接问题作出规范。

为了给生态环境损害赔偿提供司法保障，应当做好磋商与磋商之后可能引发的诉讼之间的衔接。比如，在磋商程序过程之中的证据及相关鉴定评估意见的效力是否适用于诉讼程序之中；磋商是否要进行期限限制，到了磋商期限是自动转入诉讼还是另行处理；可不可以从诉讼程序转回磋商程序，转化的过程需不需要进行限制等问题。处理好这些问题不仅需要在立法上进行制度设计，更需要各地区相关部门在实际的工作

---

① 江必新：《中国行政合同法律制度、体系、内容及其构建》，《中外法学》2012 年第 6 期。有学者主张应当由行政机关进行解释。

中去总结相关的经验,探究应当如何将两个程序更好地衔接起来,兼顾效率与公平,做到"承上启下",充分发挥磋商与诉讼两种方式的各自优势,并正确处理该两种方式在生态环境损害赔偿中的利益平衡和权利实现的关系。

(一) 构建磋商与诉讼衔接机制的必要性

构建生态环境损害赔偿制度,促使污染者积极承担相关责任,使生态环境得到及时有效的修复,是我国建设生态文明的重要任务。对于同一生态环境损害事件,可能出现多种赔偿途径。在13个开展检察机关提起环境公益诉讼试点的省(自治区、直辖市),出现社会组织与检察机关都提起公益诉讼的情形;在7个开展生态环境损害赔偿制度改革试点的省市,政府在开展损害赔偿磋商的同时,出现社会组织提起公益诉讼的情形;而在既开展检察机关提起环境公益诉讼试点,又开展生态环境损害赔偿制度改革试点的省份,则出现社会组织、检察机关、政府三方不约而同提起诉讼或赔偿磋商的情形。[1]

因此,有学者认为,当环保社会组织、检察机关和代表政府的赔偿权利人(即政府有关部门)三方不约而同关注同一起生态环境损害事件,并启动相关赔偿磋商或公益诉讼时,需要构建一种既节约行政成本、司法成本、诉讼成本,又能达成生态环境损害赔偿目的的生态环境损害赔偿磋商与诉讼衔接机制,以避免多方无序参与,保障磋商或诉讼的有序进行。[2] 完善相关制度,不仅有利于生态环境损害赔偿制度的顺利实行,同时也利于我国已经受到损害的生态环境尽快得到修复。

(二) 磋商与诉讼衔接的基本原则

1. 主动磋商,司法保障

生态环境损害发生后,赔偿权利人应当组织开展生态环境损害调查、鉴定、评估、修复方案编制等工作,主动与赔偿义务人磋商。

2. 信息公开,公众参与

磋商等工作中涉及公共利益的重大事项应当向社会公开,并邀请专家和利益相关的公民、法人和其他组织参与。

---

[1] 贺震:《构建生态环境损害赔偿磋商与诉讼衔接机制》,《中国生态文明》2017年第1期。

[2] 贺震:《构建生态环境损害赔偿磋商与诉讼衔接机制》,《中国生态文明》2017年第1期。

3. 职责明确，接受监督

有关国家机关和政府部门应当明确各自职能划分，加强协作，并主动接受社会监督。

4. 公正高效，便于执行

人民法院应当优化职权配置，促进审判工作的专业化，由环境资源审判庭或指定专门法庭审理生态环境损害赔偿案件。正确处理公正与高效的关系，保障污染环境的修复工作得以顺利进行，促进生态环境损害问题的解决。

（三）磋商失败的后续程序

（1）磋商失败的情形

根据《民法典》第246条，法律规定的自然资源作为国有财产由国务院代表国家行使所有权。据此，《管理规定》中国务院授权试点省级政府作为赔偿权利人的行为在性质上属于任意诉讼担当。[①] 依据《民法典》侵权责任编第七章"环境污染与生态破坏责任"，生态环境损害赔偿主要针对污染环境导致环境公益损害与破坏生态导致环境公益损害两种情形。《管理规定》中省级政府和市地级政府作为本行政区域内生态环境损害赔偿权利人，可以根据有关职责分工，指定相关部门或机构负责生态环境损害赔偿具体工作。由于主体（符合条件的社会组织与地方政府）存在差异，不同的主体起诉会触发不同的诉讼机制，从而使纠纷进入不同的化解轨道。

一般而言，发出磋商请求后会出现三种情况：其一，磋商成功，赔偿权利人和赔偿义务人经过磋商程序顺利达成协议并按照协议的要求实际履行；其二，磋商成功，但赔偿义务人在《赔偿协议》经人民法院司法确认并赋予强制执行效力前，反悔拒绝履行协议要求；其三，磋商失败，赔偿权利人和赔偿义务人未能就赔偿协议达成共识。

磋商失败，是指赔偿权利人和赔偿义务人根据生态环境损害鉴定评估报告，就损害事实与程度、修复启动时间与期限、赔偿的责任承担方式与

---

① 任意诉讼担当，是指实体法上的权利主体或法律关系主体以外的第三人，经权利义务主体的授权，以自己的名义，为他人的利益或代表他人的利益，以正当当事人的地位行使诉讼实施权从而提起诉讼，主张一项他人享有的权利或他人法律关系所发生的争议，法院判决的效力及于原来的权利义务主体或法律关系主体的情形。在任意诉讼担当中，原来不是实体法上的主体或法律关系主体以外的第三人是诉讼担当人，原来的权利主体或法律关系主体则是被担当人。

期限等具体问题与赔偿义务人拒绝磋商或虽进行磋商但未达成一致的情况。根据《管理规定》，赔偿权利人此时应当及时提起诉讼。

如果出现赔偿义务人拒绝履行或怠于履行，或者因客观原因致使发生履行不能等情形，不属于磋商失败的情形。磋商的程序终止于磋商协议达成，至于履行则属于协议的执行问题，应当通过法院强制执行等方式来解决，不属于本书讨论的磋商失败的情形。

2. 磋商失败的后续程序

关于磋商失败后的后续程序，可以将《绍兴市生态环境损害赔偿磋商办法》和《贵州省生态环境损害赔偿磋商办法》的相关规定进行对比，发现绍兴市对磋商失败的规定更为细致，将磋商过程中可能出现的失败情形进行了比较详细的列举，但是仔细对比这两种做法仍存在比较明显的区别。①

在绍兴市的规定中，关于生态损害赔偿磋商可能发生两种情况：其一，磋商未开展，即赔偿义务人不同意赔偿；其二，磋商开始，但是赔偿义务人未能按时出席磋商会议，或双方在规定会议次数内未能就赔偿方案达成一致意见。"因上述情形，生态环境损害赔偿磋商终止的，市环保局或其他负有环境保护监督管理职责的行政主管部门应当支持适格主体提起生态环境损害赔偿诉讼。"因此，磋商未能开展及磋商过程中未能达成一致时，生态环境损害赔偿磋商终止，转入诉讼程序。

而在贵州省的规定中，除了磋商过程中，赔偿权利人和赔偿义务人未就赔偿方案达成一致的情形外，还就司法确认制度特别规定了赔偿协议经司法确认前，赔偿义务人反悔拒不履行赔偿协议的情形。在以上两种情形下，赔偿权利人应及时向有管辖权的人民法院提起生态环境损害赔偿诉讼。但是在贵州省的方案中，并没有就赔偿义务人不同意进行磋商情形下的处理办法加以规定。

从《改革方案》即可看出，磋商机制正式被确立为提起生态环境损害赔偿诉讼的前置程序，可能受到了贵州省实践的启发。后《管理规定》也延续了这一做法。无论从司法确认的程序性规定，还是磋商的前置条件来讲，都与贵州省的试点经验比较吻合。

磋商应当为生态环境损害索赔的必经程序，主要是基于以下三点

---

① 具体参见《绍兴市生态环境损害赔偿磋商办法（试行）》第14条、第16条和第17条；《贵州省生态环境损害赔偿磋商办法（试行）》第18条、第20条。

原因：

其一，生态环境修复应当尽早开始，对时间要求比较紧迫。一旦生态环境损害发生，应当及时进行生态环境修复。磋商程序本身所具有的优越性在于程序简便、双方主体地位平等，易达成一致的修复方案，可以尽快促使生态修复方案予以落实，对于生态本身的尽快修复可以起到促进作用。

其二，诉讼程序复杂，且容易出现一方败诉后再次提起上诉的情况。与磋商程序不同，诉讼程序从提起诉讼开始就进入了比较复杂和相对冗长的诉讼阶段，法官缺乏生态环境损害相关专业知识，掌握生态环境损害事实的能力有待提高。但是，政府机关的环境保护部门长期从事生态环境损害调查、研究工作，对相关情况更加了解，也更了解如何进行妥善的生态修复，故更适合编制生态环境损害赔偿修复方案。

其三，磋商程序本身的优越性。课题组已经对磋商程序具有的优越性进行了分析。磋商程序本身具有提高效率，节约诉讼时间及成本，促进政府环境治理方式转变，同时还有利于平衡利益，兼顾效率和公平的需求等优越性。

3. 证据保全措施和及时诉讼

生态环境污染证据具有流动性、挥发性等特征，磋商与诉讼都应当建立在对环境损害事实正确调查的基础之上，需要依法开展鉴定、评估、修复方案编制等工作。环境损害事实证据的调查应当尽可能在磋商之前进行，以确保案件事实证据经得起法律的检验，同时为诉讼活动奠定良好的证据基石。对磋商所进行的环境损害事实调查，证据收集等工作，应当注重证据事实的查清，确保案件事实证据经得起历史和法律的检验。一旦磋商不成，没有及时收集和保全有关证据将会对后续阶段的诉讼造成不必要的困难，不利于提高庭审质量，也不利于人民法院及时作出公正高效的判决。因此，在磋商未能达成一致时，就应当及时转入诉讼程序。

(四) 磋商与诉讼之间的转换

1. 坚持磋商先行

《环境民事公益诉讼解释》中并未就社会组织提起环境民事公益诉讼设置前置程序，社会组织可以在赔偿权利人和赔偿义务人进行磋商前，提起环境民事公益诉讼。但是，从《改革方案》和《管理规定》可知，赔偿权利人提起诉讼的条件已经由《试点方案》中的"未经磋商或磋商失败"而改变为"磋商失败",这意味着"磋商失败"将成为赔偿权利人提起诉讼的唯一条件,磋商程序在一定程度上成为生态环境损害索赔的必经程序。

2. 生态环境损害赔偿诉讼与其他诉讼的关系

针对赔偿权利人已经提起生态环境损害赔偿诉讼,符合法律规定条件的社会组织又以同一环境损害事实向人民法院提起环境公益诉讼的情况,人民法院应当依法不予受理。按照"利益所有主体"与"利益代表主体"的区分,赔偿权利人基于所有权所提起的生态环境损害赔偿诉讼,其效力应当优先于基于环境公益的社会组织提起的环境民事公益诉讼。原因在于前者是基于实体请求权,而后者是基于法定诉讼担当下的诉讼实施权,两者的法理基础不同。因此,赔偿权利人已经提起生态环境损害赔偿诉讼,符合法律规定条件的社会组织又以同一环境损害事实向人民法院提起环境公益诉讼的,人民法院不予受理。

但是如果提起环境公益诉讼的主体是检察院,甚至检察院提起的环境公益诉讼先于生态环境损害赔偿诉讼的提起,那么这两种诉讼之间的先后顺位如何确定,需要进一步讨论。

3. 诉讼中磋商机制功能的发挥

诉讼进行中可否再进行磋商程序?为了充分发挥磋商等非诉协商方式的优越性,可以参考《民事诉讼法》中关于庭外和解的相关规定。① 和解,可以分为诉讼之外的和解和诉讼之内的和解。虽然《管理规定》仅规定了提起诉讼前可以进行和解,但我们认为在诉讼中也可以进行和解,且申请庭外磋商的期间,不计入审限。

生态环境损害赔偿诉讼中,生态环境损害赔偿的目的不仅仅在于对赔偿义务人进行明确的责任判定,更重要的是综合考虑根据成本效益最优化、当事人的赔偿能力、第三方治理可行性等情况,对生态环境进行有力的保护。因此,案件并非一定要按照诉讼程序走到底。在一定程度上,应当给予赔偿权利人与赔偿义务人进行磋商的机会,以便发挥磋商的优势。

---

① 根据最高人民法院关于法院民事调解工作的规定,当事人在诉讼过程中自行达成和解协议的,法院可以根据当事人的申请依法确认和解协议制作调解书。双方当事人申请庭外和解的期间,不计入审限。

第二节　生态环境损害赔偿法律制度的诉讼机制

一　起诉立案

较之于《管理规定》第 6 条和第 7 条[①],《若干规定》对于提起生态环境损害赔偿诉讼的规定更显具体。《若干规定》第 1 条规定了生态环境损害赔偿诉讼案件的起诉条件,对此,可从以下几点予以展开理解：

(一) 有权提起生态环境损害赔偿诉讼的原告范围

依据《改革方案》与《管理规定》关于赔偿权利人的规定,《若干规定》进一步明确可以提起生态环境损害赔偿诉讼的原告包括两类：一类为省级、市地级人民政府及其指定的相关部门、机构,二类为受国务院委托行使全民所有自然资源资产所有权的部门。另依据《若干规定》第 1 条第 2 款之规定,一类主体中的市地级人民政府又可具体细分为设区的市,自治州、盟、地区,不设区的地级市,直辖市的区、县人民政府。

具体来看,"省级、市地级人民政府及其指定的相关部门、机构"与"受国务院委托行使全民所有自然资源资产所有权的部门"虽并列为起诉主体,无前后顺位之分,但两者的诉讼主体权利基础却有所不同。具体来看：受国务院委托行使全民所有自然资源资产所有权的部门之诉权源于其所获得的授权,且其诉权可一分为二。即其可基于生态环境生态功能损害而提起生态环境损害赔偿诉讼的同时,亦可基于自然资源经济价值的贬损而提起以维护国有资源为目的的公益诉讼。另一方面,对于省级、市地级人民政府及其指定的相关部门、机构而言,其并不当然地代表全民所有自然资源所有者,亦无法直接以此为理由行使诉权。其针对生态环境损害行为提起诉讼更多的是基于《环境保护法》所规定"对本行政区域环境质量负责"的政府环保义务。[②] 究其原因：一方面,《改革方案》与《管理规定》均将生态环境的范围限定为环境要素与生物要素两类,前者指代

---

① 《管理规定》第 6 条：国务院授权的省级、市地级政府（包括直辖市所辖的区县级政府）作为本行政区域内生态环境损害赔偿权利人,自身及其指定的部门或机构展开定期组织筛查案件线索,及时启动案件办理程序,委托鉴定评估,开展索赔磋商等工作,并有权作为原告提起生态环境损害赔偿诉讼。

② 徐祥民：《地方政府环境质量责任的法理与制度完善》,《现代法学》2019 年第 3 期。

大气、地表水、地下水、土壤、森林等，后者指代植物、动物、微生物等。其中，对于作为环境要素之一的大气资源而言，我们难以称为自然资源资产所有权之客体。由此可见，自然资源资产所有权并非足以覆盖生态环境损害欲求救济的全部生态损害。

另一方面，并非全部的自然资源所有权之客体均为国家所有。依据《宪法》之规定，虽说绝大多数的自然资源均属国家所有，但农村集体土地、林地等归集体所有。故若此类归为集体所有的自然资源遭到损害，因其并非归属于国家，"受国务院委托行使全民所有自然资源资产所有权的部门"自然无法依据自然资源的国有属性而行使诉权。尽管基于自然资源国家所有权提起生态环境损害赔偿诉讼道路受阻，然而我们可以清晰地认识到，无论是无法作为自然资源所有权客体的大气资源，抑或并未归国家所有的农村集体土地资源，其两者均为生态环境的基本要素。地方政府依据其环境保护义务，同样可以出于维护生态环境要素质量之目的行使诉权，进行救济。根据《环境保护法》第2条、第6条之规定，地方各级政府在负有义务对本行政区域的生态环境质量进行改善与提高的同时，亦具有对损害本行政区域生态环境质量的行为进行监管与追责之职责。故可将"省、市地级人民政府及其指定的相关部门机构"设计为生态环境损害赔偿诉讼原告，赋予其提起生态环境损害赔偿诉讼的资格，视为对地方政府追究生态环境损害责任职责的规范化与具体化。①

此外需要说明的是，虽说当下《若干规定》已将生态环境损害赔偿诉讼的原告范围限定为上述两项，但鉴于《改革方案》在规定诉讼的一般性主体的同时，鼓励其他机关以及符合条件的社会组织作为生态环境损害的利益相关代表参与生态环境损害赔偿诉讼的程序中。因此，或可借鉴《民事诉讼法》拓展环境民事公益诉讼主体资格之经验，尝试将社会公益组织吸纳为生态环境损害赔偿诉讼的起诉主体。②

（二）可以提起生态环境损害赔偿诉讼的具体情形

《若干规定》沿袭了《改革方案》关于生态环境损害赔偿制度适用情

---

① 李艳芳：《生态环境损害赔偿诉讼的目的、比较优势与立法需求》，《法律适用》2020年第4期。

② 林莉红、邓嘉咏：《论生态环境损害赔偿诉讼与环境民事公益诉讼之关系定位》，《南京工业大学学报》（社会科学版）2020年第1期。

形的规定,在其第 1 条即列举了可提起生态环境损害赔偿诉讼的具体情形。① 需注意的是,第三项"发生其他严重影响生态环境后果的"实际作为一个"口袋条款",并未包含具体内容。究其原因,根据《改革方案》要求,各省、自治区、直辖市人民政府均应制定适用于本辖区的具体实施方案。因此,在省级人民政府制定的本行政区域生态环境损害赔偿制度改革实施方案对"发生其他严重影响生态环境后果的"的情形做出具体规定的情况下,原告根据相关规定提起诉讼的,人民法院应依法予以受理。鉴于各地的具体实施方案所确定的情形具有本地特点,故《若干规定》对该条款不再作进一步的细化说明。②

值得注意的是,《若干规定》第 2 条和《管理规定》第 4 条,对生态环境损害赔偿诉讼的适用情形进行了反向排除,即均将造成人身财产损害的环境侵权以及海洋生态环境损害赔偿纠纷排除于生态环境损害赔偿之外。对于后者,自不必多言,可直接适用《海洋环境保护法》《关于审理海洋自然资源与生态环境损害赔偿纠纷案件若干问题的规定》等法律及相关规定进行裁判。而前者则牵扯生态环境损害赔偿诉讼与人身财产损害赔偿诉讼的关系,需要具体适用《民法典》等法律有关侵权责任的规定。

具体来看,因污染环境、破坏生态造成人身损害、个人和集体财产损失的环境侵权诉讼与生态环境损害赔偿诉讼所适用的法律不同,体现了两者在诉讼目的、责任方式、救济渠道等方面的差异。然而现实中,同一污染环境、破坏生态行为通常会"无差别"地同时造成对公共生态利益与私人人身财产利益的减损。此时,虽生态环境损害行为主体以及损害行为事实层面别无二致,但其却因损害对象的异质性产生分歧,即延伸为公共生态利益指向的生态环境损害赔偿诉讼(环境公益诉讼)以及私人人身财产利益所指向的环境侵权诉讼(环境私益诉讼)。也正是基于此,环境公益诉讼与环境私益诉讼在目的功能、具体设计等层面均有着本质差别,亦并不存在两诉冲突一说。故就当前我国环境司法实践而言,环境公益诉讼与环境私益诉讼并行不悖且分别有着独特的诉讼价值。③

---

① "(一)发生较大、重大、特别重大突发环境事件的;(二)在国家和省级主体功能区规划中划定的重点生态功能区、禁止开发区发生环境污染、生态破坏事件的;(三)发生其他严重影响生态环境后果的。"

② 王旭光、魏文超、刘小飞、刘慧慧:《〈关于审理生态环境损害赔偿案件的若干规定(试行)〉的理解与适用》,《人民司法》2019 年第 34 期。

③ 王旭光:《论生态环境损害赔偿诉讼的若干基本关系》,《法律适用》2019 年第 21 期。

(三) 生态环境损害赔偿诉讼的管辖

关于生态环境损害赔偿诉讼的管辖，《若干规定》的第 3 条中第 1、2、3 款进行了详细的规定，对此，可展开以下讨论。

第一，关于生态环境损害赔偿级别管辖的规定，旨在保证审理生态环境损害赔偿诉讼案件的法院具备较高的专业素养和裁判能力。第二，关于生态环境损害赔偿诉讼管辖权转移的规定则使得生态环境损害赔偿诉讼的管辖更具灵活性。在具体的生态环境损害案件中，较之于设立至地市级的中级人民法院，设于县区的基层法院往往距离生态环境损害的行为实施地与损害结果发生地更近，此不仅使得诉讼程序更加高效地开展，更为法院在生态环境损害赔偿诉讼中充分发挥其能动性创造了必要空间。第三，关于生态环境损害赔偿的集中管辖，其不仅有助于改善司法环境，保障法院依法独立行使审判权，更有助于统一裁判尺度，提高司法的统一性，① 体现了环境司法专门化的发展趋势。

另需要指出的是，对比《环境民事公益诉讼解释》第 6 条与第 7 条关于环境民事公益诉讼管辖的规定②不难看出，两者在级别管辖、集中管辖、管辖权转移等条款的设计上高度相似，此也为实践层面两诉之间的衔接奠定基础。③

(四) 生态环境损害赔偿诉讼的审判组织形式

《若干规定》第 3 条第 4 款规定："生态环境损害赔偿诉讼应由法院环境资源审判庭或指定的专门法庭进行审理"，此为对生态环境损害赔偿诉讼审判组织形式表层要求。而《若干规定》第 4 条规定的"人民法院审理第一审生态环境损害赔偿诉讼案件，应当由法官和人民陪审员组成合议庭进行"则为审判组织形式的里层需求。

---

① 李宁：《环境诉讼管辖问题研究》，《山东审判》2016 年第 6 期。
② 《环境民事公益诉讼解释》第 6 条："第一审环境民事公益诉讼案件由污染环境、破坏生态行为发生地、损害结果地或者被告住所地的中级以上人民法院管辖。中级人民法院认为确有必要的，可以在报请高级人民法院批准后，裁定将本院管辖的第一审环境民事公益诉讼案件交由基层人民法院审理。同一原告或者不同原告对同一污染环境、破坏生态行为分别向两个以上有管辖权的人民法院提起环境民事公益诉讼的，由最先立案的人民法院管辖，必要时由共同上级人民法院指定管辖。"第 7 条："经最高人民法院批准，高级人民法院可以根据本辖区环境和生态保护的实际情况，在辖区内确定部分中级人民法院受理第一审环境民事公益诉讼案件。中级人民法院管辖环境民事公益诉讼案件的区域由高级人民法院确定。"
③ 王世进、张维娅：《论生态环境损害赔偿诉讼与环境民事公益诉讼的衔接》，《时代法学》2020 年第 2 期。

缘于生态环境恶化导致的旺盛司法需求，最高法于 2014 年设立专门性的环境资源审判法庭。在此倡导下，各地方人民法院纷纷推动环境资源审判专门化，即在审判组织形式上设立独立于刑事审判庭、民事审判庭以及行政审判庭的环境资源审判机构，在审判人员设置上选用具备专业知识能力的专职环境资源法官，在审理程序上规范"三审合一"的审判形式，形成特别适用于环境资源审判的流程。[①] 此次对于生态环境损害赔偿诉讼审判组织形式进行特别规定，即是近年来环境资源司法体制改革的最新成果与最佳体现。可以预见，此次《若干规定》明确规定生态环境损害赔偿诉讼需由环境资源审判法庭专门审理绝非个例，其他如环境民事公益诉讼等生态环境相关诉讼类型亦在不久的将来被写入各类规范之中，即实现环境司法专门化在规范层面的实现与表达。

（五）提起生态环境损害赔偿诉讼所需材料

《若干规定》第 5 条对于提起生态环境损害赔偿诉讼所需材料进行了具体列举，需要注意的是，《若干规定》第 5 条第 3 项对于"与被告进行磋商但未达成一致或者因客观原因无法与被告进行磋商的说明"的规定，实际上即是对《若干规定》第 1 条规定的"经磋商未达成一致或者无法进行磋商的，可以作为原告提起生态环境损害赔偿诉讼"的回应与衔接。即再次明确磋商作为提起生态环境损害赔偿诉讼的前置程序。具体就第 5 条第 3 项进行拆解理解：第一，原则意义层面，仅有在赔偿权利人与义务人经历过磋商程序且并未达成一致，生态环境公共利益无法得到应有救济的情况下，赔偿权利人方可提起生态环境损害赔偿诉讼，寻求司法救济。然而，在现实实践中，时常发生生态环境损害赔偿义务人在实行生态环境损害行为后故意躲避、消极应对抑或下落不明而致使生态环境损害赔偿前置磋商程序无法正常进行的情形。故而，应当在《若干规定》中为磋商前置程序的上述意外情形进行补充规定，避免对磋商前置程序的机械适用。即补充除了经磋商而无法达成磋商协议外，上述客观原因导致缺少磋商开展的应有条件的情形，可跳过磋商前置程序，允许赔偿权利人直接提起生态环境损害赔偿诉讼。如此一来，对于生态环境损害赔偿诉讼审判机关而言，其立案阶段对"与被告进行磋商但未达成一致或者因客观原因无法与被告进行磋商的说明"的材料进行审查合格后，即可顺利地开启

---

① 杜万华：《当前环境资源审判的重点和难点问题》，《法律适用》2016 年第 2 期。

诉讼程序。①

二 举证责任

（一）原告举证责任

《若干规定》第 6 条对生态环境损害赔偿诉讼原告的举证责任进行了规定，具体来看，生态环境损害赔偿诉讼中的原告举证责任主要包括以下三部分。

第一，行为。即依据《若干规定》第 6 条第 1 项之规定，生态环境损害赔偿诉讼的原告需就被告所施行的生态环境损害行为，抑或具有的其他应当承担责任的行为进行举证。在此需要注意的是，对行为要件的理解需与《若干规定》第 11 条相结合来看，即第 6 条第 1 项所规定的"被告实施的相关行为"应被界定为违反国家规定造成生态环境损害的行为。质言之，此处的行为要件被限定了违法性前提。另如前所述，此条后半部分还规定了生态环境损害赔偿诉讼的原告可就被告虽并非直接的污染环境、生态破坏行为，但却"具有其他应当依法承担责任的情形"进行举证。这一"口袋规定"旨在弥补那些赔偿义务人虽未直接实施，但实际造成了生态环境损害且依相关法律规定应当承担责任的情形。在此可对此种情形作简单例举：

例如，环境服务中介机构的弄虚作假行为。② 对此，可直接套用于生态环境损害赔偿制度中，即若在生态环境损害赔偿过程中，尤其诉讼环节，环境服务中介机构弄虚作假，亦应依照此条处理。对于此条中"弄虚作假"行为之定性，可具体参考《环境侵权案件司法解释》第 16 条规定③，如环境影响评价机构故意出具严重失实的评估鉴定报告，抑或环境检测机构恶意隐瞒排污超标事实等，均可被认定为"弄虚作假"的行为，进而被归

---

① 潘佳：《生态环境损害赔偿磋商制度解构》，《法律适用》2019 年第 6 期。
② 根据《环境保护法》第 65 条规定，若环境影响评价机构、环境检测机构等环境服务中介机构在相关环境服务中介活动中弄虚作假，其应与生态环境损害责任人一并承担连带责任。
③ 《环境侵权案件司法解释》第 16 条："下列情形之一，应当认定为环境保护法第六十五条规定的弄虚作假：（一）环境影响评价机构明知委托人提供的材料虚假而出具严重失实的评价文件的；（二）环境监测机构或者从事环境监测设备维护、运营的机构故意隐瞒委托人超过污染物排放标准或者超过重点污染物排放总量控制指标的事实的；（三）从事防治污染设施维护、运营的机构故意不运行或者不正常运行环境监测设备或者防治污染设施的；（四）有关机构在环境服务活动中其他弄虚作假的情形。"

为《若干规定》第 6 条第 1 项的"其他依法应当承担责任的情形"。①

又如，生态环境损害帮助行为。对于此，可参照传统环境侵权案件中的数人侵权予以理解适用。详言之，对于直接实行生态环境损害行为的主体照常适用无妨，但对于生态环境损害的帮助行为则需要借由此条予以规制。具体而言，如明知他人行为可能造成生态环境损害的后果，仍向其提供如出租、出借经营场所，抑或违法向他人委托处置、委托运输危险废物等帮助行为。对于帮助行为的处理，同样应结合《民法典》中侵权责任编关于数人侵权的规定，帮助行为人应与生态环境损害行为人承担连带责任。② 换言之，实施了上述生态环境损害帮助行为的，其虽未直接造成生态环境损害，却实际上因帮助行为或无意思联络而共同损害了生态环境，进而被认定为《若干规定》第 6 条第 1 项的"其他依法应当承担责任的情形"。补充一点，根据《土壤污染防治法》第 96 条③规定，土地使用权人因未履行污染防控义务和修复义务承担侵权责任的，也应当属于此种情形。

第二，损害。《若干规定》第 6 条第 2 项规定原告应就"生态环境受到损害，以及所需修复费用、损害赔偿等具体数额"进行举证。将此条与《环境侵权案件司法解释》第 6 条④和《环境民事公益诉讼解释》第 8 条⑤所规定的原告关于"损害"举证责任要求对比不难看出，《若干规定》第 6 条第 2 项要求生态环境损害赔偿诉讼的原告就"生态环境受到损害"进行举证外，亦需同时就生态环境修复所需费用以及损害赔偿具

---

① 王旭光、魏文超、刘小飞、刘慧慧：《〈关于审理生态环境损害赔偿案件的若干规定（试行）〉的理解与适用》，《人民司法》2019 年第 34 期。

② 吴一冉：《生态环境损害赔偿诉讼举证责任相关问题探析》，《法律适用》2020 年第 7 期。

③ 《土壤污染防治法》第 96 条："污染土壤造成他人人身或者财产损害的，应当依法承担侵权责任。土壤污染责任人无法认定，土地使用权人未依照本法规定履行土壤污染风险管控和修复义务，造成他人人身或者财产损害的，应当依法承担侵权责任。土壤污染引起的民事纠纷，当事人可以向地方人民政府生态环境等主管部门申请调解处理，也可以向人民法院提起诉讼。"

④ 《环境侵权责任司法解释》第 6 条："被侵权人根据民法典第七编第七章的规定请求赔偿的，应当提供证明以下事实的证据材料：（一）侵权人排放了污染物或者破坏了生态；（二）被侵权人的损害；（三）侵权人排放的污染物或者其次生污染物、破坏生态行为与损害之间具有关联性。"

⑤ 《环境民事公益诉讼解释》第 8 条："提起环境民事公益诉讼应当提交下列材料：（一）符合民事诉讼法第一百二十一条规定的起诉状，并按照被告人数提出副本；（二）被告的行为已经损害社会公共利益或者具有损害社会公共利益重大风险的初步证明材料；（三）社会组织提起诉讼的，应当提交社会组织登记证书、章程、起诉前连续五年的年度工作报告书或者年检报告书，以及由其法定代表人或者负责人签字并加盖公章的无违法记录的声明。"

体数额承担举证责任。究其原因,一是仅表述为就"生态环境受到损害"进行举证似乎指向不明,二是鉴于生态环境损害赔偿诉讼主体的行政主体资格,其往往在诉前即已对生态环境损害进行了评估,因而具有在举证阶段即就损害赔偿具体数额进行举证的能力。[1] 换言之,此条对原告证明损害的举证行为予以了细化与具体,更在客观上"倒逼"负有生态环境监督管理职责的原告积极履行职责,委托鉴定评估、收集证据材料。

需要补充的是,《若干规定》第6条第2项明确要求原告在举证阶段即需就生态环境修复所需费用与损害赔偿具体数额进行举证,这亦是对以往环境司法实践经验的归纳总结。以往,时常因为未在文书中明确具体的损害赔偿数额,致使环境诉讼的被告拒不履行生态判决所确定的生态修复义务时,原告仍需再次起诉请求执行。此无疑颇为低效更造成了司法资源的浪费。[2] 基于此,《若干规定》第6条第2项与第12条第1款相配合,规定法院在判令被告应承担生态修复责任时,应同时确定其不履行修复义务时应承担的生态环境修复费用。即若判断生态环境损害能够被修复,便需要在生态环境损害赔偿诉讼的判决主文部分就生态环境修复费用进行明确说明。

第三,关联性。众所周知,基于污染环境、破坏生态侵权案件因果关系判断的疑难复杂性,[3] 传统环境侵权构造中规定了因果关系举证责任倒置规则,将因果关系的举证责任交由环境侵权行为人承担。即环境侵权行为人需就不承担责任抑或减轻责任的情形以及其行为与损害之间不存在因果关系进行举证。而对于原告而言,适用于《环境侵权案件司法解释》第6条第3项,被侵权人应当就侵权人排放的污染物或者其次生污染物、破坏生态行为与损害之间具有关联性进行举证,即侵权行为与损害间具有因果关系的初步证明。《若干规定》第6条第3项亦采用了此种关联性标准。其规定了生态环境损害赔偿诉讼的原告就被告行为与生态环境损害间具有关联性举证。

关于因果关系举证责任倒置,其旨在通过因果关系举证责任的分配对

---

[1] 王旭光、魏文超、刘小飞、刘慧慧:《〈关于审理生态环境损害赔偿案件的若干规定(试行)〉的理解与适用》,《人民司法》2019年第34期。
[2] 最高人民法院环境资源审判庭编:《最高人民法院关于环境民事公益诉讼司法解释理解与适用》,人民法院出版社2015年版,第297页。
[3] 吕忠梅:《论环境侵权纠纷的复合性》,《人民法院报》2014年11月12日第8版。

原被告严重失衡的举证能力进行再平衡。① 这一做法适用于原告举证能力明显不足的环境侵权诉讼自然不用质疑，但其是否应被直接适用于生态环境损害赔偿诉讼之中，则存在不同的声音。展开来说，生态环境损害赔偿诉讼的原告较之于传统环境侵权诉讼以及环境民事公益诉讼，不仅基于其行政职能天然地掌控环境执法阶段形成的各项证据，具备更为丰富的环境科学等专业技能水平。因而再无通过因果关系举证责任倒置进行再平衡的必要。②

虽说考虑到生态环境损害赔偿诉讼原告的特殊性，交由原告承担因果关系的举证责任的观点，③ 具有一定合理性，但客观来看，生态环境损害赔偿案件事实查明难度依然不小，作为原告的省级、市地级政府及其指定的有关部门或机构仍可能处于举证弱势的一方。况且，若在生态环境赔偿诉讼设计中直接取缔因果关系举证责任倒置规则，则会导致其与上位法之规定相冲突。基于此，《若干规定》并未选用传统环境侵权关于因果关系举证责任倒置，而是沿用了《环境侵权案件司法解释》所确立的关联性标准。需要再次强调的是，此种关联性标准的证明层级较低，仅为高度盖然性。即原告仅需证明具有存在因果关系的可能性即可，而无须证明因果关系的确切存在。④

（二）被告举证责任

《若干规定》第7条对被告的举证责任进行了规定，对此，可从以下两个方面予以认识。

一方面，反驳原告主张的举证。此与前文第6条的原告举证责任相互对应，即被告可分别对原告举证其实施了生态环境损害行为，或其他应承担责任的情形；生态环境受到损害，以及生态修复费用、损害赔偿具体数额；被告生态环境损害行为与损害之间具有关联性三项进行反驳。从一定意义上说，此实际为传统诉讼程序中的质证辩论环节。

另一方面，主张具有不承担或者减轻责任的举证。大体上说，此条嫁

---

① 刘英明：《环境侵权证明责任倒置合理性论证》，《北方法学》2010年第2期。
② 赵悦、刘尉：《〈民法典·侵权责任编（草案）〉"一审稿"生态环境公益损害民事救济途径辨析》，《南京工业大学学报》（社会科学版）2019年第3期。
③ 王秀卫：《论生态环境损害侵权责任的立法进路——〈民法典侵权责任编（草案）〉（二次审议稿）第七章存在的问题及解决》，《中国海商法研究》2019年第2期。
④ 孙佑海、孙淑芬：《环境健康诉讼因果关系与关联性适用混淆与破解研究》，《天津大学学报》（社会科学版）2020年第1期。

接于《民法典》第 1230 条①关于举证责任倒置的规定，即"行为人应当就法律规定的不承担责任或者减轻责任的情形及其行为与损害之间不存在因果关系承担举证责任"，只不过在具体表述层面与《民法典》存在些许差别。

从规范演进层面来看，关于被告所承担举证责任究竟为"因果关系"抑或"关联性"，规范层面曾出现过一丝动摇。一方面，根据原《侵权责任法》第 66 条"因污染环境发生纠纷，污染者应当就法律规定的不承担责任或者减轻责任的情形及其行为与损害之间不存在因果关系承担举证责任"，环境侵权案件中的被告需就行为与损害之间不存在因果关系承担举证责任。② 2020 年 5 月审议通过的《民法典》第 1230 条沿袭原《侵权责任法》第 66 条之规定，再次明确将"因果关系"作为环境侵权案件被告的举证责任。另一方面，《若干规定》第 7 条直接将"因果关系"这一要素剔除。如前所述，由于生态环境损害赔偿权利人（诉讼原告）的行政属性，不少学者主张减轻赔偿义务人（诉讼被告）的举证责任，以求平衡诉讼双方的力量。如有学者在《民法典》征求意见阶段建议将举证责任倒置一条修改为"被侵权人提供证据证明污染环境、破坏生态环境与损害之间存在关联性的，侵权人应当承担侵权责任。"③ 即将原本对于"因果关系"层面的证明责任难度降低至"关联性"层面。虽《若干规定》第 7 条之规定并未明确将被告的举证责任限制在"关联性"之内，但将"因果关系"这一要素从规范中移除难免让人揣测其中意向。

（三）关于被告行为违法性要件举证责任分配的问题

《改革方案》规定："违反法律法规造成生态环境损害的，应当承担生态环境损害赔偿责任。"对此，《若干规定》虽未在第 6 条与第 7 条原、被告举证责任中明确被告生态环境损害行为的违法性，但在第 11 条中明确将被告违反国家规定造成生态环境损害作为其承担相应责任的要件之

---

① 《民法典》第 1230 条："因污染环境、破坏生态发生纠纷，行为人应当就法律规定的不承担责任或者减轻责任的情形及其行为与损害之间不存在因果关系承担举证责任。"
② 冯洁语：《公私法协动视野下生态环境损害赔偿的理论构成》，《法学研究》2020 年第 2 期。
③ 王雷：《对〈中华人民共和国民法典（草案）〉的完善建议》，《中国政法大学学报》2020 年第 2 期。

一。违法性要件之设立,使得生态环境损害赔偿诉讼产生了与环境侵权诉讼以及环境公益诉讼的根本区别。①

在此语境下,该由哪一方就被告行为具有违法性承担举证责任便成为一个亟待解决的问题。就目前的司法实践来看,基于证明成本、社会效益、诉讼结果等多方面的考量,起诉主体在提起生态环境损害赔偿诉讼时通常会更倾向于具有违法性、证明容易、胜诉概率更大的案件。即主动选择那些具有明显违法性的生态环境损害赔偿案件进行起诉,此也导致当前多数的生态环境损害赔偿诉讼更多地成为污染环境犯罪案件抑或重大环境行政处罚的衍生程序,而并未彰显其自身价值。② 也正因如此,生态环境损害赔偿诉讼的原告在大多数情况下"顺带"地就被告行为具有违法性进行举证。而反观环境侵权诉讼与环境公益诉讼,虽然均适用无过错责任原则,但其通常在提起诉讼时即提供被告行为具有违法性的证明材料,如环境行政处罚书或环境检测报告等。

此外,近年来审判组织注重提升司法能动性。这体现在,在案件审理中,就原告不足以保护环境公益的诉讼请求主动释明,对审理环境民事公益诉讼案件需要的证据依职权调查收集,如确有必要就原告承担举证责任的事实进行鉴定的,可以委托鉴定。特别是《环境民事公益诉讼解释》第12条专门规定了法院在受理环境民事公益诉讼的10日内需告知负有生态环境保护监督管理责任的部门,而这也在客观上降低了被告行为违法性获取的难度。

需要注意的是,虽上述环境司法实践中诉讼原告对被告行为违法性进行举证已屡见不鲜,但无法据此便认定生态环境损害赔偿诉讼原告当然地承担关于被告行为违法性举证责任。况且,因为《若干规定》中并未就此进行规定,关于被告行为违法性要件举证责任分配的问题,各方观点层出不穷:一种意见认为,根据《改革方案》之规定,被告行为违反法律法规是原告主张生态环境损害赔偿的条件之一,故应当由原告承担举证责任。另一种意见则认为,鉴于生态环境损害赔偿诉讼的特殊性,虽然原告相对于一般环境侵权案件具有较强的举证能力,但案件的复杂性使得减轻

---

① 赵悦、刘尉:《〈民法典·侵权责任编(草案)〉"一审稿"生态环境公益损害民事救济途径辨析》,《南京工业大学学报》(社会科学版) 2019 年第 3 期。

② 冯汝:《论生态环境损害赔偿责任违法性要件的确立》,《南京工业大学学报》(社会科学版) 2018 年第 5 期。

原告举证责任仍是应有之义。故原告仅需证明生态环境损害系由被告的行为所造成且行为与损害间具有关联性后,其举证责任即已完成。至于该损害结果非由被告的行为造成以及行为不具有违法性,即存在依法不承担赔偿责任的法定事由,则应由被告承担举证责任。如其不能提供充分相反证据,原告的主张即应成立。此外,另有一种观点认为,原告掌握行政执法阶段的证据,应由其举证证明被告行为违反国家规定,不能要求被告对其不违反国家规定这一消极事实承担举证责任,被告可以举证反驳原告该项主张。综上,基于现实考量,可由生态环境损害赔偿诉讼的原告举证证明被告行为违反国家规定,同时被告也可以反驳原告主张,举证证明其行为符合法律法规的规定。

三 证据审查

依据生态环境损害赔偿诉讼中所涉及的各类证据的性质与特点,《若干规定》的第8条、第9条以及第10条分别规定了刑事裁判、行政执法报告以及诉前鉴定意见的审查认定规则。

(一) 关于刑事裁判涉及的事实和证据

《若干规定》第8条以刑事裁判生效与否作为标准,对裁判事实与相关证据划分了不同的审查认定规则。

第一,已被具有法律效力的刑事裁判所确认的事实。基于诉讼法理论,已由审判机关作出并产生法律效力的裁判中所确定的事实可称为"已决事实",其不仅作为当前案件事实处断的表达,亦对后续裁判进行了预设,后诉可直接选取适用而无须另行举证质证。[①] 究其原因,一方面,前诉已经对相关事实与证据进行了举证质证,并得到审判机关的认证,故其并无在后诉中重复认证之必要,如此利于节约诉讼成本。另一方面,为"已决事实"设定预决效力可有效避免前后两诉对于同一事实在不同的审判组织、不同的审理程序中做出相异甚至矛盾的认定,进而维护司法权威与公信。

《最高人民法院关于适用〈中华人民共和国民事诉讼法〉的解释》(以下简称《民诉法解释》)第93条第5项规定了"已为人民法院发生

---

① 江伟、常廷彬:《论已确认事实的预决力》,《中国法学》2008年第3期。

法律效力的裁判所确认的事实"为免证事实，当事人无须举证证明。① 承继上述规定，《环境民事公益诉讼解释》第 30 条第 1 款特别规定了，已由环境民事公益诉讼生效裁判所认定的事实，在后续的环境侵权诉讼中无须由原被告双方承担举证责任。即确认了环境民事公益诉讼生效裁判认定的事实对环境私益诉讼的预决效力。

虽然《民诉法解释》第 93 条以及《环境民事公益诉讼解释》第 30 条均规定了生效裁判确认的事实无须另行证明，但考虑到生态环境损害赔偿诉讼与刑事诉讼间的差异性，《若干规定》在重申生效刑事裁判的免证效力后，另就生态环境损害赔偿所应适用的证明标准进行了规定。依据《刑事诉讼法》第 55 条②之规定，据以认定被告人有罪并处以刑罚的证据必须确实、充分。此条即为通俗意义上的刑事证明标准严格责任，其不仅要求对证据的审查认定需经过法定的程序，更要求证据的证明效力需达到"排除合理怀疑"的高度。③ 与此相比，生态环境损害赔偿诉讼属于民事范畴，其仍需适用于《民诉法解释》第 108 条④所确立民事证明标准，即证据需证明事实发生达到高度盖然性即可。即如果一方当事人提出的证据能够证明争议事实的发生具有高度可能性的，法官即可予以确认。⑤

第二，刑事裁判未予确认的事实。《若干规定》第 8 条第 2 款规定，生态环境损害赔偿诉讼中对于刑事裁判未予确认的事实的证明标准，应遵

---

① 《民诉法解释》第 93 条："下列事实，当事人无须举证证明：（一）自然规律以及定理、定律；（二）众所周知的事实；（三）根据法律规定推定的事实；（四）根据已知的事实和日常生活经验法则推定出的另一事实； （五）已为人民法院发生法律效力的裁判所确认的事实；（六）已为仲裁机构生效裁决所确认的事实；（七）已为有效公证文书所证明的事实。前款第二项至第四项规定的事实，当事人有相反证据足以反驳的除外；第五项至第七项规定的事实，当事人有相反证据足以推翻的除外。"

② 《刑事诉讼法》第 55 条："对一切案件的判处都要重证据，重调查研究，不轻信口供。只有被告人供述，没有其他证据的，不能认定被告人有罪和处以刑罚；没有被告人供述，证据确实、充分的，可以认定被告人有罪和处以刑罚。证据确实、充分，应当符合以下条件：（一）定罪量刑的事实都有证据证明；（二）据以定案的证据均经法定程序查证属实；（三）综合全案证据，对所认定事实已排除合理怀疑。"

③ 陈瑞华：《刑事诉讼中的证明标准》，《苏州大学学报》（哲学社会科学版）2013 年第 3 期。

④ 《民诉法解释》第 108 条："对负有举证证明责任的当事人提供的证据，人民法院经审查并结合相关事实，确信待证事实的存在具有高度可能性的，应当认定该事实存在。对一方当事人为反驳负有举证证明责任的当事人所主张事实而提供的证据，人民法院经审查并结合相关事实，认为待证事实真伪不明的，应当认定该事实不存在。法律对于待证事实所应达到的证明标准另有规定的，从其规定。"

⑤ 阎巍：《对我国民事诉讼证明标准的再审视》，《人民司法（应用）》2016 年第 31 期。

循民事诉讼证明标准。对此,可从两个层面予以解释:一为明确规定了生态环境损害赔偿诉讼应适用民事诉讼的证明标准。二为对于刑事诉讼与生态环境损害赔偿诉讼两类诉讼案件的衔接予以特别关注。详言之,鉴于刑事诉讼与生态环境损害赔偿诉讼(民事诉讼)证明标准的不同,对于那些刑事诉讼中已经主张,但未达到"排除合理怀疑"高标准的不予认定。其仍可在后续的诉讼中再次申请认定,只不过此时所适用的应为民事诉讼证明标准,而非刑事诉讼证明标准。经过人民法院确认的,可作为生态环境损害赔偿诉讼案件中所认定的事实。

另需指出的是,《若干规定》起草过程中,有意见认为刑事裁判中认定有罪事实和认定无罪事实的门槛有差别,故应在此予以区分,分别适用不同的认定规则。但最终的《若干规定》并未吸纳此意见,究其原因:一是虽基于证据证明力大小与证明标准的高低,刑民交叉案件均采取先刑后民的方式,但也正是由于证据规则的不同导致学界关于在先刑事案件裁判认定事实对在后民事诉讼的证据效力问题仍有争议,实践层面亦未形成统一认识,故在条文表述时也难以做到严谨和周延。① 二是《民诉法解释》确定了生效裁判所确认的事实具有免证效力,但也并未进行有罪事实与无罪事实的区分。三是刑事案件与民事案件证明标准不同,相关事实只要符合民事诉讼证明标准,即使刑事裁判未予认定,仍然在民事诉讼中可以认定并据以追究民事责任。此旨在为后续民事诉讼裁判者在生效刑事裁判认定事实基础上,对未决事项进行正常的司法认定。四是《若干规定》主要解决生态环境损害赔偿案件的受理和审理问题,与在先刑事裁判认定事实的协调并非本规定解决的重点问题,可在其他专门司法解释中予以研究明确。②

(二) 关于行政执法过程中形成的调查报告等

现实中,负有相关环境资源保护监督管理职责的部门或者其委托的机构在日常行政监管执法过程中势必会形成诸如生态环境损害事件调查报告、生态环境损害检测评估报告、生态环境监测数据等,均为行政机关在其职责范围内依据规范程序就相关专业性问题制作的文书材料,是行政执法过程的第一手资料,具有专业性和时效性。

---

① 于改之:《刑民交错案件的类型判断与程序创新》,《政法论坛》2016年第3期。
② 王旭光、魏文超、刘小飞、刘慧慧:《〈关于审理生态环境损害赔偿案件的若干规定(试行)〉的理解与适用》,《人民司法》2019年第34期。

《民诉法解释》第114条①规定了文书推定规则,②基于此,负有环境资源保护监督管理职责的部门依照法定程序和方式所作出的环境污染事件调查报告、环境检测评估报告或者监测数据等,均属于公文书证的范围,当然地适用公文书证的证据规则。例如,《环境侵权案件司法解释》第10条③特别规定了,负有环境保护监管职责的部门抑或其所委托的机构出具的,诸如环境污染事件调查报告等文书,经过当事人的质证后可作为认定案件的依据。需特别说明的是,对于负有环境资源保护监督管理职责的部门委托的机构所出具的上述报告、数据等,其制定主体虽并非具有社会公信力或者公共信用的公共管理机关,但其在环境污染行政执法中也被作为重要的证据使用,与负有环境资源保护监督管理职责部门出具的报告、数据等并无本质不同,故也可被视为属于公文书证的范畴。正基于此,《若干规定》第9条亦沿袭了《环境侵权案件司法解释》第10条之规定,重申了行政执法过程中形成的调查报告等文书的证据规则。

此外,对于在生态环境损害赔偿诉讼中行政执法过程中形成的事故调查报告等证据的认定,有以下几点需要特别注意:第一,主体限定。作出生态环境损害赔偿事件调查报告、检验报告、检测报告、评估报告、监测数据等公文书证的主体仅限于负有相关环境资源保护监督管理职责的部门或者其委托的机构两类。第二,合法性限定。上述事件调查报告、检验报告、检测报告、评估报告、监测数据等需为职权范围内依照法定程序所作,若文书自身存在瑕疵,其证据效力自然无从谈起。第三,与已产生法律效力的刑事裁判所确认的事实无须再作证明,第9条规定的各类文书证据需经当事人质证并符合证据标准的,方可作为认定案件事实的根据。换言之,质证程序是认定上述调查报告等最终具有证据效力的必经程序。④

---

① 《民诉法解释》第114条:"国家机关或者其他依法具有社会管理职能的组织,在其职权范围内制作的文书所记载的事项推定为真实,但有相反证据足以推翻的除外。必要时,人民法院可以要求制作文书的机关或者组织对文书的真实性予以说明。"
② 即国家行政主管机关抑或其他依法具有社会管理职能的组织部门,其在职权范围内依据法律法规所制作的文书材料所记载的内容事项推定为真实,但若有相反证据足以推翻的可以排除适用。
③ 《环境侵权案件司法解释》第10条:"负有环境资源保护监督管理职责的部门或者其委托的机构出具的环境污染、生态破坏事件调查报告、检验报告、检测报告、评估报告或者监测数据等,经当事人质证,可以作为认定案件事实的根据。"
④ 曹志勋:《论公文书实质证明力推定规则的限缩》,《国家检察官学院学报》2020年第2期。

（三）关于当事人诉前委托的鉴定评估报告

依照《改革方案》关于"磋商前置"的制度设计，生态环境损害赔偿权利人与义务人进行磋商之根据即为生态环境损害鉴定评估报告。故在进行磋商之前，赔偿权利人通常需要委托具有鉴定资质的机构对于生态环境损害进行调查、鉴定与评估，进而形成具体的鉴定评估报告。与之相对应，《若干规定》第10条专门针对当事人在诉前委托具备相应司法资质的鉴定机构出具的鉴定意见，以及委托国务院环境资源保护主管部门所推荐的相关机构出具的检测评估报告等材料的认定做出规定，规定其经过当事人质证并达到证明标准要求的，可用于认定案件事实。

相较于一般民事诉讼中的司法鉴定活动，生态环境损害赔偿诉讼的鉴定评估对于时效性与及时性的要求更高，[①] 也因此有着一些特别的设计。具体而言：第一，启动阶段。缘于磋商程序的前置，生态环境损害赔偿诉讼中鉴定评估往往在起诉前，甚至早于磋商程序开展之前。而传统民事诉讼中的司法鉴定活动则可置于诉前、诉中等多个阶段。基于生态环境损害赔偿鉴定评估之特殊性，对其认定，不宜仅凭借诉前委托、形成之时尚未进入诉讼程序而削减甚至否定其证据效力，而应在诉讼过程中具体判断。第二，委托主体。关于生态环境损害赔偿诉前磋商阶段的鉴定评估是否必须为赔偿权利人与义务人双方共同委托。对于这个问题，虽双方共同委托鉴定可在一定程度上减少诉讼过程中对鉴定意见的争议，但若双方在委托鉴定上产生分歧则会影响磋商协议的达成，进而阻碍尽快修复生态环境的根本目的，影响磋商效果。况且，双方在诉讼阶段仍可申请人民法院委托鉴定，并不影响双方的权利。故无须规定诉前当事人必须共同委托鉴定，而由任何一方委托即可。

此外，关于鉴定机构的可选择范围，《若干规定》将其限定为以下两类：一是具备环境司法鉴定资质的鉴定机构。长期以来，我国环境司法鉴定机构存在分布不均、数量不足、质量良莠不齐等问题，无法满足环境执法、司法之需要。为此，司法部与生态环境部发布《环境损害司法鉴定机构登记评审细则》《环境损害司法鉴定执业分类规定》等规范性文件，规范环境损害司法鉴定机构的管理工作。另生态环境部印发诸如《生态

---

① 李清、文国云：《检视与破局：生态环境损害司法鉴定评估制度研究——基于全国19个环境民事公益诉讼典型案件的实证分析》，《中国司法鉴定》2019年第6期。

环境损害鉴定评估技术指南》等一系列技术标准,[①]为生态环境损害司法鉴定提供了必要的支撑。相信随着各方力量的推进,将会有更为多样、便捷的环境司法鉴定服务供当事人选择。二是国务院环境资源保护监督管理相关主管部门推荐的机构。由于司法部对于环境司法鉴定机构的资质审核工作有待进一步推进,实践中可由原环境保护部所推荐的机构为当事人提供环境损害司法鉴定服务。如此,在环境司法鉴定机构资质审核工作粗具规模之前,国务院环境资源主管部门推荐的机构出具的上述报告经过质证并符合证据标准的,亦可作为认定案件事实的根据,以作为对第一类具有资质的鉴定机构之补充。

四　诉讼保障

虽然《试点方案》与《改革方案》均鼓励各地人民法院研究符合生态环境损害赔偿需要的诉前证据保全、先予执行、执行监督等制度,但遗憾的是,《若干规定》并未针对生态环境损害赔偿诉讼中的保障制度作出具体规定。考虑到生态环境损害的难以恢复性和不可逆转性,为了发挥生态环境损害赔偿诉讼的预防性与修复性功能,应参照《民事诉讼法》以及相关法律规范,积极构建生态环境损害诉讼保障制度。若对诉讼保障制度进行最广义的理解:《民事诉讼法》第七章所规定的期间制度与送达制度、第九章所规定的保全制度和先予执行制度,以及第十章所规定的对妨害民事诉讼的强制措施等诉讼程序的一些共同性问题均可被纳入其中。[②]

此外,《若干规定》第 22 条规定了生态环境损害赔偿诉讼与环境侵权诉讼、环境民事公益诉讼程序相关规定的"引致条款"。据此,除一般民事诉讼保障制度外,环境侵权诉讼以及环境民事公益诉讼中所特别规定的诉讼保障制度,均在一定意义上通用于生态环境损害赔偿诉讼。具体而

---

① 例如《生态环境损害鉴定评估技术指南　总纲和关键环节　第 1 部分:总纲》(GB/T 39791.1—2020);《生态环境损害鉴定评估技术指南　总纲和关键环节　第 2 部分:损害调查》(GB/T 39791.2—2020);《生态环境损害鉴定评估技术指南　环境要素　第 1 部分:土壤和地下水》(GB/T 39792.1—2020);《生态环境损害鉴定评估技术指南　环境要素　第 2 部分:地表水和沉积物》(GB/T 39792.2—2020);《生态环境损害鉴定评估技术指南　基础方法　第 1 部分:大气污染虚拟治理成本法》(GB/T 39793.1—2020);《生态环境损害鉴定评估技术指南　基础方法　第 2 部分:水污染虚拟治理成本法》(GB/T 39793.2—2020)。

② 柯阳友:《我国民事诉讼法的理念转换与总则的制度重构》,《当代法学》2007 年第 5 期。

言,生态环境损害赔偿诉讼的诉讼保障制度应包含以下几项。

(一) 生态环境损害赔偿诉讼保全制度

根据《民事诉讼法》之规定,保全制度分为财产保全、行为保全以及证据保全,故亦从上述三个方面构建生态环境损害赔偿诉讼保全制度。

第一,财产保全。一般意义上而言,财产保全意指审判机关为保证未来生效裁判文书的切实执行,避免当事人或利害关系人的合法权益遭受非难而采取的限制有关财产处分或转移的临时性强制措施。① 基于生态环境损害案件之特殊性,不单单是要求被告在诉讼完结后有经济能力予以生态修复或赔偿损失,更需要的是被告诉前就尽早赔偿损失以便及时进行生态补救与修复措施。但财产保全制度仅能对诉讼完结后的被告履责能力进行一定的保障,却无法要求其在诉前即采取补救修复措施。②

为此,《若干规定》第19条专门规定了实际支出应急处置费用的机关可提起诉讼主张该费用。其中所指的应急处置费用,在通常意义上包括污染源控制、污染物清理、人员抢救与安置、应急环境监测等费用。③ 明确生态环境损害赔偿案件中实际支出应急处置费用机关的追偿权,从一定程度上弥补财产保全制度在生态环境损害赔偿案件中的先天不足。即巧妙地将被告生态修复责任预支于行政机关或第三方机构,确保生态环境损害能在第一时间得到有效的遏制。

第二,行为保全。行为保全制度的设立,旨在防止因漫长诉讼程序而导致当事人难以得到有效、全面、及时的救济发生。行为保全制度在一定程度上突破"终局救济"之限制,在诉讼尚未结束时即对损害进行提早处置,以实现对申请人以及其他利益相关主体权益的保障。④ 而在生态环境损害赔偿,乃至环境司法实践中,行为保全制度更多的是以环境保护禁

---

① 王启江:《执行工作长效机制建构下的立审执衔接问题研究》,《法律适用》2019年第11期。

② 汪劲、马海桓:《生态环境损害民刑诉讼衔接的顺位规则研究》,《南京工业大学学报》(社会科学版) 2019 年第 1 期。

③ 依据《环境损害鉴定评估推荐方法》(第Ⅱ版)之规定,是在生态环境损害事件发生之后,为减轻抑或消除生态环境损害对社会公共利益以及生态环境本身所造成的危害,相关单位所采取的应急处置行动以及损害救济措施所产生的费用。黄凯:《环境侵害诉讼程序特别论》,《中国应用法学》2018 年第 6 期。

④ 周翠:《行为保全问题研究——对〈民事诉讼法〉第100—105条的解释》,《法律科学》(西北政法大学学报) 2015 年第 4 期。

止令的形式出现的。例如,《环境侵权案件司法解释》第 12 条就进行了规定。①

具体而言,关于生态环境损害赔偿案件中环境保护禁止令的应用,应明确以下两点:

其一,关于环境保护禁止令申请之提起。一般而言,环境保护禁止令可分为诉前与诉中两种类型。对于诉中禁止令而言,因为已经进入诉讼程序,故可由审判机关依照申请启动,亦可以由法院依职权启动,此处的依职权具体至生态环境损害赔偿领域通常是基于生态环境公益之需要。② 但对于诉前环境保护禁止令而言,由于司法被动性要求,其无法由审判机关依据职权启动,而仅可由赔偿权利人申请启动。另由于诉中环境保护禁止令申请主体同时为诉讼主体,其自然地具有环境保护禁止令的申请资格,故在此就诉前环境保护禁止令的进行着重讨论。

诉前环境保护禁止令的核心冲突点在于起诉权高阶限制与诉前环境保护禁止令需在事实未清、权义模糊的诉前阶段即对被申请人的权益作出一定的限制。毕竟,环境保护禁止令作为一项力求高效、便捷的救济措施,烦琐与严格的起诉程序极易导致生态环境损害的不可回转与不可修复。故而,法院对于诉前环境保护禁止令申请的审核,应将重点置于纯粹的程序事项,而将涉及实体问题的留至具体审理过程之中具体考察。换言之,应在一定程度上降低生态环境损害赔偿诉前环境保护禁止令的申请门槛。需要明确的是,鉴于生态环境损害赔偿诉讼所特有的磋商前置程序,故可将诉前环境保护禁止令的申请节点适当提前。即赔偿权利人可在磋商阶段就针对生态环境损害赔偿行为明确诉前环境保护禁止令的事由与请求,进而向相对应的法院提起诉前环境保护禁止令申请。另为确保环境保护禁止令保全效果之实现,法院对于环境保护禁止令申请的审查应进行宽泛的审查。例如,若环境保护禁止令的申请因某些客观原因而存有瑕疵,其原则上并不必然导致禁止令申请的失败。

其二,关于环境保护禁止令申请的担保。如前所述,通过环境保护禁止令限制被申请人的行为是建立在审理尚未终结、当事人的权义归属尚未

---

① 环境侵权案件的当事人或者利害关系人申请保全的,人民法院可以裁定责令被申请人立即停止侵害行为或者采取防治措施。

② 郑成良、张杰:《困境与调和:权力结构与司法正义之关系——以〈驳案新编〉为案例依据》,《理论探索》2019 年第 3 期。

明确的前提下的，而这难免导致因环境保护禁止令的错误运用而对被申请人合法权益有所妨碍与减损。故在一般情况之下，环境保护禁止令之类的行为保全制度均需由申请人提供相应的担保。① 如此，一方面可为申请人提出保全申请设定一定程度的压力，强化其负担责任；另一方面可为权益受制的被申请人提供些许保障，即若环境保护禁止令的适用出现错误，被申请人的损失可由申请人提供的担保进行弥补。②

上述关于行为保全担保内容的探讨主要是针对一般性民事纠纷之中，其适用于涉及公共利益的生态环境损害赔偿诉讼中则应有所变动。具体来看，对于生态环境损害的行为保全，除了依赔偿权利人的申请启动，法院或可不必严格遵循处分主义原则，而是主动发挥其能动性。即生态环境损害赔偿诉讼中的审判机关可依照职权主动作出行为保全之裁定，而不将申请人是否提供担保作为行为保全的必要条件。③ 另较之于其他环境诉讼，生态环境损害赔偿诉讼的原告为特殊的行政主管机关与部门，其天然所具有的公信力与权威性使得其有充足的能力承担环境保护禁止令的错误实施对被申请人所造成的损害。综上，生态环境损害赔偿诉讼中申请人提起环境保护禁止令之申请，一般而言，申请人无须提供担保。若法院确认为需要提供的，则由法院依据其职权决定应采取何种担保方式、收取多少担保金额。

第三，证据保全。依照《民事诉讼法》的规定，证据保全指在证据或可灭失抑或今后难以获取的情况之下，诉讼当事人可向审判机关申请对必要的证据进行保全，另与前述其他保全类型一致，证据保全亦可由审判机关依照职权主动做出。具体至生态环境损害赔偿诉讼，因为生态环境损害转瞬即逝，其证据较之于其他案件对时效的要求更为严格。故对于生态环境损害赔偿案件证据之获取应尽早开展、尽早固定，进而减少甚至避免因关键证据灭失导致后续磋商与诉讼程序难以为继的极端情况发生。④ 另需强调的是，生态环境损害赔偿诉讼中的证据保全的适用具有全阶段性。

---

① 毕潇潇：《利益衡量视角下行为保全适用条件研究》，《当代法学》2019年第4期。
② 肖建国：《行为保全：弥补财产保全不足的创举》，《检察日报》2012年10月19日第3版。
③ 毕玉谦、谭秋桂、杨路：《民事诉讼研究及立法论证》，人民法院出版社2006年版，第264页。
④ 别涛、刘倩、季林云：《生态环境损害赔偿磋商与司法衔接关键问题探析》，《法律适用》2020年第7期。

即生态环境损害案件中的证据往往由生态环境行政执法为始，贯穿于环境侵权、环境刑事、环境公益诉讼、生态环境损害赔偿磋商等全环节，在某一环节采取的保全措施服务于整个程序链条。如此不仅要求各环节对证据保全的协调联动，更对不同阶段证据的转化与适用提出了更高的挑战。①

具体而言，生态环境损害赔偿诉讼中的证据保全制度可从以下几个方面予以完善：一是学习《环境侵权案件司法解释》之经验，②放宽证据保全的启动条件，可权衡利害关系人作为生态环境损害赔偿诉讼证据保全申请人的可行性。对于利害关系人，亦因其并非作为诉讼的主体双方，其对于证据保全的申请应经过原被告当事人的同意，另法院在审核证据保全申请时，对其的审查应该更为严格，且理应要求其提供一定的担保。二是关于具体证据保全申请事项，为便利当事人申请诉前证据保全，可将申请事项规定予以细化。具体而言，应包括：被申请人或对方当事人或相关方的基本情况、所需保全的证据对象、该证据所指向与证明的事项以及欲求进行证据保全的具体缘由共四项内容。三是确定证据保全的效力。即双方均可援用该证据进行诉讼、保全证据的效力不必然及于待证事实以及保全证据应当在诉讼中予以陈述。③四是关于证据保全的担保，与上文所论的环境保护禁止令的担保理由类似，对于生态环境损害赔偿诉讼的证据保全，无须申请人提供担保。若法院确认为需要担保的，则由法院依据职权确定担保的具体方式与数额即可。

（二）生态环境损害赔偿诉讼先予执行

先予执行是指审判机关在对具体案件作出终审判决前，出于解决一方当事人之迫切需求，依其申请，依法裁定另一方当事人给付财物、实施或停止实施一定行为，以保障申请人的合法权益免遭侵害的临时性措施。④考虑到生态环境损害的难以恢复性和不可逆转性，为了发挥生态环

---

① 陈爱武、姚震宇：《环境公益诉讼若干问题研究——以生态环境损害赔偿制度为对象的分析》，《法律适用》2019 年第 1 期。
② 《环境侵权案件司法解释》第 11 条："对于突发性或者持续时间较短的环境污染、生态破坏行为，在证据可能灭失或者以后难以取得的情况下，当事人或者利害关系人根据民事诉讼法第八十一条规定申请证据保全的，人民法院应当准许。"
③ 丁朋超：《试论我国民事诉前证据保全制度的完善》，《河南财经政法大学学报》2015 年第 6 期。
④ 江伟：《民事诉讼法》，北京大学出版社 2003 年版，第 209 页。

境损害赔偿制度的预防性功能,① 可参照《民事诉讼法》及其司法解释,针对生态环境损害赔偿诉讼的先予执行制度进行具体设计。

第一,先予执行的范围。缘于先予执行的强制性与预支性,需对其适用范围进行一定限制,进而避免先予执行措施的滥用。② 对此,《民事诉讼法》第 109 条对先予执行措施的适用情形进行了列举。例如,追索抚养费、抚恤金、医疗费用、劳动报酬等。此外,《民诉法解释》第 170 条对《民事诉讼法》第 109 条第 3 项的"因情况紧急需要先予执行的"这一"口袋款项"进行了细化,列举了需立即停止侵害、排除妨碍,需追索恢复生产经营所急需的保险理赔,抑或严重影响生活生产等款项。具体至生态环境损害赔偿案件中,被告造成的生态环境损害行为或后果与上述紧急情况中的第 1、2 项,需要立即停止侵害、排除妨碍的以及需要立即制止某项行为的最为符合。

可以看出,当前《民事诉讼法》及其司法解释对于先予执行制度的立法目的局限于解决申请人生产生活急需等私益领域,而对于生态环境损害等公共利益受损的情况仅能被"委屈"地涵盖在第 3 项弹性条款之内。这自然是与我国先予执行制度的历史沿革有关,其最早被称为"先行给付",仅局限适用于以金钱给付为内容的特定纠纷案件中,后续不断拓展适用范围而广泛地应用于执行领域。鉴于此次《若干规定》再次将生态环境损害赔偿诉讼界定为民事诉讼范畴,其自然地受到《民事诉讼法》及其司法解释的指导。故应正视实践的需求并通过立法做出回应,以适当扩宽先予执行的范畴,将生态环境损害列入《民诉法解释》第 170 条所规定的紧急情形之一,以明确生态环境损害赔偿案件中先予执行制度的适用可行性。③

第二,先予执行的条件。依照《民事诉讼法》第 110 条之规定,裁定先予执行需要以下两个条件:第一,当事人双方的权利关系清晰,且若不适用先予执行措施则会严重影响其一方的生产生活;第二,先予执行的被申请方具有一定的履行能力。此为先予执行措施功能实现的必要条件,若被申请方不具备履行能力,先予执行措施的构建基础便不复存在,自然

---

① 李丹:《我国环境公益诉讼的地方实践及其制度启示》,《西部法学评论》2011 年第 4 期。
② 姜春兰:《浅谈先予执行制度的适用问题》,《现代法学》1998 年第 2 期。
③ 王彦:《行政诉讼先予执行制度的完善》,《人民司法》2008 年第 17 期。

无法得到有效的落实，甚至可能导致被申请方合法权益减损的不良效果。上述两项先予执行的条件当然地适用于生态环境损害赔偿诉讼。但是，如此规定也在一定程度上对先予执行制度在生态环境损害赔偿案件中的适用造成了限制。如第 1 项条件中的"不先予执行将严重影响当事人的生活生产"，与生态环境损害赔偿制度体系有些貌合神离。因为生态环境损害赔偿案件中的赔偿权利人，主要是作为公权力主体的行政机关部门，其难以被视为"生产与生活"的民事主体。因此，需要对先予执行的适用条件在现有基础上进行突破与改进，使其能与生态环境损害赔偿诉讼更为兼容。具体而言，可将防止紧急侵害或避免重大损失列出先予执行措施所适用的紧急情况，抑或将其他导致胜诉判决失去现实意义的情形作为"口袋条款"予以涵盖性的规定。

第三，先予执行的程序。依据《民事诉讼法》及其司法解释，先予执行的施行应符合下列程序：其一，申请。当事人的申请是启动先予执行措施的首要程序。基于先予执行制度的预支属性，其仅能由当事人的主动申请而启动，法院无法依据自身职权启动。关于先予执行申请所需载明之内容，应涵盖先予执行对象的数量、类型、金额等常规事项，并注明申请先予执行的理由与证明。另根据《民诉法解释》第 169 条之规定，审判机关对于当事人提出的先予执行申请的裁定时间节点较为宽泛，为受理后至审判前。[①]

其二，担保。依规定，对于当事人的先予执行申请，审判机关可要求其提供担保，若未能提供，则驳回其申请。要求申请人提供担保旨在为先予执行措施可能出现的错误提供一定程度的保险。一旦先予执行措施的申请人败诉，其应当弥补被申请人因先予执行措施所造成的损失。但在此需要强调的是，先予执行的担保具有可选性，即审判机关并不一定责令申请人提供担保，而可自行判断担保之必要性。换言之，申请人提供担保并非先予执行措施得以实施的必要条件。[②] 具体至生态环境损害赔偿诉讼中，如前所述，因诉讼原告主体的权威性与公信力，一般情况下无须申请人提供担保。若法院确认为需要担保的，则由法院依据职权确定担保的具体方式与数额。

其三，审查与裁定。缘于先予执行之实质为在权义关系尚处模糊的未终局阶段即预先实现终局部分处断，故审判机关对于其的审查与裁定应做到必要的慎重。如前所述，先予执行申请的时间贯穿于诉讼之始末，而关

---

① 姜春兰：《浅谈先予执行制度的适用问题》，《现代法学》1998 年第 2 期。
② 江必新：《完善民事诉讼制度的宏观思考》，《清华法学》2011 年第 6 期。

于裁定的时间节点,可在一定意义上参照《关于在经济审判工作中严格执行〈民事诉讼法〉的若干规定》第 16 条之规定,应经开庭审理后作出。不过遗憾的是,该司法解释现因被《民诉法解释》代替而失效,而当前《民诉法解释》并未对裁定时限作出具体规定。与环境保护禁止令不同,先予执行因涉及实体权益的预先处断,其以事实清楚、权益明确为底线,但上述条件往往需等到具体开庭后方能实现。故生态环境损害赔偿诉讼的先予执行需经过开庭审理并查明基本事实后方可决定是否可以采取先予执行措施。①

其四,救济。依据《民事诉讼法》第 111 条关于对先予执行裁定复议的规定,可直接适用于生态环境损害赔偿诉讼。

五 责任承担

基于生态环境损害案件的特殊救济需要,《若干规定》在传统民事责任的基础上,创造性地构建了生态环境损害赔偿责任体系。具体而言,其可分从以下几点予以理解:

(一) 生态修复责任之确立

《若干规定》第 11 条对于生态环境损害赔偿诉讼中被告承担责任的方式进行了特别规定,即解释性地将"恢复原状"责任形式具象为"修复生态环境"责任。较之于《民法典》第 179 条所规定的停止侵害、排除妨碍、返还财产、恢复原状、继续履行、赔偿损失、消除影响、赔礼道歉等传统民事责任形式,《若干规定》第 11 条特别将"修复生态环境"作为生态环境损害赔偿责任形式之一,而这无疑是与《民法典》第 1234 条②对于违反国家规定造成生态环境损害所需承担修复责任的规定相对应。

在具体讨论生态环境修复责任的特征与适用之前,需就其与传统恢复原状责任形式的关系作梳理与厘清。从前文中关于环境民事责任形式的沿革、演进历程之中不难看出:其一,虽然《环境侵权案件司法解释》与《环境民事公益诉讼解释》沿袭了《民法典》规定的恢复原状这一传统民事责任形式,

---

① 姜春兰:《浅谈先予执行制度的适用问题》,《现代法学》1998 年第 2 期。
② 《民法典》第 1234 条:"违反国家规定造成生态环境损害,生态环境能够修复的,国家规定的机关或者法律规定的组织有权请求侵权人在合理期限内承担修复责任。侵权人在期限内未修复的,国家规定的机关或者法律规定的组织可以自行或者委托他人进行修复,所需费用由侵权人负担。"

但也在具体规范中对其进行了一定程度的解释与转化。即将狭义有体物层面的恢复原状转化为抽象层面的恢复生态环境至原状，赋予恢复原状责任形式以恢复生态功能、修复生态环境等具体含义。① 其二，《环境侵权案件司法解释》与《环境民事公益诉讼解释》虽在责任形式中明确了恢复原状的适用，但其目的却不尽相同。前者更倾向于私益主体间人身财产领域，后者则更多是对生态环境的治理与修复，表现为从私益至生态公益的演进，而《若干规定》对"修复生态环境"责任形式的明确认定，是这一演进趋势的规范化体现。但仍需注意的是，《若干规定》仍属民事法律规范之范畴，因而从规范性质层面审视，"修复生态环境"责任的生态公益性质并不能改变其民事责任的归属。更囿于规范位阶之限，司法解释具有天然的附属性，其不具备自我创设之功能。② 一言以蔽之，生态环境修复责任是基于其生态属性与目的，而对传统恢复原状责任进行的特别表达。③

之所以在生态环境损害赔偿语境下对恢复原状进行解释，主要考虑到民法领域与环境法领域对于恢复原状内涵与外延的理解是各有侧重点与区别的。具体来看，其主要体现在以下几点。

一是目的指向。传统民事规范中的恢复原状责任形式的涵摄范围较为狭窄，其主要针对财产遭到侵害或损毁后的修补修复，进而达到与侵害前状态一致。④ 从此意义上说，恢复原状责任与修复责任有着异曲同工之处。而生态环境环境损害赔偿诉讼中的生态环境修复责任所欲求救济的则是生态环境公共利益，即为实现不特定多数人生态环境利益的维护与改善，属于对环境负外部性的修正。⑤

二是担责标准。生态环境修复的作用对象为更为抽象的生态环境，其自身由各种类型的自然资源要素所组成，各要素相互作用与影响，不断循环流动。对于生态环境损害行为所导致的生态功能贬损的修复，着重是从宏观角度考虑生态系统的价值与服务功效，其理想效果是将生态环境恢复

---

① 刘士国：《民法典"环境污染和生态破坏责任"评析》，《东方法学》2020年第4期。
② 张力：《民法转型的法源缺陷：形式化、制定法优位及其校正》，《法学研究》2014年第2期。
③ 吴一冉：《生态环境损害赔偿诉讼中修复生态环境责任及其承担》，《法律适用》2019年第21期。
④ 王利明：《中华人民共和国民法总则详解》（下册），中国法制出版社2017年版，第824页。
⑤ 杜群、车东晟：《新时代生态补偿权利的生成及其实现——以环境资源开发利用限制为分析进路》，《法制与社会发展》2019年第2期。

至原有状态。从此层面上来说，对抽象生态环境的修复显然与传统民法对具体"物"的修复有着天壤之别。①

三是修复方式。如前所述，传统民事规范对于恢复原状责任的界定仅局限于对财产状态的修理，其责任实现的难度较低，且通常由侵权责任人个人承担或交由某些专业人士代为履行即可。然而生态环境损害赔偿诉讼中的生态环境修复责任，将"恢复原状"责任中的"恢复"解释为"修复"，其较之前者内涵更为丰富，除了包含自然恢复，还包括人工修复，除了包括原地原样恢复，还包括异地修复。另鉴于生态环境修复具有较高的专业门槛，通常情况下，生态环境损害行为人难以自行履行。另加之生态环境的公益属性，故对生态环境修复的界定往往是专业修复、第三方代修复、异地修复、公众监督修复等。

在民法视域下对生态修复责任与恢复原状责任的关系进行剖析，进而在明晰生态环境损害赔偿中生态修复责任内涵基础上，还应当对民法意义上的生态修复责任与行政主导下的生态修复机制的关联性进行分析，以实现生态环境的整体修复和完全修复。

所谓行政主导下的生态修复机制，是指行政机关自行组织实施生态修复工程或通过行政命令的方式责令行政相对人履行生态修复责任。具体来讲：其一行政机关依据自身职责要求，自行组织生态修复工程，实现对一定空间内生态环境的修复。第一，从理论上讲，生态修复是环境治理向生态系统维护的深刻延伸，环境保护义务的国家化产生了相应治理责任的国家化，为生态修复法律责任的国家化提供了理论依据。② 第二，从实践可行性分析，涉及生态系统整体修复的工程一般具备规模宏大、资金投入巨大和涉及利益复杂等特征，只有政府才能宏观统筹，实施推进此类生态修复工程。第三，从实践探索的现状分析，当前我国已经逐步探索开展政府主导下的全国重要生态系统保护和修复重大工程。③ 第四，从实体法规定

---

① 巩固：《环境民事公益诉讼性质定位省思》，《法学研究》2019 年第 3 期。
② 吴鹏：《生态修复法律责任之偏见与新识》，《中国政法大学学报》2017 年第 1 期。
③ 国家发展改革委、自然资源部 2020 年 6 月 3 日印发《全国重要生态系统保护和修复重大工程总体规划（2021—2035 年）》，随后《东北森林带生态保护和修复重大工程建设规划（2021—2035 年）》《青藏高原生态屏障区生态保护和修复重大工程建设规划（2021—2035 年）》《北方防沙带生态保护和修复重大工程建设规划（2021—2035 年）》《南方丘陵山地带生态保护和修复重大工程建设规划（2021—2035 年）》等重大生态修复工程规划逐步出台，为实现 2035 年全国森林、草原、荒漠、河湖、湿地、海洋等自然生态系统状况实现根本好转目标提供了重要支撑。

来看，目前已有部分法律对政府的生态修复义务进行了规定，如《乡村振兴法》第36条规定，"各级人民政府应当……加强森林、草原、湿地等保护修复"；《水土保持法》第30条规定，"国家加强水土流失重点预防区和重点治理区的坡耕地改梯田、淤地坝等水土保持重点工程建设，加大生态修复力度"。

其二，行政机关通过行政命令要求行政相对人履行生态修复责任。需要说明的是，此处所述生态修复责任为行政法意义上的责任形式，与上文阐述民事视域下的生态修复责任有本质区别。第一，行政命令型生态修复责任在理论上是可行的。一方面，对生态环境这一公共利益损害的救济是行政机关职责所在；另一方面，相关生态环境部门具有专业性优势，能够通过行政命令指导行政相对人精准开展生态修复。① 第二，责令停止侵害、责令履行防止损害扩大的义务、责令消除环境污染风险等不良后果、责令进行生态修复等行政命令具有实体法上的支撑。如《环境保护法》第61条、《森林法》第73条及第74条、《水土保持法》第49条。

因而在这个意义上，民法意义上的生态修复责任与行政主导下的生态修复责任的衔接应当从两个方面展开：一是人民法院在生态环境损害赔偿诉讼中判决被告承担生态修复义务时，应当合理裁判被告应当履行生态修复责任的方式、范围，将其与一定区域内政府主导下生态修复工程措施相结合。二是政府提起生态环境损害赔偿诉讼请求赔偿义务人履行生态修复义务的诉请，应当与政府责令行政相对人开展生态修复措施的行政命令相衔接。

（二）生态环境损害赔偿责任方式的顺位选择

为落实《改革方案》中对建立生态环境损害的修复和赔偿制度之要求，《若干规定》对生态环境损害赔偿诉讼中涉及的责任承担方式进行了系统性规定。其中修复生态环境与赔偿损失两种责任方式分列前二，在生态环境损害赔偿诉讼中居于重要地位。故在对《若干规定》第12条与第13条所规定的不同的责任方式具体适用情形进行讨论前，有必要厘清生态环境损害赔偿诉讼案件中，生态环境修复责任与赔偿损失责任两者之间的关系以及其先后顺位。

---

① 徐以祥：《论生态环境损害的行政命令救济》，《政治与法律》2019年第9期。

如前所述，生态环境损害赔偿诉讼意在救济遭受损害生态环境本身。① 对此，《若干规定》在传统民事责任形式——恢复原状的基础之上，将生态环境公共利益糅杂其中，明确规定专门适用于生态环境损害赔偿诉讼的"修复生态环境"责任形式。绝非仅限于此，《若干规定》第 11 条另规定了包括修复生态环境在内的共六种责任形式。其一方面有助于引导生态环境损害赔偿案件中的赔偿权利人可对照此责任方式清单，更为高效、准确地提出相应的诉讼请求；另一方面也为审判机关确定诉讼争议焦点提供便利，进而做出规范、正确的裁判。

对上述六种责任方式进行体系化解读，其大致可被分为四类，即恢复性责任、赔偿性责任、预防性责任以及人格性责任。② 除了将恢复原状责任方式创造性地解释并表述为"修复生态环境"外，《若干规定》对责任方式适用顺位上进行了创新。仅从六项具体责任形式的排列顺序不难看出，位列第一的生态环境修复责任是生态环境损害赔偿诉讼的首选责任承担方式。如前所述，生态环境修复责任作为恢复性责任，是由传统民事责任形式中的恢复原状责任衍生而来，乃《若干规定》首次纳入的全新责任方式。③ 考虑到生态环境损害赔偿诉讼的最理想目标为恢复生态环境原本的状态，赔偿生态环境损害所造成的金钱损失仅为生态环境难以修复时的备选方案。④ 故《若干规定》将原本在《民法典》等传统民事法律规范中排序靠后的恢复原状责任方式特地调整至首位，使其置于赔偿损失等其他责任方式之前。如此不仅在形式意义上突出了"修复生态环境"这一全新的责任方式，更在一定程度上为生态环境损害赔偿诉讼中各项责任方式的顺位关系作出了简单梳理与划分，起码明确了"修复生态环境"责任方式较之于赔偿损失责任方式的优先适用地位。

---

① 李挚萍：《生态环境修复司法的实践创新及其反思》，《华南师范大学学报》（社会科学版）2018 年第 2 期。
② 王旭光：《论生态环境损害赔偿诉讼的若干基本关系》，《法律适用》2019 年第 21 期。
③ 吕忠梅、窦海阳：《修复生态环境责任的实证解析》，《法学研究》2017 年第 3 期。司法解释不能设立新的法律责任承担形式。故《若干规定》秉承《环境公益诉讼解释》的路径，对民事责任中的"恢复原状"进行扩张解释，并且首次明确将"恢复原状"以"修复生态环境"的表现形式具体适用于生态环境损害救济领域。诚如学者所言，"修复生态环境"在责任判断标准、责任内容、履行方式等方面，都与民法上的"恢复原状"存有不同，更多体现的是生态环境系统治理、风险预防和公众参与原则、技术与法律的协同等理念和制度。因此，应当将"修复生态环境"作为环境公益救济的主要责任承担方式，在立法中专门加以规定。
④ 张宝：《生态环境损害政府索赔制度的性质与定位》，《现代法学》2020 年第 2 期。

较之于修复生态环境,虽然赔偿损失责任方式仍停留在传统民事维度,但《若干规定》将其由《民法典》第 179 条的第八顺位提升至第二顺位。从一般层面上讲,赔偿损失是指民事活动中因合同、债务抑或侵权行为损害他人权益后进行的金钱弥补。① 不过在生态环境损害赔偿诉讼的特殊语境下,赔偿损失的概念得到了具体细化,即生态环境损害难以修复抑或无法修复情况之下,通过金钱赔付的方式替代其本应承担的生态修复责任。此种损失包括无法修复的损失,亦包括在修复期间生态环境功能无法实现的损失。② 此项内容在《若干规定》的第 12 条与第 13 条中得到具体的规定。在此需要强调的是,生态环境损害赔偿诉讼中的赔偿损害责任的确认节点并非生态环境无法修复时,而是在判处被告承担修复生态环境责任的同时确认其不履行修复义务时所需承担的修复费用。此外,对于赔偿损失的范围,亦需根据生态修复的可能性及其程度进行进一步的划分。即针对生态环境完全无法修复时,需要就生态环境功能永久性损害提起赔偿损失责任的诉求,而对于生态环境部分可修复的情况,则需要由被告承担可修复部分修复义务以及修复期间生态功能无法实现之损失,另对不可修复部分承担永久性损害的赔偿责任。

(三) 以生态环境是否能够修复为标准划分责任方式

《若干规定》第 12 条、第 13 条以生态环境能否得到修复以及修复程度为标准,分别对生态环境可以完全修复、生态环境完全无法修复以及生态环境无法完全修复三种情形的责任承担方式予以规定。

第一,生态环境可以完全修复的责任。对此,《若干规定》第 12 条第 1 款进行了较为详细的规定。即审判机关应判处被告承担生态环境修复责任,并同时确认若被告不正常履行生态环境修复责任时所应当承担的生态修复费用。另关于生态环境修复期间因生态环境服务功能无法正常发挥而造成的损失,亦可由原告请求后审理判处。因生态环境可以完全修复时涉及修复生态环境与赔偿损失两种责任方式,故需特别明确以下两点。

其一,明确生态环境修复责任承担的标准与目标。换言之,需要为生态环境修复责任的承担设定其应达到的程度,只有达到该程度,其责任方属承担完成。就最理想的目标而言,生态环境修复当然是恢复到生态环境

---

① 王利明、杨立新:《侵权行为法》,法律出版社 1996 年版,第 105 页。
② 李兴宇:《论我国环境民事公益诉讼中的"赔偿损失"》,《政治与法律》2016 年第 10 期。

损害前的状态。但能否简单地认为，使生态环境恢复到损害前的状态，其生态环境的功能与价值也就回复到了初始状态，这明显有待于科学与技术的深入研究。况且从目前的治理情况来看，生态环境被损害后几乎不可能通过修复到初始状态，这也为制定认定生态环境损害量化标准提出了难题。① 对于此，最为简单直接的解决方案是，将生态修复责任的承担标准转化适用上述环境科学领域生态修复的目标，实现两者目标的一致化。② 例如，应参照适用《环境损害鉴定评估推荐方法》（第Ⅱ版）中对于环境修复目标的设定。即将生态环境中的物理、化学以及生物特征以及所提供的生态系统服务水平恢复至基线水平或生态环境风险可接受水平。这一标准在《管理规定》第 9 条第 2 款中得以明确。但需要注意的是，将生态环境损害赔偿诉讼中的生态修复目标直接设定为环境科学中生态修复的目标虽较为简单直接，但却过于草率。加之上述规定仍较为抽象、模糊，后续仍需通过技术标准的方式为生态环境修复设定一个可量化的具体标准。

其二，生态环境修复的费用。自 2015 年 1 月公布的《环境民事公益诉讼解释》第 20 条首次规定生态环境修复费用以来，后续 2015 年 6 月公布的《环境侵权案件司法解释》第 14 条第 1 款以及 2019 年 6 月公布的《若干规定》第 12 条均沿用了该表述和规定。③ 与赔偿损失责任方式相区别，生态环境修复费用虽亦为责令被告承担金钱义务，但其目的并非仅是填补经济损失，而是为生态环境得到修复提供替代性保障。关于生态环境修复费用的设计机理，在前文中已作较为详细的论述，故在此不再赘述。另需明确的是，基于生态环境修复费用的替代保障属性，该费用的使用应被严格限制在恢复生态环境服务功能之上。因而，从性质层面来看，生态环境修复费用虽表面上属于金钱给付义务而应被划归赔偿损失责任方式之中，但其实质上仍属于"修复生态环境"的下位责任方式，可视为"修复生态环境"的附属责任。对此，我们亦可从规范对比中看出端倪。与《环境民事公益诉讼解释》的规定相区别，《若干规定》改变了修复生态环境与承担修复费用择一判处的规定，而将其设计为可一并承担的第一顺

---

① 邱玉梅、李卓：《论生态环境修复责任制度的完善》，《时代法学》2020 年第 2 期。
② 陈红梅：《生态修复的法律界定及目标》，《暨南学报》（哲学社会科学版）2019 年第 8 期。
③ 《环境民事公益诉讼解释》《环境侵权责任司法解释》以及《若干规定》均于 2020 年得以修正，其中关于生态环境修复费用的规定并未改变。

位责任与第二顺位责任。①

第二，生态环境完全无法修复的责任。对此，《若干规定》第13条进行了较为详细的规定。即审判机关应判处被告承担赔偿生态环境服务功能永久性损害所造成的损失。关于"永久性损害"的意涵，我们可参照《生态环境损害鉴定评估技术指南总纲》。②另关于生态环境功能永久性损害的具体量化，可参照《环境损害鉴定评估推荐办法》（第 II 版）所推荐的环境价值评估方法进行。此外，替代修复作为修复生态系统服务功能的重要方式，得到了规范层面的重视。例如，《管理规定》第9条第3款和第30条进行了特别规定。只不过需要注意的是，《管理规定》第9条与第30条中替代修复的性质不同，责任人也并不一致，前者为赔偿义务人履行生态环境损害赔偿责任的方式，后者则属于赔偿权利人根据国家有关规定的履职责任。

第三，生态环境无法完全修复的责任。此情形为上述两种情形的结合产物，对其的处断亦颇为简单。即可以修复的部分依照前述第12条之规定承担生态修复责任，而完全无法修复的部分依照前述第13条之规定承担赔偿损失责任。因前文已就两项内容进行了较为明确的论述，故在此不再赘述。

六 诉讼衔接

从诉讼目的层面来看，生态环境损害赔偿诉讼与环境公益诉讼都旨在维护生态环境公共利益。但其两诉在实体与程序的多个环节均存有不小差异。故为推动生态环境损害赔偿制度改革，亟待厘清两诉间的衔接关系，力求发挥两诉的制度合力。③具体而言，可基于提起诉讼的先后顺序，可简单将两诉间的衔接分为"先损害赔偿诉讼后公益诉讼"以及"先公益诉讼后损害赔偿诉讼"两大类。仍需要说明的是，上述分类仅是为了固定视角以便于具体分析，如诉讼合并、各自审理等内容虽被划入其中一类，但实为共性制度。

---

① 秦鹏、郭楠：《油污损害防治的法经济学解释——基于财产规则、责任规则和不可让渡规则三个维度的分析》，《重庆大学学报》（社会科学版）2016年第6期。
② 即生态环境的服务功能难以恢复抑或完全丧失，即便采用代替物种进行"同功能异种类"的修复，其亦无法恢复到生态环境未遭损害时的状态与水平。
③ 程多威、王灿发：《论生态环境损害赔偿制度与环境公益诉讼的衔接》，《环境保护》2016年第2期。

(一) 生态环境损害赔偿诉讼尚未审结又提起环境民事公益诉讼

自生态环境损害赔偿制度改革推行以来，关于生态环境损害赔偿诉讼与环境民事公益诉讼之间的争论层出不穷，而其中最为激烈的则为两诉衔接。基于当前改革实践，生态环境损害赔偿诉讼与环境民事公益诉讼的衔接存在合并审、一并审以及先后审三种观点。[①] 前两种主要是基于两诉具有一致案由之考量，[②] 而后者则认为两诉在推进进程、规则原则等多个环节存在差异，混为一谈将削减各自之特殊性。[③] 有鉴于此，下文将分别对三种模式予以比较。只不过下文论证之展开并无拘泥于三种观点之争论，而在于明晰各中争议：

第一，合并审理。关于生态环境损害赔偿诉讼与环境民事公益诉讼是否应合并审理，地方实践层面做出过尝试。如江苏省人民政府、江苏省环保联合会诉德司达（南京）染料有限公司一案即将江苏省人民政府提出的生态环境损害赔偿诉讼与江苏省环保联合会提出的环境民事公益诉讼并为一案审理。采用两诉合并审理之模式，主要是考虑到两诉均指向同一案件事实，且两诉的被告均为同一对象。如此合并，不仅节约诉讼成本，更可以避免出现"同案不同判"的尴尬。

第二，中止一诉。《民事诉讼法》第 153 条规定中止诉讼的适用情形与运行规则。[④] 简言之，中止诉讼是出现客观原因导致诉讼一时无法进行抑或前后两诉的案情相互牵连，需待前诉裁判后方可进行后诉。[⑤] 具体至实践层面，在山东省生态环境厅代表山东省人民政府诉山东天一环保科技投资有限公司的生态环境损害赔偿案件中，便采取了中止起诉在先的环境民事公益诉讼，而先行审理生态环境损害赔偿诉讼的做法。

[①] 刘慧慧：《生态环境损害赔偿诉讼衔接问题研究》，《法律适用》2019 年第 21 期。

[②] 史玉成：《生态环境损害赔偿制度的学理反思与法律建构》，《中州学刊》2019 年第 10 期。

[③] 王旭光、魏文超、刘小飞、刘慧慧：《〈关于审理生态环境损害赔偿案件的若干规定（试行）〉的理解与适用》，《人民司法》2019 年第 34 期。

[④] 《民事诉讼法》第 153 条："有下列情形之一的，中止诉讼：（一）一方当事人死亡，需要等待继承人表明是否参加诉讼的；（二）一方当事人丧失诉讼行为能力，尚未确定法定代理人的；（三）作为一方当事人的法人或者其他组织终止，尚未确定权利义务承受人的；（四）一方当事人因不可抗拒的事由，不能参加诉讼的；（五）本案必须以另一案的审理结果为依据，而另一案尚未审结的；（六）其他应当中止诉讼的情形。中止诉讼的原因消除后，恢复诉讼。"

[⑤] 纪格非：《论刑民交叉案件的审理顺序》，《法学家》2018 年第 6 期。

第三，各自审理。此种做法较为简单，即生态环境损害赔偿诉讼与环境民事公益诉讼互不干扰、无须等待，各自审理裁判。然而，此种做法的问题同样显而易见：一方面，两诉在诸多方面确有重合，分别审理略显重复与浪费；另一方面，如若两诉针对同一案件事实做出各异裁判，无疑有损司法权威。而更加吊诡的是，不同的处断结果可能作用于同一诉讼对象，执行层面之矛盾自然无法调和。

总结试点经验，《若干规定》在第 16 条与第 17 条对两诉衔接作出规定。需强调的是，《若干规定》第 16 条对于将两诉交由同一审判组织审理的规定，仅是为了后续两诉的衔接在管辖与审判组织层面奠定基础，而与通常意义的合并审理相区别。关于《若干规定》缘何做此规定，可分为以下两方面原因：一方面，当前生态环境行政监督管理模式下，生态环境行政主管部门成为解决生态环境问题的第一主体，且仅在其行政权行使无效时，方可寻求其他救济渠道。此亦涉及行政权与司法权的界限问题。具体至生态环境损害赔偿诉讼之中，生态环境行政主管部门的行政权优先顺位延续至诉讼启动阶段，其提起的生态环境损害诉讼较之于环境民事公益诉讼，更具权威与能力优势。[①] 另一方面，基于政府环境保护义务，其天然地成为本行政区域内环境质量的责任主体，且其在行政执法过程中已获取了大量的证据材料，更便于其提起诉讼。此外，与政府机关部门相比，检察机关与环保公益组织因不是生态环境损害赔偿磋商的适格主体，无法第一时间参与其中。故而，优先审理行政机关所主导的生态环境损害赔偿诉讼亦是从侧面落实其行政监管职责。[②]

与此同时，中止审理亦将引发另一重要问题。即前诉审结后，应如何处置后诉。依《若干规定》第 17 条之规定，在前诉审理完结之后，作为后诉的环境民事公益诉讼可就前诉并未涵盖的事项进行处理。换言之，即后诉可对前诉未尽事项进行补充审理，而这便需明确哪些属于前诉未尽事项。通常而言，判断两诉之间的差异，可通过对比两诉诉讼请求之异同作出简单判断。即前诉的诉讼请求是否足以已完全"覆盖"后续的诉讼请求。选取诉讼请求这一要素作为判断标准的合理性主要在以下几点：其

[①] 彭中遥：《行政机关提起生态环境损害赔偿诉讼的理论争点及其合理解脱》，《环境保护》2019 年第 5 期。

[②] 肖萍、卢群：《论生态环境损害赔偿权利人的法律地位》，《江西社会科学》2019 年第 6 期。

一，在诉讼启动阶段即可确定诉讼请求。如若需以案件具体事实作为标准区别两诉的话，则必须等至具体审理阶段方可做出。其二，诉讼请求直接清晰列明于诉状之上，① 通过对两诉诉状之对比即可基本判断两诉在诉讼请求层面的差异。其三，对于后诉而言，诉讼请求层面的对比并不影响后诉在前诉审结后对其请求的变动，即被中止的后诉可依据前诉审理情况对自己的诉讼请求进行适当增减。② 在此，将前诉之诉讼请求是否能够覆盖后诉为标准分别进行讨论。

其一，如果前诉的诉讼请求足以涵盖后诉的，可参考适用《民诉法解释》第247条③关于重复诉讼的规定，对后诉裁定不予受理，若已受理则裁定驳回起诉。需要强调的是，尽管前诉与后诉在诉讼标的与诉讼请求的层面保持一致，但两诉在当事人（原告）方面却并不相同。生态环境损害赔偿的原告为人民政府抑或授权机关。而对于环境民事公益诉讼而言，除行政机关外，其起诉主体还包括环保组织与检察机关。鉴于此，可尝试对重复诉讼判断标准之一的当事人要素进行适当的创新。具体而言，可以对《民诉法解释》第247条第1项规定的"当事人"概念进行适当解释，将两诉当事人前后是否发生根本性变化作为判断两诉当事人一致的标准。④ 置言之，即便两诉当事人不同，但诉讼争议的法律关系并未改变，则视为两诉当事人一致。

其二，若前诉诉讼请求无法涵盖后诉的，则应交由后诉就前诉未尽之事再做审理。对此需要说明的是，对于生态环境损害赔偿案件的参与，并非仅有提起环境民事公益诉讼一条道路，公益诉讼适格主体亦可通过支持起诉的方式参与诉讼，同样可以达到维护生态环境公共利益之意图。其中，应充分彰显与发挥检察机关在生态环境损害赔偿诉讼中的力量。一方面，如若赔偿权利人不积极行使其追索职责，怠于推动生态环境损害赔偿磋商诉讼程序进行的，检察机关可对其提出检察建议或提起环境行政公益

---

① 曹志勋：《民事立案程序中诉讼标的审查反思》，《中国法学》2020年第1期。

② 廖中洪、相庆梅：《当事人变更诉讼请求的法理思考》，《西南政法大学学报》2000年第5期。

③ 《民诉法解释》第247条："当事人就已经提起诉讼的事项在诉讼过程中或者裁判生效后再次起诉，同时符合下列条件的，构成重复诉讼：（一）后诉与前诉的当事人相同；（二）后诉与前诉的诉讼标的相同；（三）后诉与前诉的诉讼请求相同，或者后诉的诉讼请求实质上否定前诉裁判结果。当事人重复起诉的，裁定不予受理；已经受理的，裁定驳回起诉，但法律、司法解释另有规定的除外。"

④ 李雨菡：《论重复起诉中相同当事人的判断》，《南方论刊》2017年第12期。

诉讼；另一方面，检察机关可在生态环境损害赔偿磋商阶段对于具体事宜提出建议，实际参与磋商过程中来。此外，检察机关作为环境民事公益诉讼的适格主体，自然可以对生态环境损害行为直接提起环境民事公益诉讼。①

（二）已有生态环境损害赔偿诉讼生效裁判又提起环境民事公益诉讼

依照《若干规定》第18条第1款之规定，已有生态环境损害赔偿诉讼生效裁判又提起环境民事公益诉讼，法院应当受理。然而对于不同主体是否可针对同一生态环境损害分别提起两诉，无论是司法实践抑或学理讨论中均存有一定争议。有观点认为，《民诉法解释》第247条所规定的重复起诉所应符合的三项基本要求是将"重复起诉"与"既判力"予以打包规定。② 具体来看，既判力除了具有禁止重复起诉的消极效果之外，还具有后诉必须以此为据的积极效果。③ 而禁止重复起诉更包含了诉权保护等意涵。④ 如前所述，生态环境损害赔偿诉讼与环境民事公益诉讼的主体虽具体来看存有较大差异，但其所代表的诉讼利益一致，故应同样依照前述有关既判力与禁止重复诉讼的规则予以处理。

另有观点认为，生态环境损害赔偿诉讼与环境民事公益诉讼虽均属民事诉讼范畴，但其具体性质略有不同。前者属于国有自然资源资产所有权行使主体以维护生态环境服务功能与生态价值而进行的特殊"国益诉讼"⑤，而后者的允许并非案件直接当事人的公共利益相关人，针对损害生态环境公共利益的行为提起"公益诉讼"。⑥ 而且两诉在诉讼范围、诉讼目的等方面也有一定区别。鉴于当前生态环境损害赔偿诉讼与环境民事公益诉讼均处于改革探索阶段，为了更好地探索程序规则，厘清两类案件在归责原则、举证责任、事实认定、裁判内容等法律适用上的异同与协

---

① 刘慧慧：《生态环境损害赔偿诉讼衔接问题研究》，《法律适用》2019年第21期。
② 冉博：《"重复诉讼"与"既判力"的混同及其规制》，《法律适用（司法案例）》2018年第16期。
③ 杜闻：《简论确定除权判决的法律效力》，《中国政法大学学报》2010年第3期。
④ 郑涛：《论既判力之禁止重复起诉效果》，《苏州大学学报》（法学版）2018年第3期。
⑤ 吕忠梅：《"绿色原则"与民法分则编纂》，《环境资源法论丛》2019年第11卷。
⑥ 罗丽：《生态环境损害赔偿诉讼与环境民事公益诉讼关系实证研究》，《法律适用》2020年第4期。

调,① 应允许不同主体对同一生态环境损害行为分别提起两诉,进而最大限度地推进两诉制度机理的交汇与融合。基于此,如若我们继续固守传统民事诉讼理论中关于既判力与禁止重复诉讼规则,对于前诉裁判生效后其他相关主体提起的合理后诉机械性地一律取缔,不仅不利于生态环境公共利益的维护,更与适度修正传统既判力之趋势相悖。②

(三) 环境民事公益诉讼尚未审结又提起生态环境损害赔偿诉讼

对于《若干规定》规定的应"一刀切"地优先审理生态环境损害赔偿诉讼,学界的争议颇大。如有学者指出:若不区别具体的阶段,一律地将生态环境损害赔偿诉讼优先适用,极易造成诉讼延迟与诉累沉积。③ 如此规定的不合理之处在于,诉讼阶段漫长烦琐,笼统地为整体诉讼程序设定规则常会导致不同诉讼阶段的运行效果天差地别。有鉴于此,可尝试选取某一时间节点作为中止环境民事公益诉讼的"极限"。具言之,如果环境民事公益诉讼尚未到达此限时,需因生态环境损害赔偿诉讼之提起而中止,反之则不可中止。至于这一"极限"应置于诉讼的哪一环节,一审辩论终结似乎较为妥当。传统诉讼规范中即对一审辩论终结这一节点设置了较为丰富的程序意义,如变更诉讼请求抑或被告提出反诉的最晚时限。④ 究其原因,一审辩论终结后即由合议庭针对案件事实进行认定,此时诉讼当事人的主导地位开始让渡于主审法官。⑤ 具体至生态环境损害赔偿诉讼与环境民事公益诉讼的衔接中:若裁定已经一审辩论终结的环境民事公益诉讼中止审理,而在生态环境损害赔偿诉讼中就同一生态环境损害事实作二次审理,无疑平添不少诉讼成本。

一言以蔽之,若环境民事公益诉讼的庭审辩论已然终结,便无须因后续生态环境损害赔偿诉讼的启动而中止,而应告知后诉的原告以参与诉讼

---

① 王旭光、魏文超、刘小飞、刘慧慧:《〈关于审理生态环境损害赔偿案件的若干规定(试行)〉的理解与适用》,《人民司法》2019 年第 34 期。
② 陈晓彤:《我国生效民事裁判既判力主观范围的解释学分析》,《当代法学》2018 年第 3 期。
③ 杜群、梁春艳:《我国环境公益诉讼单一模式及比较视域下的反思》,《法律适用》2016 年第 1 期。
④ 肖大明、刘佳:《论民事庭审去阶段化——围绕法庭调查与法庭辩论合并的新型模式展开》,《人民司法》2019 年第 13 期。
⑤ 毕玉谦:《试论民事诉讼上的举证时限》,《法律适用》(国家法官学院学报) 2001 年第 1 期。

的方式一并进行环境公益诉讼。① 反之,若前诉辩论尚未终结,则一律依照《若干规定》第 17 条之规定中止前诉,待后诉审理完毕后,就其未尽之事再作裁判。需要补充的是,为有效避免生态环境损害赔偿诉讼与环境民事公益诉讼撞车,应及时建立生态环境损害赔偿诉讼公告制度。即当赔偿权利人提起生态环境损害赔偿诉讼并得以顺利立案后,法院应将立案情况向社会公告。若后续有其他适格主体就同一生态环境损害行为另行提起环境民事公益诉讼的,可告知其参与生态环境损害赔偿诉讼或不受理其起诉。②

(四)已有环境民事公益诉讼生效裁判又提起生态环境损害赔偿诉讼

依据《若干规定》第 18 条第 2 款,此与《环境民事公益诉讼解释》第 28 条相对应,为后诉预留了窗口,但也限定了一定门槛,即仅在有证据证明存在前案审理时未发现的损害时,方可允许后诉的启动。如前所述,虽然不同诉讼主体针对同时行为事实先后提起的不同诉讼,实质上系同一个诉,应适用"一事不再理"的规则。③ 但其判断除去一般意义上从主体层面判断外,更需对比前后诉间诉讼请求的差异。若前诉的诉讼请求并未涵盖后诉,则应允许适格主体另行提起生态环境损害赔偿诉讼。④

---

① 王旭光:《论生态环境损害赔偿诉讼的若干基本关系》,《法律适用》2019 年第 21 期。
② 罗丽:《生态环境损害赔偿诉讼与环境民事公益诉讼关系实证研究》,《法律适用》2020 年第 4 期。
③ 梁开斌:《"一事不再理"原则在中国民事诉讼理论与实践中的澄清》,《华南理工大学学报》(社会科学版)2019 年第 3 期。
④ 李艳芳:《生态环境损害赔偿诉讼的目的、比较优势与立法需求》,《法律适用》2020 年第 4 期。

第七章

强化生态环境损害赔偿法律制度的实施和监督

第一节 完善生态环境损害的鉴定评估机制

任何制度都需要在其他制度和规则的配合之下，才能充分发挥其应有的作用和价值。要破解当前生态环境损害鉴定评估中的难题，既需要从评估本身出发予以优化和完善，也离不开与其他制度、规范和配套措施之间的相互作用。

一 明确生态环境损害鉴定评估的内涵和范围

完善生态环境损害的鉴定评估机制，首先要明确生态环境损害鉴定评估的内涵和范围。在实体法层面，一是对生态环境损害鉴定评估的内涵和外延予以明确界定，《生态环境损害鉴定评估技术指南总纲和关键环节第1部分：总纲》对生态环境损害鉴定评估的概念做出了规定，[①] 在下一步的立法中，应当着重区分生态环境损害鉴定与传统的微量物证鉴定等鉴定项目的界限；二是对生态环境损害鉴定评估的内容和范围予以明确界定，建议将因环境污染造成的人身损害也纳入生态环境损害的鉴定范围；三是对鉴定评估机构、鉴定人的资格问题在立法中予以明确。在程序法层面，应当在三大诉讼法的基础上进一步明确生态环境损害鉴定评估的程序规

[①] 生态环境损害鉴定评估（identification and assessment of environmental damage）是指按照规定的程序和方法，综合运用科学技术和专业知识，调查污染环境、破坏生态行为与生态环境损害情况，分析污染环境或破坏生态行为与生态环境损害间的因果关系，评估污染环境或破坏生态行为所致生态环境损害的范围和程度，确定生态环境恢复至基线并补偿期间损害的恢复措施，量化生态环境损害数额的过程。

范，建议制定专门的部门规章或规范性文件，对生态环境损害鉴定评估工作涉及的程序，包括委托、受理到实际开展鉴定工作、形成司法鉴定意见，再到鉴定人出庭针对鉴定意见进行质证、法庭审查采信鉴定意见等各个环节进行详细规定。

二 完善生态环境损害鉴定评估管理制度

生态环境损害鉴定评估是环境司法、环境执法与环境管理的重要技术支撑，有必要加强对生态环境损害鉴定评估工作的管理，建议从以下三个方面入手。

（一）健全鉴定评估技术标准体系

目前针对草原、农田、湿地等损害鉴定评估技术指南还未出台，关于森林、海洋的生态环境损害鉴定评估虽然出台了国家标准，但没有与《生态环境损害鉴定评估技术指南总纲和关键环节第1部分：总纲》很好地衔接。因此，加快推出相关标准规范，健全鉴定评估技术标准体系以满足鉴定评估实际工作需求，仍然需要共同努力。

（二）提升鉴定评估机构业务能力

生态环境损害鉴定评估综合性较强，对从事生态环境损害鉴定评估的人员的要求较高，对一个案件中生态环境损害的评估往往需要环境、监测、空间分析、生态、统计、法律等各个方面的专业人员共同参与。目前很多鉴定评估机构人才储备和专业能力不足，导致鉴定评估报告质量参差不齐，亟须加强对鉴定评估机构的规范化管理。[①]

当前《生态环境损害鉴定评估推荐机构名录》为推荐性质，不属于行政许可，亟须建立推荐机构信用评价制度，完善推荐机构动态管理规定，进一步提升推荐机构的业务能力。

（三）加强鉴定评估监督管理工作

加强鉴定评估监督管理工作主要包括明确生态环境损害鉴定评估机构违法违规责任，如有造假、篡改或者伪造数据等问题，应当依法予以严惩。同时要健全生态环境损害鉴定评估监督管理体系，组织对第三方鉴定评估机构的信用评价与管理，依法公开第三方鉴定评估机构基本信息，逐

---

① 雷英杰：《专访生态环境部环境规划院首席科学家於方 生态环境损害鉴定评估有多重要？》，《环境经济》2022年第9期。

步建立完善相关制度。

三 规范生态环境损害鉴定评估技术方法

规范生态环境损害鉴定评估技术方法可以从以下几方面入手：（1）统一评估方法。即通过制定统一的生态环境损害鉴定评估技术方法，将生态环境部与农业农村、自然资源等部门的环境损害鉴定评估方法统一规范化。（2）加强环境科学基础研究。生态环境损害的鉴定评估工作具有很强的技术性，涉及污染物扩散机理、污染形态与水平表征、污染健康毒理特性、污染生态效应影响等环境基础科学需进行深入研究。（3）完善环境污染损害监测方法体系。对此需要加强生态环境损害监测标准与监测能力建设，获得展开健康与环境损害评估的基础数据，该基础数据主要包括人体健康、区域生境、生物多样性等方面。（4）构建科学规范的损害评估操作步骤。结合环境司法、执法以及管理要求，对环境损害调查、修复方案的制定与执行等，构建科学规范的操作步骤。

第二节 完善生态环境损害赔偿资金的使用和监管

一 生态环境损害赔偿资金的内涵

根据《资金管理办法》第 2 条的规定，生态环境损害赔偿资金，是指生态环境损害事件发生后，在生态环境损害无法修复或者无法完全修复以及赔偿义务人不履行义务或者不完全履行义务的情况下，由造成损害的赔偿义务人主动缴纳或者按照磋商达成的赔偿协议、法院生效判决缴纳的资金。

生态环境损害赔偿资金，与传统的侵权损害赔偿金相比，有三点不同之处。一是生态环境损害赔偿资金具有公益性。根据《管理规定》，生态环境损害赔偿资金用于在损害结果发生地开展的生态环境修复相关工作，即该笔资金用于对公共环境的治理和生态系统的修复，而不是对私人人身或财产的救济。二是生态环境损害赔偿资金具有救济性。当生态环境损害无法修复或者无法完全修复，以及赔偿义务人不履行义务或者不完全履行义务时，造成损害的赔偿义务人应当缴纳赔偿资金进行救济。三是生态环境损害赔偿资金具有专用性。生态环境损害赔偿资金只能专款专用，用于生态环境修复，生态环境损害调查、鉴定评估，清除污染，防止损害的发生和扩大等，不能以生态环境损害赔偿资金的名义做与环境治理无关的事情。①

二 完善我国生态环境损害赔偿资金管理使用制度的建议

上文提到，目前我国生态环境损害赔偿资金的管理和使用存在诸多问题，其根源在于立法的不完善和司法制度的不配套。因此，建议从以下三方面进行完善，并结合实践情况增强立法的可操作性。

（一）明确资金的使用范围

生态环境损害赔偿资金是货币化的赔偿方式，赔偿资金的使用范围是首先需要确定的重要问题。我国关于生态环境损害赔偿资金使用范围的规定主要体现在《管理规定》《若干规定》《改革方案》《关于环境污染刑事案件适用法律的解释》《环境民事公益诉讼解释》以及《民法典》第1235条。

上述法律规定中，除了《环境民事公益诉讼解释》外，其他各个规定有共通的三项内容：生态环境修复费用、生态环境修复期间服务功能的损失，以及生态环境功能永久性损害造成的损失。但在第一项内容的组成上，《若干规定》将制定、实施修复方案的费用，修复期间的监测、监管费用，以及修复完成后的验收费用，修复效果后评估费用都包括在内，《环境民事公益诉讼解释》则将制定、实施修复方案的费用和监测、监管等费用归入其中。本书认为，生态环境损害赔偿资金的使用范围宜大不宜小。生态环境损害赔偿资金是赔偿义务人支付的对受损环境的金钱对价，一切为了救济受损环境所支出的合理费用都应该纳入生态环境损害赔偿资金的使用范围，② 只有这样，才能更好地对受损环境进行修复，提升生态环境损害赔偿制度维护生态法益的功效。

（二）统一资金的管理

《资金管理办法》规定，生态环境损害赔偿资金作为政府非税收入，实行国库集中收缴。但是在实践中，如果将生态环境损害赔偿资金交归国库，其去向和用途很难为社会公众所知，不利于受损环境的修复。

---

① 李晓琦：《生态环境损害赔偿金的使用与监管》，《中南林业科技大学学报》（社会科学版）2017年第3期。
② 李晓琦：《生态环境损害赔偿金的使用与监管》，《中南林业科技大学学报》（社会科学版）2017年第3期。

有观点认为，生态损害赔偿基金在使用上具有专业性、公开性的特点，在支取上也更加灵活，可以建立全国统一的生态损害赔偿基金，将生态环境损害赔偿资金纳入该基金管理。但是，也有观点认为，基金会的设立条件较为严格，运行成本相对较高，在资产保值增值等方面也存在诸多限制。① 生态损害赔偿基金不仅涉及资金管理，还需要解决生态修复目标和修复方案的审核、修复技术选用等专业性和技术性较强的问题，如果此种能力建设的资金由生态损害赔偿基金负担，又有违专款专用的基本原则。这些问题如果不能得到妥善解决，专门基金会模式的有效性就无法得到保障。②

本书认为，由基金会对生态环境损害赔偿资金进行管理，是当下比较好的模式。但是应当由基金会与政府共同参与管理，既发挥基金会的专业性优势，又发挥政府的管理职能。一方面，基金会应当对赔偿资金进行公开透明的管理，将赔偿资金的信息平台向社会公开，确保资金能够真正用于环境修复，还应当注意规避行政机关权力寻租现象的发生；另一方面，政府应当在资金的管理和使用过程中发挥监督作用，并及时为基金会提供技术支持和保障。

（三）加强对资金的监督

全面的监督有利于保障生态环境损害赔偿资金专款专用，应当从以下两方面加强对资金的监督。

一是扩大生态环境损害赔偿资金监督主体的范围。《资金管理办法》规定，财政部门应当督促赔偿权利人指定的部门、机构以及人民法院及时将生态环境损害赔偿资金上缴本级国库，审核批复资金支出预算，对生态环境损害赔偿资金使用情况实施财政监督管理。该规定的监督主体包括赔偿权利人指定的部门、机构和法院。由于赔偿义务人是缴纳赔偿资金的主体，与生态环境赔偿资金具有利害关系，其也最关心该笔资金的使用情况，因此，赔偿义务人应当被纳入监督主体的范围。生态环境保护主管部门作为行政机关，负有保护生态环境的职责，因此也应当纳入监督主体的范围。

二是引入第三方监督。环保机构具有中立性和专业性，能够客观、公正、清楚地评估生态环境损害赔偿资金的落实情况和生态环境的修复情

---

① 张洁：《论中国环境公益信托法律制度的构建——兼论环境公益诉讼损害赔偿金的管理和使用》，《陇东学院学报》2016年第6期。
② 于文轩：《论我国生态损害赔偿金的法律制度构建》，《吉林大学社会科学学报》2017年第5期。

况，因此可以作为第三方进行监督。环保机构可以通过现场和非现场检查、查看修复进度报告、与赔偿义务人进行谈话等方式对赔偿义务人的环境修复行为进行监督，并向资金的管理者反馈，如此一来，既可以减轻管理者的监督负担，又可以为第三方环保机构提供一定的资金来源，有利于其开展环保工作。①

第三节　生态环境损害赔偿的社会化填补

生态环境损害赔偿的社会化填补是指将因生态环境损害行为所造成的损失转移到社会上，在全社会范围内或特定的社会群体范围内分散损失金额的赔偿责任机制。生态环境损害具有累积性和长期潜伏性，损害造成的后果具有影响范围大、危害程度深、环境修复费用高和修复技术复杂等特点，这对赔偿义务人而言，面临着不小的压力。因此，有必要建立专业化、透明化的生态环境损害赔偿社会化填补机制。

一　建立生态环境责任保险制度

（一）生态环境责任保险的概念

关于生态环境责任保险的概念，"一般认为，生态环境责任保险是以被保险人因污染环境而依法应承担的赔偿责任作为保险对象的保险，且保险对象通常仅限于因自然灾害或意外事故等突发事件所造成的人身伤亡、财产损害等经济性损失"②。陈慈阳教授认为生态环境责任保险具有以下功能："促使被保险人加强环保工作；增加环保设备之投资；达成污染者付费原则，使得权利与义务得以平衡。污染风险由保险人承担后，被保险人可以将污染责任准备金做更有效之利用，对于经济发展有利。"③

（二）生态环境责任保险的主要内容

1. 强制保险与自愿保险

生态环境损害填补责任保险制度的设立目的，是为社会提供公共产

---

① 李晓琦：《生态环境损害赔偿金的使用与监管》，《中南林业科技大学学报》（社会科学版）2017年第3期。
② 覃有土：《保险法概论》，北京大学出版社1999年版，第193页。
③ 陈慈阳：《环境法总论》，元照出版公司2000年版，第503—504页。

品；如清新的空气、优美的环境、多样化的生态系统等。由于生态环境资源的公共性特点，人们往往不愿意主动承担为获取这些公共产品所必需的支出，希望能够"搭便车"。建议对法律明确列为生态环境损害行为的情形，实行生态环境损害填补的强制责任保险制度，并配以合理的保险人责任限额制度；对于生态环境损害行为人所可能负担的超过保险人责任限额部分的生态环境损害填补责任，非生损害行为可能造成的生态环境损害填补责任，实行自愿保险制度。

2. 承保机构

传统的环境侵权赔偿责任保险制度一般均能为突发性的生态环境损害提供保障。因此，对于突发性的生态环境损害，可以鼓励商业性保险公司积极开展生态环境损害填补责任保险业务。对于渐进性的生态环境损害，则应由国家提供政策性保险，也可以考虑给予开展此类业务的保险公司以一定的补助，但补助条件、补助标准、补助申请资格等必须公开，并保障各保险公司均可以通过公平竞争的方式获得补助。建立专门的监督机制，监督补助款是否被合法、正当、合理地用于开展保险业务。"市场运营、政府补助"的方式既可以降低政府负担，又可以引导市场的有效竞争。保险市场的有效和充分竞争能够提供多样、合理的保险费率标准，从而激励被保险人投保并及时采取防范措施，降低投保人和被保险人的成本，提高生态环境损害填补责任保险制度的整体效能。

3. 承保风险及其项目

生态环境损害分为突发性和渐进性（或称累积性）两大类。建议生态损害填补责任保险制度对突发性和渐进性生态损害均提供保险，但可以采取不同的保险费率。对于承保项目，生态环境损害填补责任保险的承保风险范围原则上应包括以下五个方面：一是生态环境损害防范性措施费用，二是清理措施费用，三是生态修复措施费用，四是附加费用（包括科研、监测费用等），五是象征性赔偿（即当无法修复生态环境时，赔偿以生态修复费用为参照而确定的一笔合理的补偿款）。当然，保险人应根据生态环境要素划分精确的保险项目及承保范围。

4. 保险责任期间

有学者主张："我国应当借鉴保险业先进国家的做法，建立索赔型环境责任保险制度，只有在保险单的有效期间内发生对被保险人的环境责任索赔事件，保险人才承担保险责任。"① 本书支持该观点，建议采用索赔条款，即原告必须在生态损害填补责任保险合同存续期间内，向被保险人或保险人提出索赔，保险人方承担给付保险金的责任。同时由于生态环境损害具有一定的潜伏性，为了保障生态环境损害获得救济，应当将保险责任延长至保险合同有效期间结束后的一定期间。如果被保险人已经在保险合同期间内向保险人及其代理人明示报告了将发生生态损害的迹象，依据当时已知的科学方法可以根据这些迹象推断出生态环境损害发生的可能性，在保险合同结束后，根据该迹象的自然发展轨迹所产生的生态损害也应由保险人继续承担保险责任。立法应明确规定该条款作为保险合同的必备条款，并规定保险人在保险合同关系终止时有建立和保留充足的专门储备金的义务。法律还应明确规定，对于上述两类储备金，应随着保险人保险责任的转移而转移，如果保险人为逃避该延续责任而恶意转移储备金，其仍需承担对该项生态环境损害填补责任的保险责任。

5. 保险人免责、抗辩权的限制和责任限度

从生态环境责任保险制度的填补功能与防范功能的角度考虑，应采用保险人责任限额制度。实行生态环境损害赔偿责任保险赔偿限额制度有利于促进投保人、致害人采取措施减少生态环境损害的发生及其损害的扩大，也有利于维持保险机构的清偿能力。但我国现阶段的保险机构，资产规模和盈利能力有限，如果对生态环境损害赔偿责任保险实行全额赔偿，可能会超过一些保险机构的承保能力。其结果或者是使一部分保险机构不愿承保，或是使一部分保险机构走向破产境地，这无疑不利于生态环境损害责任保险的开展。因此，采取生态损害填补保险责任限额制度是必要的，但法律应根据保险实务经验和生态损害的特点，对不同类型的生态环境损害行为明确规定保险人责任限额和被保险人自负额的标准或计算方法。

二　设立生态环境损害填补基金

我国可以设立"行业性生态环境损害填补基金"与"综合性生态环境损害填补基金"相结合的基金制度。对于危险性行业，应当建立行业性生态环境损害填补基金，如对于石油生产、运输行业，应当建立国内海

---

① 陈会平：《环境责任保险所涉法律关系分析》，《保险研究》2004年第6期。

上油污损害填补基金；而对于非危险性行业，可以建立综合性生态环境损害填补基金。采用综合性生态环境损害填补基金主要包括以下三个条件：一是出现"责任人不明"的生态损害，包括以下任一种情形：（1）责任主体不明确或无法确定；（2）责任主体无能力负担部分或全部填补责任；（3）责任主体消灭或逃匿，其资产不足以填补生态环境损害。二是无法寻求专业性生态环境损害填补基金或其他方式补偿生态损害。三是已经由有关政府部门、其他组织或个人采取了有效、恰当的生态损害防范、清除或修复措施，并因此产生了合理费用，这些主体有权申请综合性生态环境损害填补基金。对于行业性填补基金和综合性填补基金的制度设计，后者也可以对前者无法完全救济的生态损害予以一定的补充救济；前一类基金如果停办，可以通过签订专门的协议等方式，由后一类基金继受其权利义务，将其并入综合性生态损害填补基金的范围。

三　生态环境损害赔偿社会化填补的其他方式

除生态环境损害填补责任保险和基金制度外，还可借鉴国外的企业互助基金制度设计"生态损害行业风险分担协议"制度作为生态环境损害社会化填补的第三种方式。行业风险分担协议制度是指具有类似生态损害风险的行为人事先签订协议，协议参加人遵守协议约定的行为规范，防止和降低生态损害，一旦发生生态损害则由全体协议参加人分担生态损害填补责任。它实质上是集中某个行业或集团的整体实力，提高该行业或集团内成员负担生态损害填补责任的能力。

设立行业风险分担制度，应注意以下几个问题：首先，防范道德危险。比如，通过建立协议参加人自负额制度，要求参加人在一定范围内自负风险，将其部分暴露于损害填补责任中；还可以通过行业风险分担协议的防范风险义务条款的设计和监督执行来解决。其次，应合理区分风险类别，避免"较优"风险和"较劣"风险比例分担不均，从而减损这一制度所依赖的基本的风险分散率。同时，还可考虑建立一定的负担比例制度，在某一协议内部根据协议参加人的防范措施、防范制度、生态损害事故历史记录、企业生态安全培训制度、企业信誉、企业生产规模等细分风险，按比例分担赔偿义务。再次，应降低协议机制的运行成本。如协议成立后，必须建立一定的行政管理机构负责处理征费、处理索赔、监督协议义务执行的事项，必须以非营利为目的设立和运行这些必要的机构。最后，必须事先征集一定比例的"认缴款"。为了防范生态损害索赔发生后，因无法快速征集各协议参加人所事先"认缴"的一定比例的款项而延误生态损害的救济，甚至为了防范某些协议参加人违约拒绝缴付其认缴款项，以及为了日常运作。还可要求协议参加人为其余部分提供有效的担保，如财产抵押、银行担保等。基于对行业风险分担协议的优点和不足的分析，建议这类协议采用私法上的财团法人模式，制定法人章程，设立法人机构。

第四节 促进生态环境损害赔偿的信息公开与公众参与

一 信息公开

生态环境损害赔偿信息公开的主体，主要包括负责处理生态环境损害赔偿事件的政府和该政府指定的部门或者机构。生态环境损害赔偿信息公开的内容，主要包括三个方面：一是生态环境损害赔偿调查的相关情况；二是生态环境损害鉴定评估情况；三是生态环境损害修复方案的制定以及执行情况。同时，对于影响重大的生态环境损害赔偿事件，其调查、评估以及修复方案的制定等环节，应当由赔偿权利人组织听证会、专家论证会、座谈会等，充分听取专家与社会公众的意见和建议。此外，需要对公众意见的反馈环节进行完善，尤其是在生态环境损害赔偿的磋商阶段，赔偿权利人与义务人都应当充分听取社会公众的意见。目前，我国重大生态环境损害事件的调查和处理结果均能够通过新闻媒体及时披露并体现于年度环境统计公报之中，现有的《突发环境事件信息报告办法》基本上得到了有效执行。"生态环境损害赔偿法"无须对信息公开制度作出过于细致的规定，可以在总则部分进行原则性规定。

二 公众参与

生态环境的公共属性，决定了社会公众必须参与到环境治理当中。因此，在生态环境损害赔偿制度的构建过程中，既要发挥政府在环境治理中的主导作用，又要充分调动社会公众参与生态环境保护的积极性，在政府与公众之间形成良性互动。生态环境损害赔偿制度的核心在于追究生态环境损害赔偿责任，根本目的在于维护环境公共利益。在生态环境损害赔偿制度中重新定位公众的角色——监督者而非诉权主体，对于监督政府依法履行环境保护职能具有十分重要的意义。生态环境损害索赔权作为一项"行政权"能否有效行使，将对公众产生切身的影响，甚至波及后代人的利益，因而对生态环境损害有着"切肤之痛"的社会公众是理所当然的"权力监督者"。

生态环境损害赔偿立法，一方面要充分发挥公权力的作用，由特定部门行使生态环境损害索赔权，检察机关进行法律监督，并在必要的情况下代位起诉；另一方面，应当融入公共管理的理念，贯彻公众参与原则，赋予公众作为监督者的法律地位。具体而言，一是明确公众参与的范围，这里的公众既包括生态环境损害范围之内的公民、法人和社会组织，也包括受邀请的专家、相关单位以及组织磋商的机构；二是明确公众参与的方式，包括受邀参与和主动申请参与，利害关系人可通过发送电子邮件、传真或者其他有效方式充分发表意见，并对生态环境损害赔偿修复方案的制定和执行等环节进行监督；三是在程序上，当公众提出的有效性意见未被采纳时，索赔权利人需说明不予采纳的理由。

第八章

生态环境损害赔偿法律制度下检察机关职能作用的发挥

生态环境损害赔偿制度赋予了行政机关请求司法手段救济生态环境损害的职权。在这一制度创设前，我国检察机关一直处于生态环境司法保护的主导地位。[①] 检察机关不仅可以通过行政监督间接地督促环境监管部门履职，还可以通过提起环境民事公益诉讼或支持社会组织起诉的方式直接维护环境公益。由《民事诉讼法》《行政诉讼法》《环境保护法》三法共同发力确立的环境公益诉讼制度，明确规定检察机关在一定条件下可以依法提起环境民事公益诉讼或行政公益诉讼。近年来，检察机关立足法律监督的宪法定位，积极履行维护社会公共利益的职责，在生态环境保护领域取得的成绩尤为突出。就在生态环境检察、公益诉讼检察工作全面铺开之时，生态环境损害赔偿制度正式确立，这一制度的出现在一定程度上改变了当前生态环境保护的司法格局。面对行政力量的加入，检察机关应主动发挥能动司法的优势，灵活调整履职方式以适应新形势。随着《管理规定》的出台，检察机关在积极参与生态环境损害赔偿工作的同时，加强自身履职能力和机制建设，与行政机关、社会组织等多方主体形成生态环境保护合力，共同维护环境公益。

第一节 检察机关的职能梳理

自 2014 年司法体制改革的各项方略实施以来，为了适应新形势的需要，检察机关的法定职能得到了部分调整。改革中，与检察机关联系密切

---

① 征汉年：《国家治理现代化视野下生态环境检察的功能价值研究》，《河南社会科学》2021 年第 3 期。

的制度安排主要有三项,在这三次变革中检察机关的职能均得到了不同程度的调整。在以审判为中心的诉讼制度改革中,庭审实质化改造的推进,对检察机关以指控方身份参与诉讼提出了更高的要求;在监察体制改革过程中,原属于检察机关的职务犯罪侦查权,被移交至监察委员会;在公益诉讼制度逐步实施的过程中,检察机关依法获得了"公益诉讼人"的身份,可以通过行使诉权的方式维护国家利益和社会公共利益。① 历经司法体制改革,检察机关的部分职能发生了变化。总体而言,当前我国检察机关的主要职能包括诉讼职能和监督职能两类。

一 诉讼职能

诉讼职能包括刑事公诉职能和公益诉讼职能。提起刑事公诉是指检察机关代表国家和社会对犯罪行为进行追诉,维护国家法律秩序的行为。在查明犯罪事实、掌握犯罪证据的基础上,检察机关向人民法院提起诉讼,启动刑事审判程序,并以公诉人身份参与诉讼当中,追究被告人刑事责任,这是检察机关最传统的一项职权。自13世纪检察官这一职业在法国产生以来,公诉权便是其专属职权。通过行使这一职权,检察机关可以监督国家法律的执行情况,通过审查起诉行为对侦查权进行制约,通过庭审原则及程序对审判权进行约束,保证司法裁决符合国家利益和社会公共利益。

检察机关履行诉讼职能,除了可以提起刑事诉讼之外,还可以依据2021年修正的《民事诉讼法》第58条之规定和2017年修正的《行政诉讼法》第25条之规定,代表社会公共利益提起民事或行政公益诉讼。在民事公益诉讼方面,检察机关可以支持其他适格主体维权,也可以作为最后防线,在其他主体未及时行使权利的情况下,直接提起诉讼;在行政公益诉讼方面,检察机关以提出检察建议为优先前置手段,在检察建议无法有效解决问题时,可以进一步提起行政公益诉讼。2017年检察机关进行转隶改革后,公益诉讼检察成为"四大检察"之一。② 多年来,检察公益诉讼制度从顶层设计到实践落地,从局部试点到全面推开、健康发展,形

---

① 陈瑞华:《论检察机关的法律职能》,《政法论坛》2018年第1期。
② 中共中央印发《关于加强新时代检察机关法律监督工作的意见》,要求检察机关以高度的政治自觉依法履行刑事、民事、行政和公益诉讼等检察职能。其中刑事、民事、行政和公益诉讼检察被并称为"四大检察"。

成了公益司法保护的"中国方案",受到广泛关注。①目前,检察公益诉讼法定办案领域从最初的生态环境和资源保护、食品药品安全、国有财产保护、国有土地使用权出让四大领域,逐步拓展到包括英烈保护、未成年人保护、安全生产、军人地位和权益保障、个人信息保护、反垄断、反电信网络诈骗、农产品质量安全、妇女权益保障等"4+9"领域,且正在向无障碍环境建设、文物和文化遗产保护等新领域拓展,呈现出"4+N"的开放态势②。

二 监督职能

监督职能包括行政监督职能和诉讼监督职能。对行政机关及其国家工作人员进行监督,简称为"行政监督"。多年来,强化检察机关行政监督职能的呼声越来越高。此前,检察机关的职能设定多以司法监督、刑事诉讼监督为焦点,对行政机关的监督仅限于对公职人员履职行为的监督(改革后又在很大程度上失去这一职权),并未涉及对具体行政行为的法律监督。面对行政机关不当履职等行为,合法权益受到侵犯的相对人只能自行起诉,而"民告官"的行政诉讼往往监督效果有限。因此,赋予检察机关依法监督行政机关的职权十分必要。③

在诉讼活动中对侦查机关、法院、执行机关的诉讼活动进行监督,简称为"诉讼监督"。诉讼监督职能是一种矫正性的法律监督,要求检察机关对诉讼活动的程序合法性、裁判公允性等进行全面监督,一旦发现违法诉讼行为,及时进行纠正,维护司法公正和法制统一。诉讼监督是检察机关所有职能中涉及领域范围最广的职能,对民事、行政等各类诉讼活动均应进行监督,其可以在对诉讼违法行为进行调查核实后,采取提出检察建议或纠正违法意见等方式进行纠正。相较于其他职能,诉讼监督职能的落实手段也更多,对于不规范的诉讼行为,可以口头提出纠正意见;情节较

---

① 张军:《最高人民检察院关于开展公益诉讼检察工作情况的报告——2019年10月23日在第十三届全国人民代表大会常务委员会第十四次会议上》,《中华人民共和国全国人民代表大会常务委员会公报》2019年11月15日。

② 王冬:《公益诉讼领域持续拓展 呈现"4+N"开放态势》,最高人民检察院官网,https://www.spp.gov.cn/zdgz/202302/t20230227_604316.shtml。

③ 根据中共中央印发的《关于加强新时代检察机关法律监督工作的意见》,检察机关在履行法律监督职责中发现行政机关违法行使职权或者不行使职权的,可以依照法律规定制发检察建议等督促其纠正。在生态环境和资源保护、食品药品安全、国有财产保护、国有土地使用权出让等涉及公共利益的领域,检察机关还可以提起行政公益诉讼,以诉的形式强化监督效果。

重的，可以发出纠正违法通知书；对于确有错误的生效判决、裁定，可以提起抗诉；构成犯罪的，还可以将线索移送侦查部门，进而追究相关人员的刑事责任。

第二节 生态环境保护领域检察机关的主要履职方式

在生态环境保护领域，检察机关履行诉讼职能和监督职能的主要方式有：提起环境刑事公诉、提起环境民事公益诉讼、支持其他适格主体提起生态环境损害赔偿诉讼或环境民事公益诉讼、提出环境检察建议、提起环境行政公益诉讼、监督各类环境诉讼。

一 提起环境刑事公诉

基于检察机关的诉讼职能，检察机关在环境刑事案件中扮演公诉人的角色，全面打击环境刑事犯罪。环境犯罪有其特殊性，往往涉及多方主体的利益纠纷，且无论是在定罪还是提供量刑建议阶段，均需要进行技术标准的参照比对。在证据采集过程中，也因环境问题的复杂性面临着较大的挑战。这些问题的化解均有赖于检察机关正确履行职能。以《刑法修正案（八）》对有关环境犯罪条款的修正为重要标志，环境刑事领域的立法加强了对生态环境损害的关注，将"重大环境污染事故罪"改为"污染环境罪"。随后，《刑法修正案（十一）》加重了对污染环境罪的打击力度，增加了"处七年以上有期徒刑，并处罚金"这一档法定刑。这些立法上的变化与近年来检察机关日益承担起维护环境公益职责的趋势相一致，更有利于检察机关各项职能作用的发挥，使其公诉职能在生态环境损害救济中有了用武之地。

二 提起环境民事公益诉讼

在环境民事公益诉讼制度创设之初，法律并没有授予检察机关提起诉讼的职权，只有符合要求的社会组织可以成为适格原告。但在我国，社会组织规模较小且发展缓慢，无法成为推进公益诉讼制度的主力军。因此，在后续立法中，便将检察机关扩充至环境民事公益诉讼的起诉主体行列。民事公益诉讼制度本身就打破了民事诉讼保护私人权益的界限，检察机关的参与更加改变了原有的民事诉讼规则。因此立法在扩展原告范围时十分谨慎。在理论考量上，检察机关依照宪法授权，有代表公共利益的资格，同时其拥有职能优势，有利于充分彰显环境民事公益诉讼的现实价值。在实践考察上，观察自 2015 年下半年开始的两年试点工作可以发现，检察机关的加入的确激发了环境公益诉讼的活力。通过了理论和实践的双重考验，检察机关最终以后备、补充的角色参与环境民事公益诉讼制度当中。虽然根据法律规定，检察机关在环境民事公益诉讼中发挥兜底的作用，仅在社会组织不能或不愿起诉时才会出面，但在实践中，检察机关在尊重程序规则的前提下，往往是更加主动、更为关键的环境民事公益诉讼起诉方，在生态环境损害救济过程中发挥着难以替代的作用。

三　支持其他适格主体起诉

根据 2021 年修正的《民事诉讼法》第 58 条第 2 款之规定，行政机关提起生态环境损害赔偿诉讼或社会组织提起环境民事公益诉讼时，检察机关可以通过支持起诉的方式参与诉讼当中。检察机关可以通过为其他适格主体提供法律咨询、协助调查取证等方式，间接发挥公益维护职能，或者通过向人民法院提交支持起诉意见书、出席法庭等方式，直接参与公益诉讼庭审中。依照现行法律规定，检察机关提起民事公益诉讼的顺位相对靠后，在不能先行起诉的情况下，支持起诉这一履职方式显得格外重要。一方面，检察机关的加入增强了原告方的诉讼力量，办案人员可以帮助或指引其他主体依法提出合理诉求；另一方面，检察机关在支持起诉的过程中，也可以对其他主体的维权情况进行监督，当出现原告方无正当理由变更、撤回诉讼请求或与被告达成的和解协议有损社会公益等情形时，检察机关应及时撤回支持起诉，并追究原告方不当处置公共利益的主体责任。

四　提出环境检察建议

诉前检察建议程序是行政公益诉讼制度的特有程序，也是由我国《行政诉讼法》确认的法定程序、必经程序。在行政公益诉讼领域，最高人民检察院一直秉持"诉前实现保护公益目的是最佳司法状态"的工作理念。① 诉讼不是目的，督促履职才是目的，如果能通过非诉手段及时有

---

① 张军：《最高人民检察院关于开展公益诉讼检察工作情况的报告——2019 年 10 月 23 日在第十三届全国人民代表大会常务委员会第十四次会议上》，《中华人民共和国全国人民代表大会常务委员会公报》2019 年 11 月 15 日。

效地实现对行政机关的监督,则无须占用司法资源。理论上,考虑到生态环境损害的持续性、不可逆性等特点,检察机关应采取最直接有效的方式督促环境监管部门及时制止不法行为,相较于提起诉讼,提出环境检察建议的方式更为高效。实践也表明,检察机关依法提出诉前检察建议后,大部分行政机关均能积极履职,绝大多数环境行政监督案件均能够在这一诉前程序中得到解决。因此,对违法履职或者履职缺位、失位以及受损环境公益进行充分调查,并在此基础上依据法定职责提出检察建议,不仅有利于生态环境损害得到及时控制或缓解,还可以节约司法资源,提升公益保护效率。

五 提起环境行政公益诉讼

检察建议到期后,如行政机关仍不依法充分履职,受损公益未能有效恢复,检察机关应依法提起行政公益诉讼。区别于民事公益诉讼,提起行政公益诉讼的适格主体只有检察机关,这一制度设计是为了通过"公对公"的对抗,强化行政监督。一直以来,生态环境和资源保护领域一直是检察机关提起行政公益诉讼的重点领域。近五年来,检察机关提起的环境行政公益诉讼案件数量占检察机关提起的所有行政公益诉讼案件的比例超过50%。[①] 实践中,检察机关提起环境行政公益诉讼(相较于环境民事公益诉讼)的数量并不多,这是由于绝大部分环境行政监督案件在诉前检察建议环节便得到了妥善处理,环境行政公益诉讼的审判程序较少被启动。然而,这一现状并未改变行政公益诉讼的制度定位,作为监督行政机关依法履职的重要抓手,行政公益诉讼制度仍然是检察公益诉讼制度的核心,在提升综合治理效能、完善公益保护长效机制等方面发挥着不可替代的作用。

六 监督各类环境诉讼

检察机关在环境刑事诉讼中,享有全过程法律监督权,对立案、侦查、审判、执行的合法性进行监督。多年来,破坏环境资源保护类犯罪多发、常发的态势难以得到有效控制。全力打击和遏制破坏环境资源保护类犯罪需要侦查机关、审判机关、执行机关的通力合作,每一环节都不能松

---

① 吕忠梅等:《中国环境司法发展报告(2020)》,法律出版社2021年版,第158页。

懈，因此，检察机关对各环节的全程监督也至关重要。此外，检察机关还可以通过再审抗诉等形式对民事诉讼和行政诉讼进行监督，其中，检察机关对于环境公益诉讼案件执行情况的监督值得关注。检察机关提起公益诉讼后，应当对法院的执行情况以及受损公益恢复情况进行监督，对于公益诉讼判决没有执行到位的，可以向法院提出检察建议。环境公益诉讼案件的执行中，往往涉及周期较长、收效缓慢的生态修复工程，此时，检察机关"回头看"的监督工作尤为关键。只有各级检察机关不断强化监督力度、提高监督刚性，才能使受损的环境公益有效修复。

第三节 生态环境损害赔偿制度实施以来检察机关履职方式的调整

生态环境损害赔偿制度明确，符合国家规定的行政机关作为生态环境损害赔偿权利人，可以依法追究违反法律法规、造成生态环境损害的单位或个人的赔偿责任。这一制度与环境民事公益诉讼制度在适用范围、诉讼目的等方面的规定高度相似，使得公益诉讼检察的履职方式需要适时做出调整。同时，行政机关被依法赋予新的职权，这对检察机关的环境行政监督工作也提出了新的要求。

一 增加环境民事公益诉讼的起诉条件

为了解决行政机关、社会组织、检察机关三者针对同一生态环境损害事实提起诉讼的顺位问题，最高人民法院通过司法解释确立了生态环境损害赔偿诉讼优先适用的规则。① 最高人民检察院发布的《人民检察院公益诉讼办案规则》（以下简称《办案规则》）中也明确要求，检察机关在提起环境民事公益诉讼前要依法履行公告程序，并对赔偿权利人启动生态环境损害赔偿程序情况、适格主体起诉情况跟进调查，如生态环境损害赔偿权利人与赔偿义务人经磋商达成赔偿协议，或者已经提起生态环境损害赔偿诉讼的，则应终结案件，不再提起环境民事公益诉讼。也就是说，生态环境损害赔偿制度是救济生态环境损害的第一制度选择，这一规定相当于

---

① 《若干规定》第17条规定，人民法院受理因同一损害生态环境行为提起的生态环境损害赔偿诉讼案件和民事公益诉讼案件，应先中止民事公益诉讼案件的审理，待生态环境损害赔偿诉讼案件审理完毕后，就民事公益诉讼案件未被涵盖的诉讼请求依法作出裁判。

增加了检察机关提起环境民事公益诉讼的起诉条件。

二 补充支持生态环境损害赔偿诉讼的履职方式

《办案规则》第 100 条规定，检察机关支持起诉的案件范围中，包括生态环境损害赔偿权利人提起的生态环境损害赔偿诉讼案件。对于公益诉讼检察工作而言，维护环境公益的手段应是多样化的，不能局限于提起诉讼这一种形式，要发挥检察能动司法的优势，依法采取一切行之有效的措施救济生态环境损害。在涉及社会公共利益的领域，要打破检察机关只能支持弱势群体维权的思维桎梏，应立足检察职能，拓展支持起诉的适用范围，充分发挥支持起诉制度在解决矛盾纠纷、维护公平正义等方面的积极作用。对于生态环境损害赔偿工作而言，《改革方案》也鼓励第三方参与赔偿工作中，多方参与不仅可以确保磋商或诉讼能够依法有序进行，还可以汇聚专业力量，增加胜诉可能性。因此，补充支持生态环境损害赔偿诉讼的履职方式，符合检察机关和行政机关双方的工作需要。实践中，重庆市大足区人民检察院以提交"支持起诉意见书"的方式支持大足区生态环境局提起的生态环境损害赔偿诉讼，贵港市人民检察院以派员出庭的方式支持贵港市生态环境局的起诉，均取得了较好的现实效果。①

三 探索对生态环境损害赔偿磋商程序的监督参与

当前司法实践中，正在积极探索多方参与生态环境损害赔偿磋商程序的创新做法。近几年公布的典型案例中，磋商程序中第三方加入的比例明显提高。其中，检察机关作为第三方参与的案件数量最多。据统计，2019—2020 年，第三方参与生态环境损害赔偿磋商程序的案件共有 18 起，其中检察机关参与的有 15 起。② 在被评为生态环境磋商十大典型案例的"浙江诸暨某企业大气环境污染损害赔偿案"中，原绍兴市环境保护局便联合绍兴市人民检察院等部门与赔偿义务人进行磋商并达成了协议，多部门协作推进，确保损害赔偿方案的落实。检察机关参与生态环境损害赔偿磋商环节，不仅有助于其履行公益维护的职责，还可以发挥其法律监督的作用，督促行政机关严格按照生态环境损害赔偿制度的要求积极

---

① 详见重庆市第一中级人民法院民事判决书〔2020〕渝 01 民初 195 号、广西壮族自治区贵港市中级人民法院民事判决书〔2020〕桂 08 民初 39 号。

② 吕忠梅等：《中国环境司法发展报告（2020）》，法律出版社 2021 年版，第 258 页。

索赔。目前,部分地方已经开始探索建立检察机关参与生态环境损害赔偿磋商程序机制,如《河南省生态环境损害赔偿制度改革实施方案》中规定,磋商应当在生态环境损害鉴定评估专家、律师以及检察院派出人员参与下进行。

第四节 检察机关参与生态环境损害赔偿制度的现实路径

检察机关参与生态环境损害赔偿制度,应注重发挥监督职能,对生态环境损害赔偿磋商及诉讼过程进行全程监督。同时,通过充分发挥支持起诉的积极作用、健全协作机制等方式,与行政机关联合,共同维护国家利益和环境公益。

一 注重诉前、诉中、诉后的全程监督

检察机关是法律监督机关,在生态环境损害赔偿案件中,可以依法行使监督权,对涉案行政机关进行行政监督、对进入诉讼程序的案件进行诉讼监督。在诉前磋商阶段,检察机关可以主动参与,监督行政机关的履职情况。从磋商程序是否及时启动、磋商程序和结果是否有明显不当等方面进行监督,重点关注拟达成的磋商协议是否有利于国家利益或社会公益的维护。如磋商过程中,行政机关确有怠于履职、不当履职行为致使国家利益或社会公益受损的,检察机关应及时发表意见,纠正违法,以保证磋商依法有序开展。行政机关未能当场纠正错误的,检察机关应进一步提出检察建议,符合条件的,还可以启动行政公益诉讼程序。

生态环境损害赔偿案件进入诉讼阶段后,检察机关可以依法对诉讼活动进行监督。依照《改革方案》,生态环境损害赔偿诉讼被归类为民事诉讼,因此基础配套制度的适用应依照民事诉讼规则。检察机关对民事诉讼活动享有监督纠正的权力,因此,可以对生态环境损害赔偿诉讼的程序是否合法、裁判是否公允等进行监督。考虑到生态环境损害赔偿案件的复杂性,诉讼监督应重点关注裁判结果认定事实是否正确、证据是否充分、法律适用是否正确等问题。如符合《民事诉讼法》第 207 条的规定,检察机关可以依照第 215 条的规定提出再审检察建议或者抗诉。

达成磋商协议或诉讼结束后,检察机关的监督仍应持续,对生态环境

损害赔偿协议的履行或法院判决的执行情况进行监督。除了要监督赔偿款项是否及时到位以及管理使用情况外，涉及生态修复责任的，检察机关要重点关注修复工程的开展情况。具体而言，检察机关应及时跟踪了解法院执行和受损公益恢复的进展和效果，可以会同相关部门联合进行现场检查，或者邀请人大代表、政协委员、人民监督员等适时开展"回头看"，看执行过程中是否存在怠于履行执行职责以及是否存在违反法律规定的情形，必要时可以委托专家学者、鉴定评估机构等对案件执行情况作第三方评估。此外，监督过程中，如发现生态环境损害赔偿诉讼案件审理时未发现的损害，可重新提起环境民事公益诉讼，以确保环境公益得到全面保护。

二 充分发挥支持起诉的积极作用

支持起诉是介于直接起诉和否定起诉资格之间的一种诉讼参与方式。依照法律规定，行政机关和社会组织享有先于检察机关提起公益诉讼的权利，但从实践来看，其他适格主体的诉讼力量并未得到充分调动。例如2020 年，行政机关提起生态环境损害赔偿诉讼仅 35 起，检察机关提起环境民事公益诉讼 380 起、提起环境刑事附带民事公益诉讼 3015 起。① 因此，为了鼓励其他适格主体更主动地承担起维护国家利益和社会公益的职责，缓解其起诉压力，应充分发挥支持起诉的制度优势。检察机关以支持起诉的方式参与公益诉讼或生态环境损害赔偿诉讼，不仅可以依法尊重其他适格主体提起诉讼的优先地位，保证检察机关的诉讼谦抑性，还可以充分发挥检察机关的职能优势，使检察机关与行政机关、社会组织等共同织密公益保护法网，形成生态环境保护的合力。

在检察机关参与的生态环境损害赔偿案件中，检察机关不仅可以作为支持起诉的主体，也拥有另行提起环境民事公益诉讼的权利。因此，检察机关支持起诉可以参加诉讼全过程，其权利内容可以涵盖乃至超越原告的权利范围。② 同时，检察机关作为支持起诉的主体，不仅可以提出诉讼请求，还应对所提出的诉讼请求承担举证责任，根据公共利益的需要对案件进行必要调查并向法庭提供相应的证据。此外，对于原告变更或者放弃诉讼请求、与被告和解、接受法院调解等行为，支持起诉的检察机关有权发

---

① 吕忠梅等：《中国环境司法发展报告（2020）》，法律出版社 2021 年版，第 157、248 页。
② 汤维建、王德良：《论公益诉讼中的支持起诉》，《理论探索》2021 年第 2 期。

表意见。如最终司法裁判未采纳检察机关意见,且该结果导致了国家利益或社会公益受到损害,检察机关可以通过支持原告的上诉或直接上诉的方式启动二审程序。

三 健全与行政机关的协作机制

检察机关在生态环境的司法保护中发挥着主导作用,其应加强与行政机关、司法机关及社会组织之间的沟通协调,建立健全损害鉴定评估机制、损害赔偿资金管理机制等,推动生态环境损害赔偿制度的发展。其中,尤其要重视健全与行政机关的日常协作机制。《管理规定》第15条所规定的线索筛查和移送机制中,检察机关移送的案件线索为生态环境损害赔偿案件的重点线索来源渠道。环境监管部门通过长期行政执法活动掌握了大量环境案件的信息和线索,检察机关通过履行环境犯罪公诉、公益诉讼等职能也锁定了大量生态环境损害的证据。因此,检察机关和行政机关应当利用信息共享平台、联席会议等方式,加强案件线索和证据交换,建立常态化、制度化的信息沟通和线索移交机制。

此外,行政机关与检察机关也应加强在个案中的配合。行政机关长期处于生态环境执法第一线,在人员、专业、技术等方面具有专业上的优势,但在提起生态环境损害赔偿诉讼方面的经验不足。而检察公益诉讼制度已运行多年,且诉讼职能是检察机关的法定职能之一,因此,检察机关在提起和参与诉讼等方面的积累更为丰富,可以为行政机关办理案件提供有效的经验借鉴。因此,行政机关作为生态环境损害赔偿权利人进行索赔时,如遇到法律理解、适用或证据收集、采纳等方面的困惑,可以向检察机关寻求帮助和支持。

四 推动生态环境损害惩罚性赔偿落地落实

根据《民法典》第1232条、《最高人民法院关于审理生态环境侵权纠纷案件适用惩罚性赔偿的解释》第12条等规定,在生态环境损害赔偿案件中可以适用惩罚性赔偿。因此,检察机关在环境民事公益诉讼中的积极尝试,可以助力生态环境损害惩罚性赔偿的发展完善,为行政机关在生态环境损害赔偿诉讼中请求惩罚性赔偿提供制度借鉴。

惩罚性赔偿是同质补偿之外发展出的一种额外赔偿。一般而言,惩罚性赔偿责任的承担要求违法行为是由行为人故意(或重大过失)实施且导致了他人利益严重受损。① 当前，惩罚性赔偿被广泛适用于消费者保护、食品安全、产品责任、知识产权等领域，在司法实践中发挥了特有的积极作用。在环境司法中，惩罚性赔偿适用于环境私益损害已得到了普遍接受。然而，针对生态环境损害，惩罚性赔偿责任却长期处于缺失状态，导致实践中故意污染环境、破坏生态的行为人得不到有力惩处。因此，要适时探索惩罚性赔偿在生态环境损害救济中的价值体现，以免出现私益损害可以采取惩罚措施，而社会公益受损却只能采取"同质补偿"的不利局面。②

一些地方检察院借《民法典》东风大胆尝试，运用惩罚性赔偿制度实现了惩罚故意损害者的夙愿，有力保护了生态环境，取得了良好的法律效果和社会效果。这一变化，适应了我国当前司法实践中生态环境损害惩罚性赔偿的迫切需求。③ 因此，建议检察机关持续推动生态环境损害惩罚性赔偿落地落实，并及时总结地方实践成果，为检察机关、社会组织、行政机关等起诉主体依法请求生态环境损害惩罚性赔偿提供经验参考。

第五节 加强检察机关自身履职能力和机制建设

除了探寻参与生态环境损害赔偿制度的现实路径，检察机关还应加强自身的履职能力与机制建设，能动司法、主动作为，同行政机关等一道，深入维护国家利益与社会公益，推进国家治理体系和治理能力现代化建设。

一 推进能动司法检察工作

能动司法检察，是指检察机关积极履职、主动作为，自觉承担政治使命、服务国家建设。④ 这一理念基于现阶段社会发展的实际需求，旨在服务党和国家大局，维护社会稳定，实现司法公正，是推进国家治理能力建

---

① 张新宝、李倩：《惩罚性赔偿的立法选择》，《清华法学》2009年第4期。
② 王炜、张源：《环境侵权惩罚性赔偿适用要件分析》，《检察日报》2021年3月22日第3版。
③ 孙佑海、张净雪：《生态环境损害惩罚性赔偿的证成与适用》，《中国政法大学学报》2022年第1期。
④ 卞建林：《立足新时代新要求 深化能动司法检察》，《检察日报》2021年8月9日第3版。

设的有力措施。法院受制于不告不理原则，能动履职的余地不大，而检察机关则更多的是根据现实情况和社会难点、痛点问题来开展工作，主动性更强。因此，检察机关应当充分发挥职能作用，更好地为构建社会主义和谐社会提供优质高效的司法服务肩负起政治责任、法治责任和检察责任，以"国之大者"自勉，把依法行使宪法赋予的监督权当作一项重要任务来抓，力争成为促进中国特色社会主义事业不断健康发展的一支坚强司法力量。可以说，能动司法检察理念是在深刻理解习近平法治思想的基础上，主动全面履行法律监督职责、助推国家治理体系与治理能力现代化检察实践结晶与升华，更是对近年来检察理念创新发展的真实反映。

目前，在检察机关内部进行系统性革新后，"四大检察""十大业务"等新时代工作模式已经基本成型，这种态势赋予我国能动司法检察理念以更多的时代内涵，需要检察机关主动作为，发挥刑事、民事、行政、公益诉讼等检察功能，用足检察权，循序渐进地开展检察工作，伸延法律监督触角。今后，根据《中共中央关于加强新时代检察机关法律监督工作的意见》的要求，能动司法检察工作的深入推进还需要从"坚决维护国家安全和社会大局稳定、服务保障经济社会高质量发展、切实加强民生司法保障、积极引领社会法治意识"四个方面下功夫，发挥法律监督职能作用服务大局，为民司法，全面提高法律监督质量与成效，确保司法公正。

二 推动检察公益诉讼立法

党的十八届四中全会提出探索建立检察机关提起公益诉讼制度以来，我国的检察公益诉讼制度在试点阶段以及正式建立以后，积累了丰富的探索经验，取得了丰硕成果。然而，当前检察机关办理公益诉讼案件的规则供给不足，立法过于分散，不利于公益诉讼检察职能的进一步发挥。我国公益诉讼相关法律条文散见于《民事诉讼法》《行政诉讼法》《环境保护法》《消费者权益保护法》等法律，且这些法律中均只用一条或一款法律对公益诉讼进行概括式授权。检察机关提起公益诉讼案件或人民法院审理公益诉讼案件的主要依据是相关的司法解释和检察机关内部的规范文件。显然，这一规则体系无法满足迅速发展的公益诉讼司法实践。此外，以司法解释作为制度规范从长期来看也缺乏正当性和稳定性。

为此，有必要集中整理上述法律和司法解释中关于公益诉讼的规定，结合多年来的实践经验、理论积累，对公益诉讼相关规则进行单独立法。同时，考虑到综合型"公益诉讼法"的制定会涉及较多的部门和利益群体，不具有短时间内顺利出台的可行性，建议采取制定专门"检察公益诉讼法"的方案解决这一问题。出台"检察公益诉讼法"是巩固深化已有实践成果、增强立法保障的重要行动。针对检察公益诉讼进行专门立法，将有益的实践经验上升为国家法律，有利于改善现阶段公益诉讼立法供给不足、司法解释位阶较低的问题，满足检察机关公益诉讼的工作需要，助力中国特色社会主义法治体系建设取得新发展。

三 强化生态环境案件办案队伍和体系建设

生态环境诉讼不同于一般诉讼，在办理这类案件时，检察人员需要通过对污染环境、破坏生态的行为及其后果进行调查和认定，也需要对证据和鉴定结果等进行理解和采纳。因此，这类案件的办案人员需要掌握更多的环境科学、生物学等领域的专业性知识。同时，由于我国当前并未出台"生态环境损害赔偿法""公益诉讼法"等专门性法律，办案人员还要对生态环境案件的法律适用问题有所了解和掌握，才能更好地发挥检察职能、提高办案效率。因此，如何提高生态环境检察案件的人才素质以满足司法实践需求成为亟待解决的重要课题之一。

要有针对性地进行生态环境案件办案队伍建设，逐步解决专业人员稀缺等问题。总的来说，可以从以下三方面对办案队伍进行强化与完善：首先是各地方人大、党委包括检察机关自身，均需要给予生态环境案件足够的重视，建立专门的生态环境损害救济机制，并安排专人负责生态环境保护工作。其次是可以通过公务员招录考试，大规模吸纳具备法学和环境学双学科背景的复合型人才，不断壮大生态环境案件的办案队伍。最后可以在检察机关内部，定期对办理生态环境案件所需要的业务知识进行培训，加强办案技巧的学习交流，全面提高办案人员的业务水平，提升相关案件的办理质量。

此外，考虑到司法诉讼程序的连贯性的问题，有专家学者建议检察系统设立与法院系统相类似的"三合一"办案体系。[①] 生态环境案件涉及刑事、行政、民事三类，包括环境刑事诉讼、环境行政公益诉讼、环境民事

---

① 汤维建：《构建"三合一"型检察公益诉讼的理想模式》，《人民政协报》2019年11月14日第3版。

公益诉讼、生态环境损害赔偿诉讼等，检察机关在这些案件中均承担重要角色，因此，实行生态环境检察办案的机构、人员和程序的"三合一"，创新检察系统生态环境案件的办案机制，不仅便于检察职能的发挥，还可以加强对生态环境专业化保护，有利于维护国家利益和环境公益。

附　录

中华人民共和国生态环境损害赔偿法（草案建议稿）

第一章　总则

第一条【立法目的】

为推进生态文明建设，构建责任明确、途径畅通、技术规范、保障有力、赔偿到位、修复有效的生态环境损害赔偿制度，依据宪法，制定本法。

理由： 本条是关于生态环境损害赔偿法立法目的和立法要求的确定。生态环境损害赔偿制度是生态文明制度体系的重要组成部分。《管理规定》第2条规定，以构建责任明确、途径畅通、技术规范、保障有力、赔偿到位、修复有效的生态环境损害赔偿制度为目标，持续改善环境质量，维护国家生态安全，不断满足人民群众日益增长的美好生活需要，建设人与自然和谐共生的美丽中国。这明确了生态环境损害赔偿制度的目的与意义。此外，制定生态环境损害赔偿法需要以我国的根本大法——宪法作为立法依据。

第二条【基本概念】

本法所称生态环境损害，是指因污染环境、破坏生态造成大气、地表水、地下水、土壤、森林等环境要素和植物、动物、微生物等生物要素的不利改变，以及上述要素构成的生态系统功能退化。

理由： 本条是对生态环境损害概念的规定。生态环境损害赔偿法首先应明确生态环境损害的概念。《改革方案》规定，本方案所称生态环境损害，是指因污染环境、破坏生态造成大气、地表水、地下水、土壤、森林等环境要素和植物、动物、微生物等生物要素的不利改变，以及上述要素构成的生态系统功能退化。《管理规定》第4条规定，本规定所称生态环境损害，是指因污染环境、破坏生态造成大气、地表水、地下水、土壤、森林等环境要素和植物、动物、微生物等生物要素的不利改变，以及上述要素构成的生态系统功能退化。从概念可以看出，生态环境损害的原因行为是污染行为、破坏行为，损害结果要求造成环境要素和生物要素的不利改变，及生态系统功能退化。这不同于民事侵权所要求的人身损害、财产损害。

第三条【适用范围】 在中华人民共和国境内进行生态环境损害的索赔和赔偿活动，适用本法。

理由：本条是对生态环境损害赔偿法适用范围的规定。明确本法适用的地域范围是在我国境内，适用情形是进行生态环境损害的索赔和赔偿活动。

第四条【应当承担生态环境损害赔偿责任的情形】

有下列情形之一的，依法承担生态环境损害赔偿责任：

（一）发生较大及以上突发环境事件的；

（二）在国家和省级主体功能区规划中划定的重点生态功能区、禁止开发区发生环境污染、生态破坏事件的；

（三）发生其他严重影响生态环境后果的。

前款规定的市地级人民政府包括设区的市，自治州、盟、地区，不设区的地级市，直辖市的区、县人民政府。

理由：本条是对承担生态环境损害赔偿责任具体适用情形的规定。《改革方案》明确了追究生态环境损害赔偿责任的三种情形。《若干规定》沿袭了《改革方案》关于生态环境损害赔偿制度适用情形的规定，在其第1条即列举了可提起生态环境损害赔偿诉讼的具体情形：（一）发生较大、重大、特别重大突发环境事件的；（二）在国家和省级主体功能区规划中划定的重点生态功能区、禁止开发区发生环境污染、生态破坏事件的；（三）发生其他严重影响生态环境后果的。第三项"发生其他严重影响生态环境后果的"实际作为一个"口袋条款"，并未包含具体内容。原因在于，根据《改革方案》要求，各省、自治区、直辖市人民政府均应制定适用于本辖区的具体实施方案。鉴于各地的具体实施方案所确定的情形具有本地特点，故对该条款不再作进一步的细化说明。

第五条【不适用生态环境损害赔偿的情形】

以下情形不适用生态环境损害赔偿：

（一）涉及人身伤害、个人和集体财产损失要求赔偿的，适用《民法典》等法律有关侵权责任的规定；

（二）涉及海洋生态环境损害赔偿的，适用《海洋环境保护法》等法律及相关规定。

理由：本条是对不适用生态环境损害赔偿的情形的规定。《若干规定》第2条对生态环境损害赔偿的适用情形进行了反向排除，即因污染环境、破坏生态造成人身损害、个人和集体财产损失要求赔偿的不适用本规定；另关于海洋生态环境损害，应适用《海洋环境保护法》等相关法律法规进行裁判。换言之，《若干规定》第2条将造成人身财产损害的环境侵权以及海洋生态环境损害赔偿纠纷排除于生态环境损害赔偿之外。对于后者，自不必多言，可直接适用《关于审理海洋自然资源与生态环境损害赔偿纠纷案件若干问题的规定》进行裁判。而前者则牵扯到生态环境损害赔偿与人身财产损害赔偿的关系。《管理规定》第4条规定，以下情形不适用本规定：（一）涉及人身伤害、个人和集体财产损失要求赔偿的，适用《民法典》等法律有关侵权责任的规定；（二）涉及海洋生态环境损害赔偿的，适用《海洋环境保护法》等法律及相关规定。

具体来看，因污染环境、破坏生态造成人身损害、个人和集体财产损失的环境侵权与生态环境损害赔偿所适用的法律不同，体现了两者在诉讼目的、责任方式、救济渠道等方面的差异。然而现实中，同一污染环境、破坏生态行为通常会"无差别"地同时造成对公共生态利益与私人人身财产利益的减损。此时，虽生态环境损害行为主体以及损害行为事实层面别无二致，但其却因损害对象的异质性产生分歧，即延伸为公共生态利益指向的生态环境损害赔偿诉讼（环境公益诉讼）以及私人人身财产利益所指向的环境侵权诉讼（环境私益诉讼）。也正是基于此，环境公益诉讼与环境私益诉讼在目的功能、具体设计等层面均有本质差别，亦并不存在两诉冲突一说。故就当前我国环境司法实践而言，环境公益诉讼与环境私益诉讼并行不悖且分别有独特的诉讼价值。

第六条【基本原则】

（一）预防为主，防治结合。

(二) 环境有价，损害担责。

(三) 信息共享，公众参与。

(四) 依法监督，修复生态。

理由：本条明确了生态环境损害赔偿法的基本原则。包含四项。生态环境损害赔偿法的基本原则应以《环境保护法》规定的原则为指导。《环境保护法》第 5 条规定了环境保护坚持保护优先、预防为主、综合治理、公众参与、损害担责的原则。在四项原则中，第一，预防为主，防治结合。现代社会是"风险社会"。环境风险属于风险社会中一种不确定的、潜在可能的风险。在风险社会的大背景之下，消除所有的风险是不切实际的，而应考虑抑制风险的合法性与合理性。考虑损害发生的预防性以及法益保护的早期化，生态环境损害不可逆转，必须未雨绸缪，提前预防。

第二，为解决"企业污染、群众受害、政府买单"的不合理现象，规定环境有价，损害担责。《改革方案》明确为体现环境资源生态功能价值，促使赔偿义务人对受损的生态环境进行修复。生态环境损害无法修复的，实施货币赔偿，用于替代修复。赔偿义务人因同一生态环境损害行为需承担行政责任或刑事责任的，不影响其依法承担生态环境损害赔偿责任。

第三，信息共享，公众参与。《环境保护法》第 53 条第 1 款规定公民、法人和其他组织依法享有获取环境信息、参与和监督环境保护的权利。《改革方案》规定要实施信息公开，推进政府及其职能部门共享生态环境损害赔偿信息。生态环境损害调查、鉴定评估、修复方案编制等工作中涉及公共利益的重大事项应当向社会公开，并邀请专家和利益相关的公民、法人、其他组织参与。还要不断创新公众参与方式，邀请相关主体参加生态环境修复或赔偿磋商工作。依法公开生态环境损害调查、鉴定评估、赔偿、诉讼裁判文书、生态环境修复效果报告等信息，保障公众知情权。

第四，依法监督，修复生态。《改革方案》规定赔偿权利人及其指定的部门或机构对磋商或诉讼后的生态环境修复效果进行评估，确保生态环境得到及时有效修复。生态环境损害赔偿款项使用情况、生态环境修复效果要向社会公开，接受公众监督。《若干规定》第 11 条对于生态环境损害赔偿诉讼中被告承担责任的方式进行了特别规定，即解释性地将"恢复原状"责任形式具象为"修复生态环境"责任。生态环境修复是以救济生态环境损害为本位、保护生态环境利益为中心的责任设计。恢复原状是传统意义上侵权责任的承担形式，主要指恢复被侵权人受损私人财产的原状。生态修复与其不同，它侧重于填补生态环境本身受到的损害，恢复受损环境的各项功能以及状态，包括生态功能、经济功能和文化功能等。

第七条【义务与责任】

任何组织和个人都有保护生态环境的义务。

从事自然资源开发利用活动的企业事业单位和其他生产经营者，应当采取有效措施，防止、减少生态环境的损害，对所造成的生态环境损害依法承担责任。

理由：本条明确了保护生态环境的义务。《环境保护法》第6条规定一切单位和个人都有保护环境的义务。从事自然资源开发利用活动的企业事业单位和其他生产经营者，更应当履行对生态环境的保护义务。

第八条【信息共享】

国家建立生态环境信息共享机制。

国务院生态环境主管部门应当会同国务院自然资源、住房和城乡建设、水利、农业农村等主管部门建立生态环境基础数据库，构建全国生态环境信息平台，实行数据动态更新和信息共享。

理由：本条是对生态环境信息共享机制的规定。《环境保护法》第53条第2款规定，各级人民政府环境保护主管部门和其他负有环境保护监督管理职责的部门，应当依法公开环境信息、完善公众参与程序，为公民、法人和其他组织参与和监督环境保护提供便利。为贯彻信息共享及公众监督等基本原则，要求国家必须建立生态环境信息共享机制。国务院生态环境主管部门应当会同有关部门建立生态环境基础数据库，构建全国生态环境信息平台，统一发布生态环境监测信息，实行数据动态更新和信息共享。

第九条【科技进步和国际交流】

国家支持生态环境损害赔偿和修复、监测等科学技术研究开发、成果转化和推广应用，鼓励绿色生态产业发展，加强生态环境损害赔偿专业技术人才培养，促进生态环境保护科学技术进步。

国家支持生态环境保护的国际交流与合作。

理由：本条是对生态环境保护科学技术和国际交流的规定。《环境保护法》第7条规定国家支持环境保护科学技术研究、开发和应用，鼓励环境保护产业发展，促进环境保护信息化建设，提高环境保护科学技术水平。在生态环境损害赔偿领域，同样离不开科学技术的进步发展、推广应用，特别是在损害的鉴定评估领域。《改革方案》要求加快技术体系建设。国家建立健全统一的生态环境损害鉴定评估技术标准体系。环境保护部负责制定完善生态环境损害鉴定评估技术标准体系框架和技术总纲；会同相关部门出台或修订生态环境损害鉴定评估的专项技术规范；会同相关部门建立服务于生态环境损害鉴定评估的数据平台。相关部门针对基线确定、因果关系判定、损害数额量化等损害鉴定关键环节，组织加强关键技术与标准研究。此外，基于人类命运共同体的理念，保护生态环境还需加强国际交流与合作。

第十条【宣传和科普】

各级人民政府及其有关部门、基层群众性自治组织和新闻媒体应当加强生态环境保护的宣传教育和科学普及，增强公众生态环境保护意识，引导公众依法参与生态环境损害赔偿工作。

理由：本条是对生态环境保护宣传和科普的规定。《环境保护法》第9条规定各级人民政府应当加强环境保护宣传和普及工作，鼓励基层群众性自治组织、社会组织、环境保护志愿者开展环境保护法律法规和环境保护知识的宣传，营造保护环境的良好风气。教育行政部门、学校应当将环境保护知识纳入学校教育内容，培养学生的环境保护意识。新闻媒体应当开展环境保护法律法规和环境保护知识的宣传，对环境违法行为进行舆论监督。各类主体都应发挥自身在生态环境保护领域的作用。

第二章 监督和管理体制

第十一条【监督管理】

各级人民政府应当加强对生态环境损害赔偿工作的领导、组织、协调，督促有关部门依法履行生态环境损害监督管理职责。

国务院生态环境主管部门对全国生态环境损害赔偿工作实施统一监督管理；国务院自然资源、住房和城乡建设、水利、农业农村等相关部门在各自职责范围内对生态环境损害赔偿工作实施监督管理。

地方人民政府生态环境主管部门对本行政区域生态环境损害赔偿工作实施统一监督管理；地方人民政府自然资源、住房和城乡建设、水利、农业农村等相关部门在各自职责范围内对生态环境损害赔偿工作实施监督管理。

理由：本条是对生态环境损害赔偿工作监督管理的规定。《改革方案》指出要落实改革责任。各省（自治区、直辖市）、市（地、州、盟）党委和政府要加强对生态环境损害赔偿制度改革的统一领导，及时制定本地区实施方案，明确改革任务和时限要求，大胆探索，扎实推进，确保各项改革措施落到实处。省（自治区、直辖市）政府成立生态环境损害赔偿制度改革工作领导小组。省级、市地级政府指定的部门或机构，要明确有关人员专门负责生态环境损害赔偿工作。国家自然资源资产管理体制试点部门要明确任务、细化责任。

第十二条【部门管理职责的细化】

生态环境部牵头指导实施生态环境损害赔偿制度，会同自然资源部、住房和城乡建设部、水利部、农业农村部、国家林草局等相关部门负责指导生态环境损害的调查、鉴定评估、修复方案编制、修复效果评估等业务工作。科技部负责指导有关生态环境损害鉴定评估技术研究工作。公安部负责指导公安机关依法办理涉及生态环境损害赔偿的刑事案件。司法部负责指导有关环境损害司法鉴定管理工作。财政部负责指导有关生态环境损害赔偿资金管理工作。国家卫生健康委会同生态环境部开展环境健康问题调查研究、环境与健康综合监测与风险评估。市场监管总局负责指导生态环境损害鉴定评估相关的计量和标准化工作。

最高人民法院、最高人民检察院分别负责指导生态环境损害赔偿案件的审判和检察工作。

理由：本条是对相关部门管理职责的细化规定。《管理规定》指出生态环境部牵头指导实施生态环境损害赔偿制度，会同自然资源部、住房和城乡建设部、水利部、农业农村部、国家林草局等相关部门负责指导生态环境损害的调查、鉴定评估、修复方案编制、修复效果评估等业务工作。科技部负责指导有关生态环境损害鉴定评估技术研究工作。公安部负责指导公安机关依法办理涉及生态环境损害赔偿的刑事案件。司法部负责指导有关环境损害司法鉴定管理工作。财政部负责指导有关生态环境损害赔偿资金管理工作。国家卫生健康委会同生态环境部开展环境健康问题调查研究、环境与健康综合监测与风险评估。市场监管总局负责指导生态环境损害鉴定评估相关的计量和标准化工作。最高人民法院、最高人民检察院分别负责指导生态环境损害赔偿案件的审判和检察工作。

第十三条【地方管理体制】

设区的市级以上地方人民政府生态环境主管部门应当会同发展改革、自然资源、住房和城乡建设、水利、农业农村等主管部门，根据生态环境保护规划要求、环境容量、生态环境损害状况普查和监测结果等，编制生态环境保护规划，报本级人民政府批准后公布实施。

理由：本条是对地方管理体制的规定。《环境保护法》第13条第1款、第3款、第4款分别规定了县级以上人民政府应当将环境保护工作纳入国民经济和社会发展规划。县级以上地方人民政府环境保护主管部门会同有关部门，根据国家环境保护规划的要求，编制本行政区域的环境保护规划，报同级人民政府批准并公布实施。环境保护规划的内容应当包括生态保护和污染防治的目标、任务、保障措施等，并与主体功能区规划、土地利用总体规划和城乡规划等相衔接。地方人民政府生态环境主管部门应当会同有关部门根据生态环境保护规划要求、环境容量、生态环境损害状况普查和监测结果等，编制生态环境保护规划。

第十四条【鉴定评估技术体系建设】

国家建立健全统一的生态环境损害鉴定评估技术标准体系。

国务院生态环境主管部门负责制定完善生态环境损害鉴定评估技术标准体系框架和技术总纲；会同相关部门出台或修订生态环境损害鉴定评估的专项技术规范；会同相关部门建立服务于生态环境损害鉴定评估的数据平台。

国务院标准化主管部门和相关部门应当针对基线确定、因果关系判定、损害数额量化等生态环境损害鉴定的关键环节，组织加强关键技术与标准研究。

理由：本条是对生态环境损害鉴定评估技术体系建设的规定。《改革方案》提出要规范生态环境损害鉴定评估。各地区要加快推进生态环境损害鉴定评估专业力量建设，推动组建符合条件的专业评估队伍，尽快形成评估能力。研究制定鉴定评估管理制度和工作程序，保障独立开展生态环境损害鉴定评估，并做好与司法程序的衔接。为磋商提供鉴定意见的鉴定评估机构应当符合国家有关要求；为诉讼提供鉴定意见的鉴定评估机构应当遵守司法行政机关等的相关规定规范。

《改革方案》还指出要加快技术体系建设。国家建立健全统一的生态环境损害鉴定评估技术标准体系。环境保护部负责制定完善生态环境损害鉴定评估技术标准体系框架和技术总纲；会同相关部门出台或修订生态环境损害鉴定评估的专项技术规范；会同相关部门建立服务于生态环境损害鉴定评估的数据平台。相关部门针对基线确定、因果关系判定、损害数额量化等损害鉴定关键环节，组织加强关键技术与标准研究。

第十五条【加强对未损害生态环境的保护】

国家根据预防为主的方针，重点保护未损害区域的生态环境。

地方各级人民政府应当加强对国家公园等自然保护地的保护，维护其生态功能；对未利用地应当进行严格保护，不得污染和破坏。

理由：本条是对保护未损害生态环境的规定。我国的《环境保护法》确立了"预防为主"原则，《土壤污染防治法》等法律也作出了相同的规定。《土壤污染防治法》第31条规定国家加强对未污染土壤的保护。地方各级人民政府应当重点保护未污染的耕地、林地、草地和饮用水水源地。各级人民政府应当加强对国家公园等自然保护地的保护，维护其生态功能。对未利用地应当予以保护，不得污染和破坏。故为贯彻预防为主的原则，还应重点保护未损害区域的生态环境。

第十六条【背景容量和环境基准】

国务院生态环境主管部门应当组织有关部门和科研单位，开展对生态环境背景容量和生态环境基准的研究。

理由：本条是对生态环境背景容量和生态环境基准的规定。生态环境中的各环境要素都有自己的背景容量和环境基准。《土壤污染防治法》第12条第4款规定国家支持对土壤环境背景值和环境基准的研究。国务院生态环境主管部门应当组织有关部门和科研单位，开展对生态环境背景容量和生态环境基准的研究。

第三章　对生态环境损害的索赔

第十七条【索赔权利人和管辖】

国务院授权的省级、市地级政府作为本行政区域内生态环境损害赔偿权利人。

在全国有重大影响或者生态环境损害范围在省域内跨市地的案件由省级政府管辖；省域内其他案件管辖由省级政府确定。

生态环境损害范围跨省域的，由损害地相关省级政府共同管辖。相关省级政府应加强沟通联系，协商开展赔偿工作。

理由：本条是对生态环境损害的索赔权利人和管辖的规定。生态环境损害赔偿制度的理论基础在于"利用民法原理思考自然资源所有权的制度建设问题"，应将国家所有权界定为私法所有权的一种专门类型。根据《民法典》的规定，国家是矿藏、水流、城市土地、国家所有的森林、山岭、草原、荒地、滩涂等自然资源所有人。但在自然资源受到损害后，国家应作为权利主体来主张赔偿。《环境保护法》明确规定了县级以上人民政府的生态环境保护职责，这也是省级、市地级人民政府提起生态环境损害赔偿诉讼的直接法律依据。

《管理规定》明确了赔偿权利人。国务院授权省级、市地级政府（包括直辖市所辖的区县级政府）作为本行政区域内生态环境损害赔偿权利人。在全国有重大影响或者生态环境损害范围在省域内跨市地的案件由省级政府管辖；省域内其他案件管辖由省级政府确定。生态环境损害范围跨省域的，由损害地相关省级政府共同管辖。相关省级政府应加强沟通联系，协商开展赔偿工作。

第十八条【举报与处理】

对公民、法人和其他组织举报要求提起生态环境损害赔偿的，赔偿权利人及其指定的部门或机构应当及时研究处理和答复。

理由：本条是对举报生态环境损害行为如何处理的规定。《管理规定》指出对公民、法人和其他组织举报要求提起生态环境损害赔偿的，赔偿权利人及其指定的部门或机构应当及时研究处理和答复。

第十九条【特殊的索赔权利人】

在国家自然资源资产管理区域内，受委托的省级人民政府可指定统一行使全民所有自然资源资产所有者职责的部门负责生态环境损害赔偿具体工作。

国务院直接行使全民所有自然资源资产所有权的，由受委托代行该所有权的部门作为索赔权利人开展生态环境损害赔偿工作。

理由：本条是对特殊的索赔权利人的规定。《改革方案》指出在健全国家自然资源资产管理体制试点区，受委托的省级政府可指定统一行使全民所有自然资源资产所有者职责的部门负责生态环境损害赔偿具体工作；国务院直接行使全民所有自然资源资产所有权的，由受委托代行该所有权的部门作为赔偿权利人开展生态环境损害赔偿工作。《若干规定》第1条规定受国务院委托行使全民所有自然资源资产所有权的部门可以作为原告提起生态环境损害赔偿诉讼。

第二十条【索赔工作的职责分工】

省级人民政府根据本地实际制定生态环境损害索赔启动条件、鉴定评估机构评估程序、信息公开等规定，明确生态环境、自然资源、住房和城乡建设、水利、农业农村等相关部门开展索赔工作的职责分工。

设区的市级以上地方人民政府应当制定生态环境损害索赔启动条件、鉴定评估机构选定程序、信息公开等具体规定，明确生态环境、自然资源、住房和城乡建设、水利、农业农村等相关部门开展生态环境损害索赔工作的职责分工。

理由：本条是对索赔工作的职责分工的规定。《改革方案》指出各省（自治区、直辖市）政府应当制定生态环境损害索赔启动条件、鉴定评估机构选定程序、信息公开等工作规定，明确国土资源、环境保护、住房城乡建设、水利、农业、林业等相关部门开展索赔工作的职责分工。

第四章 赔偿义务

第二十一条【生态环境修复责任的承担】

违反国家规定造成生态环境损害，生态环境能够修复的，国家规定的机关或者法律规定的组织有权请求侵权人在合理期限内承担修复责任。

赔偿义务人在期限内未修复的，国家规定的机关或者法律规定的组织可以自行或者委托他人进行修复，所需费用由赔偿义务人负担。

国家有关主管部门对生态环境损害的赔偿条件与一般环境侵权责任的赔偿条件，应当作出明确的区分。

理由：本条是对生态环境修复责任的规定。《若干规定》第12条规定受损生态环境能够修复的，人民法院应当依法判决被告承担修复责任，并同时确定被告不履行修复义务时应承担的生态环境修复费用。将恢复原状责任方式解释并表述为"修复生态环境"。这种新型表述着重强调生态环境损害的重点，不仅仅是恢复原状，更要从修复生态环境的角度考虑如何恢复原状。较之民法中的"恢复"，对生态环境的修复不再是针对某个具体的物品，而是面对一个由多种环境要素协调运行而组成的动态系统。

这种修复既要对单个环境要素的物理、化学、生物特性的不利改变作出应对，更要注重对被破坏的整个生态系统稳定、平衡状态的恢复。这是基于公共利益救济的特殊需要，对"恢复原状"这一责任的字面含义进行的具体化阐释。之所以在语境中对恢复原状进行解释，主要考虑到在民法、侵权法领域，对恢复原状的内涵、外延与在环境法领域对其内涵、外延的理解是各有侧重点与区别的。为了更好地在生态环境损害赔偿领域适用恢复原状责任方式，从修复角度解释恢复原状为"修复生态环境"，突出了修复生态环境的诉讼目的。

有观点认为，可以沿用恢复原状责任承担方式。虽然"恢复原状"和"修复生态环境"两者本质相同，但侧重点略有不同。一是生态环境损害赔偿制度以修复生态环境为制度价值和追求。生态修复是出发点和落脚点，将"恢复原状"责任中的"恢复"解释为"修复"，内涵更为丰富，除了包含自然恢复，还包括人工修复；除了包括原地原样恢复，还包括异地恢复。二是生态环境损害赔偿案件的核心是对生态环境的修复，将"恢复原状"责任中的"原状"表述为"生态环境"，突出了恢复对象是生态环境，对生态环境的修复要考虑生态系统的价值和服务功能，目标是将生态环境恢复到原有的功能或者状态。充分运用文义解释的方法，确定在生态环境损害赔偿领域恢复原状的具体理解，有利于在专业领域对恢复原状责任的运用。

第二十二条【赔偿义务人的确定】

违反国家规定，造成生态环境损害的单位或者个人，应当按照国家规定的要求和范围，承担生态环境损害赔偿责任，做到应赔尽赔。

民事法律和资源环境保护等法律有相关免除或者减轻生态环境损害赔偿责任规定的，按相应规定执行。

理由：本条是对赔偿义务人的确定。《管理规定》提出违反国家规定，造成生态环境损害的单位或者个人，应当按照国家规定的要求和范围，承担生态环境损害赔偿责任，做到应赔尽赔。民事法律和资源环境保护等法律有相关免除或者减轻生态环境损害赔偿责任规定的，按相应规定执行。既提出了赔偿义务人的确定情形，又提出免责、减责规定。

第二十三条【赔偿范围】

生态环境损害赔偿范围包括：

（一）生态环境受到损害至修复完成期间服务功能丧失导致的损失；

（二）生态环境功能永久性损害造成的损失；

（三）生态环境损害调查、鉴定评估等费用；

（四）清除污染、修复生态环境费用；

（五）防止损害的发生和扩大所支出的合理费用。

生态环境修复费用包括制定、实施修复方案的费用，修复期间的监测、监管费用，以及修复完成后的验收费用、修复效果后评估费用等。

省、自治区、直辖市人民政府可以根据本地生态环境损害赔偿的实际情况，细化赔偿范围的规定。

理由：本条是对生态环境损害赔偿范围的规定。《管理规定》第5条规定生态环境损害赔偿范围包括：（一）生态环境受到损害至修复完成期间服务功能丧失导致的损失；（二）生态环境功能永久性损害造成的损失；（三）生态环境损害调查、鉴定评估等费用；（四）清除污染、修复生态环境费用；（五）防止损害的发生和扩大所支出的合理费用。

第二十四条【生态环境能够修复情形的处理】

受损生态环境能够修复的，人民法院应当依法判决被告承担修复责任，并同时确定被告不履行修复义务时应当承担的生态环境修复费用。

原告请求被告赔偿生态环境受到损害至修复完成期间服务功能损失的，人民法院根据具体案情，情况属实的，予以支持。

理由：本条是对生态环境能够修复情形的规定。以生态环境是否得到修复为标准完善赔偿责任的内容。《若干规定》根据生态环境是否能够修复这一标准对损害赔偿责任内容进行分类规定。《若干规定》第12条规定受损生态环境能够修复的，人民法院应当依法判决被告承担修复责任，并同时确定被告不履行修复义务时应承担的生态环境修复费用。生态环境修复费用包括制定、实施修复方案的费用，修复期间的监测、监管费用，以及修复完成后的验收费用、修复效果后评估费用等。原告请求被告赔偿生态环境受到损害至修复完成期间服务功能损失的，人民法院根据具体案情予以判决。将"修复生态环境"作为生态环境损害赔偿首要责任方式，突出修复生态环境在损害赔偿责任体系中的重要意义。"修复生态环境"责任方式适用的前提是生态环境损害具有可恢复性。并非所有的生态环境损害都可恢复，这就要首先确认损害是否可修复。

第二十五条【生态环境不能修复情形的处理】

受损生态环境无法修复或者无法完全修复，原告请求被告赔偿生态环境功能永久性损害造成的损失的，人民法院根据具体案情，情况属实的，予以支持。

理由： 本条是对生态环境不能修复情形的处理。《若干规定》第13条规定受损生态环境无法修复或者无法完全修复，原告请求被告赔偿生态环境功能永久性损害造成的损失的，人民法院根据具体案情予以判决。综合第24条、第25条可以得知，在受损生态环境无法完全修复的情况下，即受损生态环境部分可以修复、部分不能修复，赔偿义务人需要同时承担可修复部分的修复义务以及支付可修复部分在修复期间的生态环境服务功能损失；不可修复部分，则需支付永久性损害造成的损失赔偿资金。

第二十六条【费用承担】

原告请求被告承担下列费用的，人民法院根据具体案情，情况属实的，予以支持：

（一）实施应急方案以及为防止生态环境损害的发生和扩大采取合理预防、处置措施发生的应急处置费用；

（二）为生态环境损害赔偿磋商和诉讼支出的调查、检验、鉴定、评估等费用；

（三）合理的律师费以及其他为诉讼支出的合理费用。

理由： 本条是对费用承担的规定。这也是对《若干规定》第14条的承继。费用主要包含三项，第一项是实施应急方案以及为防止生态环境损害的发生和扩大采取合理预防、处置措施发生的应急处置费用。许多污染环境、破坏生态事件，都是由安全生产事故引发的次生灾害。有些安全生产事故发生后，若不及时采取措施，则必然造成污染环境、破坏生态。当此之时，政府或第三方及时采取正确有效的应对措施，则会避免污染环境、破坏生态的次生事故，但会产生相应的应急费用。为防止损害的发生所支出的合理费用包括，如应急方案编制费用、应急处置实施费用、为排除妨碍、消除危险采取的其他合理处置措施而发生的费用、实施环境应急时产生的调查、勘查、监测、检验、鉴定、评估等辅助性费用等。

第二项生态环境损害赔偿磋商和诉讼支出的调查、检验、鉴定、评估等费用和第三项合理的律师费以及其他为诉讼支出的合理费用指的是诉讼过程中的调查取证、专家咨询、检验、鉴定，以及律师费、诉讼费等费用，可以统称为"因追究生态环境损害赔偿而产生的事务性及其他合理性费用"。

第二十七条【赔偿金的缴纳、管理和使用】

人民法院判决被告承担的生态环境服务功能损失赔偿金、生态环境功能永久性损害造成的损失赔偿金,以及被告不履行生态环境修复义务时所应承担的修复费用,应当依照法律、法规、规章予以缴纳、管理和使用。

理由:本条是对生态环境损害赔偿金的缴纳、管理和使用的规定。《若干规定》第15条与《土壤污染防治法》关于建立土壤污染防治基金等规定相衔接,规定赔偿资金应当按照法律、法规、规章予以缴纳、管理和使用。《土壤污染防治法》第71条第1款规定,国家加大土壤污染防治资金投入力度,建立土壤污染防治基金制度。设立中央土壤污染防治专项资金和省级土壤污染防治基金,主要用于农用地土壤污染防治和土壤污染责任人或者土地使用权人无法认定的土壤污染风险管控和修复以及政府规定的其他事项。符合土壤污染防治法规定的情形且该省设立有土壤污染防治基金的,赔偿资金可以直接交纳至相关基金。在其他情况下,则按照法律、法规、规章予以缴纳、管理和使用。

无论是社会组织、人民检察院提起的公益诉讼还是省级、市地级人民政府提起的生态环境损害赔偿诉讼,都会涉及环境损害赔偿资金的管理和使用问题。各地法院要依据自身情况,在现有法律以及国家政策框架范围内,研究各类诉讼中生态修复资金的管理机制,总结司法实践中的有益经验,探索设立生态环境修复专项基金或专项资金账户,接收生效判决判令被告承担的生态环境修复费用以及生态环境修复期间服务功能损失赔偿金等款项;探索生态损害赔偿诉讼中生态损害无法修复、赔偿资金上缴国库后的替代性修复资金使用问题,配合有关部门监督赔偿资金的使用。

在地方政府和财政部门推动下,云南省昆明市,贵州省贵阳市,江苏省无锡市、徐州市、泰州市等进行了有益的探索,其先后依托财政部门建立了环境公益诉讼专项资金账户,受领生效判决判令被告承担的生态环境修复费用以及服务功能损失赔偿金等款项,推动及时修复受损生态环境的诉讼目的实现,有效保护了生态环境公共利益。山东省也探索设立了统一财政账号管理生态环境损害赔偿和修复资金。总体而言,只要是与生态环境损害赔偿制度、环境公益诉讼制度的设立目的不相违背,适合当地情况且有利于执行的资金使用管理制度,都在允许探索的范围内。如果本地区有生态环境损害赔偿诉讼或者环境公益诉讼专项资金账户,可以将上述资金或者费用交纳至该账户,专项用于案涉生态环境修复工作。

第二十八条 【应急费用的处理】

实际支出应急处置费用的机关提起诉讼主张该费用的,人民法院应予受理,但人民法院已经受理就同一损害生态环境行为提起的生态环境损害赔偿诉讼案件且该案原告已经主张应急处置费用的除外。

生态环境损害赔偿诉讼案件原告未主张应急处置费用,因同一损害生态环境行为实际支出应急处置费用的机关提起诉讼主张该费用的,由受理生态环境损害赔偿诉讼案件的人民法院受理并由同一审判组织审理。

理由:本条是对应急费用的处理的规定。该条有三层含义:一是明确实际支出应急处置费用机关的追偿权利,明确实际支出应急处置费用的机关起诉的,人民法院应当受理;二是为避免重复主张,规定如生态环境损害赔偿诉讼原告已经主张这部分费用的,则不予受理实际支出费用的机关的起诉;三是为协调两类诉讼的审理,明确如生态环境损害赔偿诉讼原告未主张这部分费用而实际支出的机关起诉主张的,由受理损害赔偿诉讼的人民法院一并受理,并由同一审判组织审理。

第五章 索赔程序

第二十九条 【磋商程序的启动】

经调查发现生态环境损害需要修复或赔偿的,赔偿权利人根据生态环境损害鉴定评估报告,就损害事实和程度、修复启动时间和期限、赔偿的责任承担方式和期限等与赔偿义务人进行磋商,统筹考虑修复方案技术可行性、成本效益最优化、赔偿义务人赔偿能力、第三方治理可行性等情况,达成赔偿协议。

经磋商达成生态环境损害赔偿协议的,当事人可以向人民法院申请司法确认。人民法院受理申请后,应当公告协议内容,公告期间不少于三十日。公告期满后,人民法院经审查认为协议的内容不违反法律法规强制性规定且不损害国家利益、社会公共利益的,裁定确认协议有效。人民法院的裁定书应当写明案件的基本事实和协议内容,并向社会公开。

一方当事人拒绝履行、未全部履行发生法律效力的生态环境损害赔偿诉讼案件裁判文书或者经司法确认的生态环境损害赔偿协议的,对方当事人可以向人民法院申请强制执行。需要修复生态环境的,依法由省级、市地级人民政府及其指定的相关部门、机构组织实施。

理由：本条是对磋商程序的启动的规定。磋商是生态环境损害赔偿诉讼的前置程序，在实践中，不少生态环境损害问题通过磋商达成了赔偿协议，赔偿义务人及时对生态环境进行修复，产生了良好的社会效果。

第一项明确了开展磋商需要考虑的情形，包括损害事实和程度、修复启动时间和期限、赔偿的责任承担方式和期限、修复方案技术可行性、成本效益最优化、赔偿义务人赔偿能力、第三方治理可行性等情况。

第二项中，首先明确赔偿协议司法确认的公告制度。全国首例由省级人民政府提出申请的生态环境损害赔偿协议司法确认案件中，清镇市人民法院受理司法确认申请后，在贵州省法院门户网站将各方达成的《生态环境损害赔偿协议》、修复方案等内容进行了为期15天的公告，有效地保障了公众的知情权、参与权和监督权。这一司法实践探索被《改革方案》《若干规定》所肯定和采纳。其次，明确了法院的审查义务。法院在受理生态环境损害赔偿协议司法确认案件后，依法就协议的内容是否违反法律法规强制性规定，是否损害国家利益、社会公共利益进行司法审查并依法作出裁定。此外，为了加大生态环境案件的公众参与，监督生态环境损害赔偿磋商协议的落实情况，明确了确认生态环境损害赔偿协议效力的裁定书应当载明案件基本事实和协议内容等，进一步规范裁定书的体例和制作要求。

第三项是规范生态环境损害赔偿协议司法确认的效力和规则。人民法院通过对生态环境损害赔偿协议的司法确认，赋予赔偿协议强制执行效力，对拒绝履行、未全部履行经司法确认的生态环境损害赔偿协议的，当事人可以向人民法院申请强制执行，促进赔偿协议的有效履行和生态环境修复工作的切实开展。

第三十条【多元解纷方式】

国家鼓励支持建立健全多元生态环境损害纠纷解决机制。

多元生态环境损害纠纷解决机制包括仲裁、行政处理、人民调解等方式。

国家鼓励支持诉讼方式与多元生态环境损害纠纷解决机制之间的衔接。

理由：本条是对多元解纷方式的规定。党的十八届四中全会提出，要完善多元化纠纷解决机制，推动司法体制和社会治理体系改革。多元化纠纷解决机制是指一个社会中各种纠纷解决方式、程序或制度（包括诉讼与非诉讼两大类）共同存在、相互协调所构成的纠纷解决系统。因其在有效化解矛盾纠纷、修复弥合社会关系、优化解纷资源配置等方面的优势，越来越为社会所重视和认可。在生态环境损害赔偿领域也要建立健全多元生态环境损害纠纷解决机制。

第三十一条【一审管辖】

第一审生态环境损害赔偿诉讼案件由生态环境损害行为实施地、损害结果发生地或者被告住所地的中级以上人民法院管辖。

经最高人民法院批准，高级人民法院可以在辖区内确定部分中级人民法院集中管辖第一审生态环境损害赔偿诉讼案件。

中级人民法院认为确有必要的，可以在报请高级人民法院批准后，裁定将本院管辖的第一审生态环境损害赔偿诉讼案件交由具备审理条件的基层人民法院审理。

理由：本条是对一审管辖的规定。主要包含三层意思，第一，关于生态环境损害赔偿级别管辖的规定，旨在保证审理生态环境损害赔偿诉讼案件的法院具备较高的专业素养和裁判能力；第二，关于生态环境损害赔偿诉讼管辖权转移的规定则使得生态环境损害赔偿诉讼的管辖更具灵活性。在具体的生态环境损害案件中，较之于设立至地市级的中级人民法院，设于县区的基层法院往往距离生态环境损害的行为实施地于损害结果发生地更近，此不仅使得诉讼程序更加高效的开展，更为法院在生态环境损害赔偿诉讼中充分发挥其能动性创造了必要空间；第三，关于生态环境损害赔偿的集中管辖，其不仅有助于改善司法环境，保障法院依法独立行使审判权，更有助于统一裁判尺度，提高司法的统一性，体现了环境司法专门化的发展趋势。

第三十二条【审判组织】

生态环境损害赔偿诉讼案件由人民法院环境资源审判庭或者指定的专门法庭审理。

人民法院审理第一审生态环境损害赔偿诉讼案件，应当由法官和人民陪审员组成合议庭进行。

理由：本条是对审判组织的规定。《若干规定》第 3 条第 2 款规定，生态环境损害赔偿诉讼应由法院环境资源审判庭抑或指定的专门法庭进行审理，此为审判组织形式表层要求。而第 4 条规定的生态环境损害赔偿诉讼应由法官与人民陪审员组成的合议庭进行审理则为审判组织形式的里层需求。

缘于生态环境恶化导致的旺盛司法需求，最高法于2014年设立专门性的环境资源审判法庭。在此倡导下，各地方人民法院纷纷推动环境资源审判专门化，即在审判组织形式上设立独立于刑事审判庭、民事审判庭以及行政审判庭的环境资源审判机构，在审判人员设置上选用具备专业知识能力的专职环境资源法官，在审理程序上规范"三审合一"的审判形式，形成特别适用于环境资源审判的流程。此次对于生态环境损害赔偿诉讼审判组织形式进行特别规定，即是近年来环境资源司法体制改革的最新成果与最佳体现。明确规定生态环境损害赔偿诉讼需由环境资源审判法庭专门审理绝非个例，其他如环境民事公益诉讼等生态环境相关诉讼类型亦在不久的将来被写入各类规范之中，即实现环境司法专门化在规范层面的实现与表达。

第三十三条【登记立案所需材料】

原告提起生态环境损害赔偿诉讼，符合民事诉讼法和本法并提交下列材料的，人民法院应当登记立案：

（一）证明具备提起生态环境损害赔偿诉讼原告资格的材料；

（二）符合本法第四条规定情形之一的证明材料；

（三）与被告进行磋商但未达成一致或者因客观原因无法与被告进行磋商的说明；

（四）符合法律规定的起诉状，并按照被告人数提出副本。

理由：本条是对登记立案所需材料的规定。《民事诉讼法》第119条规定起诉必须符合下列条件：（一）原告是与本案有直接利害关系的公民、法人和其他组织；（二）有明确的被告；（三）有具体的诉讼请求和事实、理由；（四）属于人民法院受理民事诉讼的范围和受诉人民法院管辖。《民事诉讼法》第120条第1款规定起诉应当向人民法院递交起诉状，并按照被告人数提出副本。

《若干规定》第5条对提起生态环境损害赔偿诉讼所需材料进行了具体列举：第一，证明其具备生态环境损害赔偿诉讼原告资格的材料；第二，案件符合生态环境损害赔偿诉讼适用情形的证明材料；第三，与赔偿义务人进行磋商但未达成一致的证明材料，抑或因某些客观原因致使无法与赔偿义务人进行磋商的证明材料；第四，符合法律规范的起诉状以及相应数量的诉状副本。

需要注意的是,《若干规定》第 5 条第 3 项对于"与被告进行磋商但未达成一致或者因客观原因无法与被告进行磋商的说明"的规定,实际上即是对《若干规定》第 1 条规定的"经磋商未达成一致或者无法进行磋商的,可以作为原告提起生态环境损害赔偿诉讼"的回应与衔接。即再次明确磋商作为提起生态环境损害赔偿诉讼的前置程序。仅有在赔偿权利人与义务人经历过磋商程序且并未达成一致,生态环境公共利益无法得到应有救济的情况下,赔偿权利人方可提起生态环境损害赔偿诉讼,寻求司法救济。

第三十四条【原告应当承担的举证责任】

原告主张被告承担生态环境损害赔偿责任的,应当就以下事实承担举证责任:

(一)被告实施了污染环境、破坏生态的行为或者具有其他应当依法承担责任的情形;

(二)生态环境受到损害,以及所需修复费用、损害赔偿等具体数额;

(三)被告污染环境、破坏生态的行为与生态环境损害之间具有关联性。

理由:本条是对原告应当承担的举证责任的规定。关于"其他应当依法承担责任的情形",主要是指虽未直接实施污染环境破坏生态行为,但依据法律规定应当承担责任的情形。如根据《环境保护法》第 65 条规定,环境影响评价机构、环境监测机构以及从事环境监测设备和防治污染设施维护、运营的机构在有关环境服务活动中弄虚作假,对造成的环境污染和生态破坏负有责任的;根据《土壤污染防治法》第 96 条规定,土地使用权人因未履行污染防控义务和修复义务承担侵权责任的等。此外,违反法律法规,向他人提供、出售、委托处置、委托运输危险废物或其他污染物的公民、法人和其他组织;违反法律法规,明知他人行为具有污染环境、破坏生态的后果,仍实施向他人出租(借)经营场所、提供经营资质、签订虚假合同等帮助行为的公民、法人和其他组织,也应当属于此种情形。

关于原告所负举证责任的具体内容。最高人民法院《环境侵权案件司法解释》规定,原告需提交生态环境受到损害的证据材料。《若干规定》原条文沿用上述司法解释的规定,但在征求意见的过程中,部分专家提出，仅仅表述为"损害"不够明确，同时具有行政主体资格的原告在诉前往往已经针对损害进行了鉴定评估，其具备提出损害具体数额的能力。《若干规定》吸收了相关意见，将"生态环境受到损害"进一步修改为"生态环境受到损害，以及所需修复费用、损害赔偿等具体数额"，即原告不仅需要提交生态环境受到损害的证据材料，还需要提交所需修复费用、损害赔偿数额等具体的证明材料。这样从举证责任角度规定原告的义务，有利于负有环境资源监督管理职责的原告积极履行职责，收集证据材料，为进一步查清事实、分清责任打好基础。

关于关联性的问题。有观点认为，省级、市地级人民政府及其指定的相关部门、机构一般掌握行政执法阶段的证据，其举证能力高于普通原告，不仅应当对被告实施了相应的行为或者具有依法应当承担责任的情形、生态环境遭到损害、损害的具体程度负有举证责任，还应当提交相关证据材料证明被告的行为和生态环境损害之间具有因果关系。考虑到生态环境损害赔偿诉讼原告的特殊性，由原告举证证明被告行为与生态环境损害之间具有因果关系，具有一定合理性。但鉴于《民法典》第1230条明确规定由被告负责证明其行为与损害之间不存在因果关系，如将该因果关系的举证责任确定由原告承担，将与《民法典》第1230条的现有规定不一致。《环境侵权案件司法解释》关于由原告证明污染环境或者破坏生态行为与损害结果之间具有关联性的规定，可以继续适用。

第三十五条【被告应当承担的举证责任】

被告反驳原告主张的，应当提供证据加以证明。被告主张具有法律规定的不承担责任或者减轻责任情形的，应当承担举证责任。

理由： 本条是对被告应当承担的举证责任的规定。《若干规定》第7条规定了对被告举证的要求，被告反驳原告主张的，应当提供证据加以证明。被告主张具有法律规定的不承担责任或者减轻责任情形的，应当承担举证责任。该条规定，一是明确了被告反驳原告主张的，应当举证证明。这里的"原告主张"即《若干规定》第6条规定的"被告实施了污染环境、破坏生态的行为或者具有其他应当依法承担责任的情形；生态环境受到损害，以及所需修复费用、损害赔偿等具体数额；被告污染环境、破坏生态的行为与生态环境损害之间具有关联性"三种情形。二是延续了原侵权责任法对被告减轻免除责任情形的举证责任规定，即"被告主张具有法律规定的不承担责任或减轻责任情形的，应当承担举证责任。"

第三十六条【无须举证证明的情形】

已为发生法律效力的刑事裁判所确认的事实,当事人在生态环境损害赔偿诉讼案件中无须举证证明,但有相反证据足以推翻的除外。

对刑事裁判未予确认的事实,当事人提供的证据达到民事诉讼证明标准的,人民法院应当予以认定。

理由:本条是对无须举证证明的情形的规定。刑事诉讼对证据的审查标准最为严格,依据刑事诉讼法的相关规定,只有经过法定程序查证属实的证据证明定罪量刑的事实达到足以排除合理怀疑的程度,方可认定为证据确实、充分。生态环境损害赔偿诉讼案件属于民事案件范畴,应适用民事诉讼高度盖然性的证明标准。即如果一方当事人提出的证据能够证明争议事实的发生具有高度可能性的,法官即可予以确认。因此,对于已为发生法律效力的刑事裁判所确认的事实,除非对方提出了相反证据足以推翻该事实,当事人在生态环境损害赔偿诉讼中是无须举证证明的。

对刑事裁判未予确认的事实,当事人提供的证据达到民事诉讼证明标准的,人民法院应当予以认定。该规定也是基于刑事诉讼和民事诉讼不同的证明标准,对于一些在刑事诉讼中已经主张,但因尚未达到刑事诉讼证明标准而未予确认的事实,如果在生态环境损害赔偿诉讼中,原告提供的证据符合民事诉讼证明标准的,人民法院可以予以确认,并作为承担生态环境损害赔偿责任的事实根据。

第三十七条【环资部门的权威报告可作为认定事实的根据】

负有相关环境资源保护监督管理职责的部门或者其委托的机构在行政执法过程中形成的事件调查报告、检验报告、检测报告、评估报告、监测数据等,经当事人质证并符合证据标准的,可以作为认定案件事实的根据。

理由:本条是对环资部门的权威报告可作为认定事实的根据的规定。实践中,负有相关环境资源保护监督管理职责的部门在行政执法过程中可能会形成事故调查报告、检验报告、检测报告、评估报告、监测数据等,是上述机关在其职责范围内依据规范程序就相关专业性问题制作的材料,是行政执法过程中的第一手资料,具有专业性和及时性。《民诉法解释》第114条规定,国家机关或者其他依法具有社会管理职能的组织,在其职权范围内制作的文书所记载的事项推定为真实,但有相反证据足以推翻的除外。必要时,人民法院可以要求制作文书的机关或者组织对文书的真实性予以说明。《环境侵权案件司法解释》第10条规定，负有环境保护监督管理职责的部门或者其委托的机构出具的环境污染事件调查报告、检验报告、检测报告、评估报告或者监测数据等，经当事人质证，可以作为认定案件事实的根据。

可见，负有环境资源保护监督管理职责的部门依照法定程序和方式作出的环境污染事件调查报告、检验报告、检测报告、评估报告或者监测数据等，属于公文书证的范围，适用公文书证的证据规则。而负有环境资源保护监督管理职责的部门委托的机构出具的上述报告、数据等，其制定主体虽不属于上述具有社会公信力或者公共信用的公共管理机关的范畴，但其出具的报告、数据等在环境污染行政执法中也被作为重要的证据使用，与环境资源保护监督管理职责的部门出具的报告、数据等并无本质不同，故也可以认为属于公文书证的范畴。

在审判实践中需要注意：第一，上述证据限于环境资源保护监督管理职责的部门或者委托的机构在其职权范围之内依照法定程序所作出的证据。第二，本条明确规定上述证据需经当事人质证并符合证据标准的，可以作为认定案件事实的根据。换言之，质证程序是认定上述调查报告等最终具有证据效力的必经程序，在上述证据符合证据资格的前提下，经庭审质证，证据符合真实性、合法性、关联性要求的，人民法院应当认定其具有证明力，才可以作为认定案件事实的根据。

第三十八条【作为认定案件事实依据的其他情形】

当事人在诉前委托具备环境司法鉴定资质的鉴定机构出具的鉴定意见，以及委托国务院环境资源保护监督管理主管部门推荐的机构出具的检验报告、检测报告、评估报告、监测数据等，经当事人质证并符合证据标准的，可以作为认定案件事实的根据。

理由：本条是对作为认定案件事实依据的其他情形的规定。原告与被告在诉前进行磋商是提起生态环境损害赔偿诉讼的前置程序，在此期间往往要委托具备环境司法鉴定资质的鉴定机构出具鉴定意见。诉前磋商作为生态环境损害赔偿诉讼的前置程序，在实践中发挥的积极作用，增强了行政机关积极履行环境资源保护监督管理职责的积极性，推动赔偿义务人尽快修复受损生态环境。

有观点认为，当事人应当在诉前磋商阶段共同委托鉴定，减少诉讼过程中对鉴定意见的争议。但考虑到，如果被告不同意原告在诉前磋商阶段共同委托，就无法达成磋商协议，会阻碍双方当事人尽快达成协议、尽快修复生态环境的根本目的，影响磋商效果。而且双方在诉讼阶段仍然可以申请人民法院委托鉴定，不影响双方的权利。因此，本条未规定诉前当事人必须共同委托鉴定。

此外，本条规定了两类机构：一是具备环境司法鉴定资质的鉴定机构。司法部正在开展环境司法鉴定机构的资质审核，提供全国已经备案的环境司法鉴定机构供当事人选择。二是国务院环境资源保护监督管理相关主管部门推荐的机构。司法部对于环境司法鉴定机构的资质审核工作尚未完成，实践中还有原环境保护部推荐的机构接受当事人或者法院的委托出具检验报告、检测报告、评估报告等。在环境司法鉴定机构资质审核工作尚未完成之前，国务院环境资源主管部门推荐的机构出具的上述报告经过质证并符合证据标准的，可以作为认定案件事实的根据。

第三十九条【可以提起赔偿诉讼的情形】

当事人双方进行磋商未达成一致的，赔偿权利人及其指定的部门或机构应当及时提起生态环境损害赔偿的民事诉讼。

理由：本条是对可以提起赔偿诉讼的情形的规定。实际上也明确了磋商是提起生态环境损害赔偿诉讼的前置程序。《若干规定》第1条规定："省级、市地级人民政府及其指定的相关部门、机构，或者受国务院委托行使全民所有自然资源资产所有权的部门，因与造成生态环境损害的自然人、法人或者其他组织经磋商未达成一致或者无法进行磋商的，可以作为原告提起生态环境损害赔偿诉讼。"作为前置程序，原则上只有在经磋商无法达成一致的情况下，赔偿权利人方可提起生态环境损害赔偿诉讼。但实践中，时有污染者或者生态破坏者在造成生态环境损害后下落不明或者故意躲避导致无法进行磋商的情况发生，因此，除了经磋商无法达成一致之外，客观上缺少开展磋商的条件的情况下，赔偿权利人亦应及时提起生态环境损害赔偿诉讼。对于人民法院而言，在立案阶段，只需要审查原告是否提交了与被告进行磋商但未达成一致或者因客观原因无法与被告进行磋商的说明即可。诉讼过程中，如果被告提交证据证明原告的说明是虚构的，明明具备磋商的条件而原告未主动开展磋商的话，则可认定原告尚不具备提起生态环境损害赔偿诉讼的条件。

第四十条【生态环境损害赔偿诉讼与环境公益诉讼的衔接】

国家鼓励和支持生态环境损害赔偿诉讼与环境公益诉讼之间做好

衔接。

（一）在生态环境损害赔偿诉讼案件审理过程中，同一损害生态环境行为又被提起民事公益诉讼，经审查符合起诉条件的，受理生态环境损害赔偿诉讼案件的人民法院可以受理后发案件并由同一审判组织审理。

（二）人民法院受理因同一损害生态环境行为提起的生态环境损害赔偿诉讼案件和民事公益诉讼案件，应先中止民事公益诉讼案件的审理，待生态环境损害赔偿诉讼案件审理完毕后，就民事公益诉讼案件未被涵盖的诉讼请求依法作出裁判。

（三）生态环境损害赔偿诉讼案件的裁判生效后，有权提起民事公益诉讼的机关或者社会组织就同一损害生态环境行为有证据证明存在前案审理时未发现的损害事实和损害行为，并提起民事公益诉讼的，人民法院应予受理。

（四）民事公益诉讼案件的裁判生效后，有权提起生态环境损害赔偿诉讼的主体就同一损害生态环境行为有证据证明存在前案审理时未发现的损害事实和损害行为，并提起生态环境损害赔偿诉讼的，人民法院应予受理。

理由：本条是对生态环境损害赔偿诉讼与环境公益诉讼的衔接的规定。包含4款。第1款明确了两类案件分别立案后由同一审判组织审理。鉴于生态环境损害赔偿诉讼尚处于试点期间，为了更好地探索程序规则，厘清两类案件在归责原则、举证责任、事实认定、裁判内容等法律适用上的异同与协调，同时也是为了避免关联案件在认定事实和裁判意见上的冲突，应当将两类案件分别立案，并由受理生态环境损害赔偿诉讼法院的同一审判组织一并审理。

第2款明确两类案件的审理顺序。从环境治理体系角度看，地方各级人民政府是宪法规定的地方国家权力机关的执行机关，依照法律规定的权限，管理本行政区域内的经济、教育、科学、文化、卫生、体育事业、城乡建设事业和财政、民政、公安、民族事务、司法行政、计划生育等行政工作。省级、市地级政府作为对本行政区域的环境质量负责的责任主体，应当对本行政区域环境保护工作实施统一监督管理。政府主导、行政优先是生态环境损害赔偿制度的特点。《若干规定》规定省级、市地级政府及其指定的相关部门、机构可以作为生态环境损害赔偿诉讼案件的原告，是落实两级政府环境资源保护行政管理职责的需要。

同时，省级、市地级政府负责环境资源保护监督管理的部门具有较强专业性和组织修复生态环境的能力。因此，为促进受损生态环境的及时有效修复，明确人民法院受理因同一损害生态环境行为提起的生态环境损害赔偿诉讼案件和民事公益诉讼案件，应先中止民事公益诉讼案件的审理，待生态环境损害赔偿诉讼案件审理完毕后，就民事公益诉讼案件未被涵盖的诉讼请求依法作出裁判。

第3款和第4款明确了裁判生效后两类案件的衔接规则。为了平等保护各类主体的诉权，避免相关民事主体因同一损害生态环境行为被重复追责，《若干规定》第18条明确，生态环境损害赔偿诉讼案件的裁判生效后，有权提起民事公益诉讼的机关或者社会组织就同一损害生态环境行为有证据证明存在前案审理时未发现的损害，并提起民事公益诉讼的，人民法院应予受理。民事公益诉讼案件的裁判生效后，有权提起生态环境损害赔偿诉讼的主体就同一损害生态环境行为有证据证明存在前案审理时未发现的损害，并提起生态环境损害赔偿诉讼的，人民法院应予受理。

第六章　赔偿方式

第四十一条【赔偿责任的多样化承担方式】

根据赔偿义务人主观过错、经营状况等因素，可以实行生态修复、一次性赔付、分期赔付等多样化赔偿责任的承担方式。

生态修复是生态环境损害赔偿的优先方式。

理由： 本条是对赔偿责任的多样化承担方式的规定。《管理规定》提出各地可根据案件实际情况，统筹考虑社会稳定、群众利益，根据赔偿义务人主观过错、经营状况等因素分类处置，探索分期赔付等多样化责任承担方式。

第四十二条【生态修复目的】

本法所称生态修复的目的，是使受损的自然资源或生态功能恢复到被破坏之前的基本水平。

当受损的自然资源或生态功能不能恢复到被破坏之前的基本水平时，可以进行补充修复。补充修复的目的是提供相似水平的自然资源或功能，包括适当条件下提供替代场址，该替代场址的功能具有与受损的场地基本相同的生态功能，但不包括对该场址上居民的经济赔偿。

理由：本条是对生态修复目的的规定。生态环境恢复旨在利用基本恢复、补偿性恢复甚或补充性恢复等工程措施实现生态环境损害的等值填补。根据原环境保护部于2016年6月发布的《生态环境损害鉴定评估技术指南总纲》，生态环境恢复是指生态环境损害发生后，采取各项必要的、合理的措施将生态环境及其生态系统服务恢复至基线水平，同时补偿期间损害。按照恢复目标和阶段不同，生态环境恢复可包括基本恢复、补充性恢复等。基本恢复旨在利用自然恢复方式或采取人工恢复措施，使受损的生态环境及其生态系统服务复原至基线水平。基线水平是指污染环境、破坏生态行为未发生时，生态环境及其生态系统服务的状态。

如果在跟踪基本恢复的实施情况，进行必要的生态环境损害调查和监测后，发现基本恢复没有达至预期恢复目标，则需开展补充性恢复确保生态环境恢复到基线水平，并对期间损害给予等值填补。总体来说，生态环境恢复是指利用基本恢复、补充性恢复等工程措施实现生态环境损害的等值填补。

第四十三条【修复措施】

在采取生态修复措施时，应当优先考虑能够提供和受损自然资源或生态功能同等类型、质量和数量的修复措施。在无法实现上述目标时，应当提供替代自然资源和生态功能的修复措施。生态环境保护主管部门或其委托的机构可根据实际情况，决定补充或补偿修复措施的范围。

补充或修复措施的采取应当有利于提供附加自然资源和生态服务价值。

理由：本条是对修复措施的规定。《管理规定》指出赔偿义务人造成的生态环境损害无法修复的，生态环境损害赔偿资金作为政府非税收入，实行国库集中收缴，全额上缴本级国库，纳入一般公共预算管理。赔偿权利人及其指定的部门或机构根据磋商协议或生效判决要求，结合本区域生态环境损害情况开展替代修复。《生态环境损害鉴定评估技术指南总纲》规定了按照恢复目标和阶段不同，生态环境恢复可包括基本恢复、补偿性恢复和补充性恢复。在较短时间范围，直接修复自然资源和生态功能达到本地水平的措施或通过自然修复，被认为是基本修复。当决定补充或补偿措施的级别时，首先当考虑利用"资源对资源"或

"功能对功能"功能等同方法。在该方法之中，应当优先考虑能够提供和受损自然资源或生态功能同等类型、质量和数量的修复措施。但如果无法做到这一点，应当提供替代自然资源和生态功能。例如，通过增加数量的修复措施弥补质量的下降。如果不能利用"资源对资源"或"功能对功能"功能等同首选方法，应当使用替代评估技术。主管机构可以规定必要的方法（例如货币估值），以决定补充或补偿修复措施的范围。如果能够评估受损的资源和生态服务价值，但是不能在合理的时间或以合理的价格评估替代自然资源和生态服务价值，主管机构可以选择与受损自然资源和生态服务货币估值相同成本的修复措施。补充或修复措施的设计应当有利于提供附加自然资源和生态服务价值，该附加价值反映了修复措施的时间偏好和时间分布。

第四十四条【修复方法】

选择生态修复的方法应当顾及以下因素：

（一）对公共健康和安全的影响；

（二）执行成本；

（三）生态修复的可能性；

（四）预防未来损害的程度和避免实施该方法带来的负面影响；

（五）对自然资源要素和生态功能的受益程度；

（六）对相关的社会、经济和文化的影响和地区发展的特殊影响；

（七）有效恢复受损生态环境需要的时间；

（八）实现修复受损生态环境区域的基本水平；

（九）与生态环境受损区域的地理联系。

理由：本条是对修复方法的规定。合理的修复方式应当利用最佳修复技术。以下列标准为基础：选择的方法对公共健康和安全的影响；选择的方法的执行成本；选择的方法成功的可能性；选择的方法预防未来损害的程度和避免实施该方法带来的附带损害；选择的方法对自然资源要素和生态功能的受益程度；选择的方法考虑相关的社会，经济和文化问题的程度和地区其他相关的特殊因素；有效恢复受损生态环境需要的时间；选择的方法实现修复受损生态环境区域的程度；与受损区域的地理联系。当评估不同的修复方法时，可以选择不能完全恢复受损水体、保护物种或自然栖息地基本水平或修复时间较长的基本方法。可以采用该决定，只要受决定影响的先前主要区域的自然资源和生态功能可以通过增加补充或补偿措施提供与先前相似水平自然资源和生态功能弥补。例如，能够在其他地方以较低的成本提供同等的自然资源和生态功能。

第七章 鉴定与评估

第四十五条【量化标准】

国务院生态环境主管部门应当会同有关部门明确生态环境损害程度的量化标准。

理由：本条是对生态环境损害程度量化标准的规定。《生态环境损害鉴定评估技术指南总纲》指出要详细阐明生态环境损害鉴定评估中生态环境损害价值量化所依据的标准、规范，所采用的评估方法，以及相应的证明材料。明确界定生态环境损害价值量化的范围，即包括哪些类型的损害以及每种类型损害量化的构成。对于生态环境损害价值量化，如采用基于恢复目标的生态环境损害评估方法，应阐述确定生态环境恢复方案的原则与过程，给出生态环境损害价值量化的结果。

第四十六条【规范生态环境损害鉴定评估】

国务院生态环境主管部门应当会同有关部门规范生态环境损害的鉴定和评估工作。

地方人民政府和有关部门应当推进生态环境损害鉴定和评估的专业能力建设，根据实际需要组建符合条件的专业评估队伍，形成评估能力。

地方人民政府和有关部门应当规范鉴定和评估的管理制度和工作程序，保障鉴定和评估机构独立开展生态环境损害鉴定和评估工作，并做好鉴定和评估工作与司法程序的衔接。

理由：本条是规范生态环境损害鉴定评估的规定。要规范生态环境损害的鉴定评估。要加快推进生态环境损害鉴定评估专业力量建设，推动组建符合条件的专业评估队伍，尽快形成评估能力。研究制定鉴定评估管理制度和工作程序，保障独立开展生态环境损害鉴定评估，并做好与司法程序的衔接。为磋商提供鉴定意见的鉴定评估机构应当符合国家有关要求；为诉讼提供鉴定意见的鉴定评估机构应当遵守司法行政机关等的相关规定规范。

第四十七条【对鉴定评估机构的基本要求】

为生态环境损害赔偿的磋商提供鉴定意见的鉴定评估机构，应当符合国务院生态环境保护主管部门的要求。

为诉讼提供鉴定意见的鉴定评估机构，应当符合并遵守国务院司法行政机关和有关部门的相关技术与程序规范。

理由：本条是对鉴定评估机构的基本要求的规定。《改革方案》提出要为磋商提供鉴定意见的鉴定评估机构应当符合国家有关要求；为诉讼提供鉴定意见的鉴定评估机构应当遵守司法行政机关等的相关规定规范。在此，将"符合国家有关要求"细化为"符合国务院生态环境保护主管部门的要求"。将"应当遵守司法行政机关等的相关规定规范"修改为"应当符合并遵守国务院司法行政机关和有关部门的相关技术与程序规范"。

第八章 赔偿方案的执行和监督

第四十八条【司法确认】

对经磋商达成的赔偿协议，当事人双方可以依照民事诉讼法的规定向人民法院申请司法确认。

经司法确认的赔偿协议，赔偿义务人不履行或不完全履行的，索赔权利人及其指定的部门或机构可以依据该赔偿协议向人民法院申请强制执行。

理由：本条是对司法确认的规定。规范了生态环境损害赔偿协议司法确认的效力和规则。《人民调解法》第33条规定，经人民调解委员会调解达成调解协议后，双方当事人认为有必要的，可以自调解协议生效之日起三十日内共同向人民法院申请司法确认，人民法院应当及时对调解协议进行审查，依法确认调解协议的效力。人民法院通过对生态环境损害赔偿协议的司法确认，赋予赔偿协议强制执行效力，对拒绝履行、未全部履行经司法确认的生态环境损害赔偿协议的，当事人可以向人民法院申请强制执行，促进赔偿协议的有效履行和生态环境修复工作的切实开展。

第四十九条【执行和监督】

国家加强对生态环境修复和损害赔偿协议的执行和监督。

索赔权利人及其指定的部门或机构对磋商或诉讼后的生态环境修复效果进行评估，以确保生态环境得到及时有效修复。

生态环境损害赔偿款项使用情况、生态环境修复效果应当向社会公开，接受公众监督。

理由：本条是对生态环境修复和损害赔偿协议执行与监督的规定。《管理规定》要求赔偿权利人及其指定的部门或机构可以积极创新公众参与方式，邀请相关部门、专家和利益相关的公民、法人、其他组织参加索赔磋商、索赔诉讼或者生态环境修复，接受公众监督。

第五十条【赔偿金的监督管理】

国家加强生态环境损害赔偿金的管理。

经磋商或诉讼确定生态环境损害赔偿义务的，赔偿义务人应当根据磋商协议或者人民法院的裁判文书，组织开展生态环境损害的修复。赔偿义务人因自身技术条件等原因无能力开展修复工作的，可以委托具备修复能力的社会第三方机构进行修复。修复资金由赔偿义务人向受托的社会第三方机构支付。

赔偿义务人自行修复或委托他人修复的，赔偿权利人前期开展生态环境损害调查、鉴定和评估、修复效果后评估等费用由赔偿义务人承担。

理由：本条是对赔偿金的监督管理的规定。《改革方案》指出加强生态环境损害赔偿资金管理。经磋商或诉讼确定赔偿义务人的，赔偿义务人应当根据磋商或判决要求，组织开展生态环境损害的修复。赔偿义务人无能力开展修复工作的，可以委托具备修复能力的社会第三方机构进行修复。修复资金由赔偿义务人向委托的社会第三方机构支付。赔偿义务人自行修复或委托修复的，赔偿权利人前期开展生态环境损害调查、鉴定评估、修复效果后评估等费用由赔偿义务人承担。

第五十一条【开展生态环境修复】

索赔权利人及其指定的部门或机构应当根据磋商后达成的赔偿协议或人民法院裁判文书的要求，结合本区域生态环境损害情况开展生态环境修复。

理由：本条是对开展生态环境修复的规定。《管理规定》要求赔偿义务人造成的生态环境损害无法修复的，生态环境损害赔偿资金作为政府非税收入，实行国库集中收缴，全额上缴本级国库，纳入一般公共预算管理。赔偿权利人及其指定的部门或机构根据磋商协议或生效判决要求，结合本区域生态环境损害情况开展替代修复。

第五十二条【赔偿金的使用管理】

赔偿义务人造成的生态环境损害无法修复的，其生态环境损害赔偿金作为政府非税收入，收归国库，纳入预算管理，专项用于生态环境损害修复。

理由： 本条是对赔偿金的使用管理的规定。《资金管理办法》第 6 条规定，赔偿权利人负责生态环境损害赔偿资金使用和管理。赔偿权利人指定的相关部门、机构负责执收生态环境损害赔偿协议确定的生态环境损害赔偿资金；人民法院负责执收由人民法院生效判决确定的生态环境损害赔偿资金。生态环境损害赔偿资金作为政府非税收入，实行国库集中收缴，全额上缴赔偿权利人指定部门、机构的本级国库，纳入一般公共预算管理。

第五十三条【鼓励政策】

国家采取有利于生态环境损害赔偿的财政、税收、价格、金融等经济政策和措施。

国家加大生态环境保护资金投入力度，建立生态环境保护基金制度。设立中央生态环境保护专项资金和省级生态环境保护基金，主要用于因生态环境损害赔偿义务人无法认定导致的受损生态环境损害无法修复以及政府规定的其他相关事项。

国家鼓励金融机构加大对生态环境损害修复项目的信贷投放。

从事生态环境修复的单位依照法律、行政法规的规定，享受税收优惠。

理由： 本条是对相关鼓励政策的规定。开展生态环境损害赔偿工作离不开相关政策的支持。《土壤污染防治法》在鼓励政策方面起到了良好的示范作用，对此可加以借鉴。《土壤污染防治法》第 69 条规定国家采取有利于土壤污染防治的财政、税收、价格、金融等经济政策和措施。《土壤污染防治法》第 71 条规定：国家加大土壤污染防治资金投入力度，建立土壤污染防治基金制度。设立中央土壤污染防治专项资金和省级土壤污染防治基金，主要用于农用地土壤污染防治和土壤污染责任人或者土地使用权人无法认定的土壤污染风险管控和修复以及政府规定的其他事项。《土壤污染防治法》第 72 条规定国家鼓励金融机构加大对土壤污染风险管控和修复项目的信贷投放。第 73 条规定从事土壤污染风险管控和修复的单位依照法律、行政法规的规定，享受税收优惠。

第五十四条【约谈整改】

市地级以上人民政府生态环境主管部门应当会同有关部门对生态环境损害问题突出、生态环境损害赔偿工作不力、群众反映强烈的地区，约谈设区的市级以上地方人民政府及其有关部门主要负责人，要求其采取措施及时整改。约谈整改情况应当向社会公开。

理由：本条是对约谈整改的规定。《土壤污染防治法》第76条规定省级以上人民政府生态环境主管部门应当会同有关部门对土壤污染问题突出、防治工作不力、群众反映强烈的地区，约谈设区的市级以上地方人民政府及其有关部门主要负责人，要求其采取措施及时整改。约谈整改情况应当向社会公开。约谈整改制度在实践中发挥了有效作用。

第五十五条【信用记录】

市地级以上人民政府生态环境主管部门和其他负有生态环境损害赔偿监督管理职责的部门应当将从事生态环境损害状况调查和生态环境损害鉴定评估、修复、修复效果评估、后期管理等活动的单位和个人的执业情况，纳入信用系统，建立信用记录，将违法信息记入社会诚信档案，并纳入全国信用信息共享平台和国家企业信用信息公示系统，向社会公布。

理由：本条是对信用记录的规定。《土壤污染防治法》第80条规定：省级以上人民政府生态环境主管部门和其他负有土壤污染防治监督管理职责的部门应当将从事土壤污染状况调查和土壤污染风险评估、风险管控、修复、风险管控效果评估、修复效果评估、后期管理等活动的单位和个人的执业情况，纳入信用系统建立信用记录，将违法信息记入社会诚信档案，并纳入全国信用信息共享平台和国家企业信用信息公示系统向社会公布。

第五十六条【信息公开】

生态环境主管部门和其他负有生态环境损害赔偿监督管理职责的部门应当依法公开相关生态环境损害赔偿信息。

公民、法人和其他组织享有依法获取生态环境损害状况和生态环境损害赔偿信息、参与和监督生态环境修复的权利。

理由：本条是对信息公开的规定。《环境保护法》第5章专章规定了"信息公开和公众参与"，其第53条规定公民、法人和其他组织依法享有获取环境信息、参与和监督环境保护的权利。各级人民政府环境保护主管部门和其他负有环境保护监督管理职责的部门，应当依法公开环境信息、完善公众参与程序，为公民、法人和其他组织参与和监督环境保护提供便利。生态环境损害赔偿过程应坚持信息公开的原则。

第五十七条【社会监督】

新闻媒体对违反生态环境损害赔偿法律法规的行为享有舆论监督的权

利，被监督的单位和个人应当自觉接受监督，不得打击报复。

任何组织和个人对生态环境损害的行为，均有向生态环境保护主管部门和其他负有生态环境损害赔偿监督管理职责的部门报告或者举报的权利。

理由：本条是对社会监督的规定。《环境保护法》第 9 条第 3 款规定，新闻媒体应当开展环境保护法律法规和环境保护知识的宣传，对环境违法行为进行舆论监督。《环境保护法》第 57 条规定公民、法人和其他组织发现任何单位和个人有污染环境和破坏生态行为的，有权向环境保护主管部门或者其他负有环境保护监督管理职责的部门举报。公民、法人和其他组织发现地方各级人民政府、县级以上人民政府环境保护主管部门和其他负有环境保护监督管理职责的部门不依法履行职责的，有权向其上级机关或者监察机关举报。接受举报的机关应当对举报人的相关信息予以保密，保护举报人的合法权益。

第九章　法律责任

第五十八条【对滥用职权、玩忽职守、徇私舞弊的处理】

国家建立对生态环境损害索赔行为的监督机制。索赔权利人及其指定的相关部门或机构的负责人、工作人员在索赔工作中存在滥用职权、玩忽职守、徇私舞弊的，依法追究责任；涉嫌犯罪的，移送司法机关依法处理。

理由：本条是对滥用职权、玩忽职守、徇私舞弊的处理的规定。《管理规定》规定要建立对生态环境损害索赔行为的监督机制，赔偿权利人及其指定的部门或机构的负责人、工作人员，在生态环境损害赔偿过程中存在滥用职权、玩忽职守、徇私舞弊等情形的，按照有关规定交由纪检监察机关依纪依法处理，涉嫌犯罪的，移送司法机关，依法追究刑事责任。

第五十九条【行政处罚与刑事处理】

地方各级人民政府、生态环境主管部门或者其他负有生态环境损害赔偿监督管理职责的部门未依照本法规定履行职责的，对直接负责的主管人员和其他直接责任人员依法给予处分。依照本法规定应当作出行政处罚决定而未作出的，上级主管部门可以直接作出行政处罚决定。

违反本法规定，构成违反治安管理行为的，由公安机关依法给予治安管理处罚；构成犯罪的，依法追究刑事责任。

理由：本条是对行政处罚与刑事处理的规定。关于行政处罚，在《环境保护法》中有两条依据。《环境保护法》第 67 条规定，上级人民政府及其环境保护主管部门应当加强对下级人民政府及其有关部门环境保护工作的监督。发现有关工作人员有违法行为，依法应当给予处分的，应当向其任免机关或者监察机关提出处分建议。依法应当给予行政处罚，而有关环境保护主管部门不给予行政处罚的，上级人民政府环境保护主管部门可以直接作出行政处罚的决定。《环境保护法》第 68 条规定地方各级人民政府、县级以上人民政府环境保护主管部门和其他负有环境保护监督管理职责的部门有以下行为，对直接负责的主管人员和其他直接责任人员给予记过、记大过或者降级处分；造成严重后果的，给予撤职或者开除处分，其主要负责人应当引咎辞职。

关于刑事处理，《环境保护法》第 69 条规定违反本法规定，构成犯罪的，依法追究刑事责任。

第六十条【不予免除赔偿责任的要求】
赔偿义务人因同一生态环境损害行为需承担行政责任或刑事责任的，不影响其依法承担生态环境损害赔偿的责任。

理由：本条是对不予免除赔偿责任的要求的规定。《管理规定》指出赔偿义务人因同一生态环境损害行为需要承担行政责任或者刑事责任的，不影响其依法承担生态环境损害赔偿责任。赔偿义务人的财产不足以同时承担生态环境损害赔偿责任和缴纳罚款、罚金时，优先用于承担生态环境损害赔偿责任。生态环境损害赔偿责任属于民事责任，民事责任、行政责任、刑事责任作为三种不同的性质的法律责任，各自有其不同的发生根据和适用范围。一般情况下，三者各自独立存在，并不相悖。

第十章　附则

第六十一条【施行时间】
本法自　年　月　日施行。

理由：本条是对本法实施时间的规定。这个规定，与我国的其他立法例是一致的。

关于《中华人民共和国生态环境损害赔偿法》的立法说明

一 制定本法的必要性

（一）制定生态环境损害赔偿法，是贯彻落实党中央生态文明建设的重要举措。党的十九大明确提出，加快生态文明体制改革，建设美丽中国。党的二十大提出，推进美丽中国建设。2018年3月11日，十三届全国人大一次会议通过《中华人民共和国宪法修正案》（以下简称《宪法修正案》）。调整充实中国特色社会主义事业总体布局和第二个百年奋斗目标，增加建设生态文明和美丽中国的内容。生态文明入宪，为生态文明建设提供了根本法的保障。生态文明建设已经成为党和政府的中心工作之一，必须在生态环境立法领域迈出新的步伐。在生态环境领域，生态环境损害赔偿制度作为生态环境保护制度的重要组成部分，是建设社会主义生态文明的重大制度创新，需要相应的立法保障，以有效地解决我国新时期生态文明建设面临的突出问题，为决胜全面建成小康社会，实现人民对美好生活的向往做出应有的贡献。

（二）制定生态环境损害赔偿法，是我国生态环境损害赔偿法律制度与时俱进、完善发展的客观要求。《若干规定》对生态环境损害赔偿诉讼所涉诉讼主体、管辖、举证责任、证明标准、责任方式、与环境民事公益诉讼衔接、执行等予以了确认。对于促进我国生态法治建设、生态环境损害的救济以及生态环境损害赔偿法律制度的发展，发挥了积极的作用。同时，我们也要看到，《若干规定》的出台虽然在法律层面为生态环境损害赔偿追责确立了规范，由于该规定尚处于试行阶段，其规则并不完善，适用过程中准确性和效率性仍显不足，且作为司法解释效力存在一定局限。2022年4月，生态环境部联合最高法、最高检等共14家单位印发了《管理规定》，由中央全面深化改革委员会审议通过，具有党内法规性质。该规定进一步明确了生态环境损害赔偿范围、责任主体、索赔主体和损害赔偿解决途径等，积极探索建立生态环境损害修复和赔偿制度，是优化制度建设，推动改革向纵深发展、加快推进生态文明建设的重要举措。在新的形势下，仍然迫切需要在总结我国生态环境损害赔偿实践经验的基础上，制定一部生态环境损害赔偿法，并配合制定相应的具体法规、规章，以更加全面完善的生态环境损害赔偿法律制度，规范企业事业单位和其他生产经营者的行为，促进其履行对生态环境的保护义务，发挥其在生态环境保护领域的作用。

（三）制定生态环境损害赔偿法，是促进国家治理体系和治理能力现代化，推动全面依法治国战略深入实施的客观要求。为推进我国生态文明建设领域的国家治理现代化，应当将发展完善生态文明法律体系置于重要地位。环境资源领域立法是生态文明法律体系的骨干工程。中华人民共和国成立以来尤其是改革开放以来，我国环境资源保护立法工作取得显著成就，但是在环境资源法律制度领域，一些重要的法律仍然缺位，亟须根据实际需要进行填补，从而提高环境治理的水平。

二 草案的起草过程和立法的指导思想、基本思路

习近平总书记指出："只有实行最严格的制度、最严密的法治，才能为生态文明建设提供可靠保障。"生态环境损害赔偿制度是生态文明制度体系的重要组成部分。党中央、国务院高度重视生态环境损害赔偿工作。2013年，党的十八届三中全会明确提出，对造成生态环境损害的责任者严格实行赔偿制度。2015年3月，中共中央政治局会议审议通过《关于加快推进生态文明建设的意见》，将损害赔偿作为生态文明重大制度纳入生态文明制度体系，并提出要"加快形成生态损害者赔偿、受益者付费、保护者得到合理补偿的运行机制"。2015年9月，中共中央审议通过《生态文明体制改革总体方案》，作为生态文明体制改革的顶层设计，再次明确提出要严格实行生态环境损害赔偿制度，强化生产者环境保护的法律责任，大幅度提高违法成本，对违反环境保护法律法规的，依法严惩重罚；对造成生态环境损害的，以损害程度等因素依法确定赔偿额度。

2015年12月，中共中央办公厅、国务院办公厅发布《试点方案》，以探索建立生态环境损害的修复和赔偿制度为目标，在吉林等7个省市部署开展改革试点。2017年12月，中共中央办公厅、国务院办公厅印发《改革方案》，明确自2018年1月1日起，在全国全面试行生态环境损害赔偿制度。到2020年，力争在全国范围内初步构建责任明确、途径畅通、技术规范、保障有力、赔偿到位、修复有效的生态环境损害赔偿制度。

《改革方案》要求最高人民法院负责指导有关生态环境损害赔偿的审判工作，并对人民法院探索完善生态环境损害赔偿诉讼规则提出具体要求。最高人民法院高度重视《改革方案》任务分工的贯彻落实，指导各级人民法院紧紧围绕党中央决策部署，积极开展生态环境损害赔偿审判工作。最高人民法院审判委员会第1769次会议通过的最高人民法院《若干规定》，已于2019年6月5日起正式施行，并于2020年12月进行了修正。

2022年4月，《管理规定》通过，具有党内法规性质。该规定进一步明确了生态环境损害赔偿范围、责任主体、索赔主体和损害赔偿解决途径等，积极探索建立生态环境损害修复和赔偿制度，是优化制度建设，推动改革向纵深发展、加快推进生态文明建设的重要举措。

制定本法的指导思想是：高举中国特色社会主义伟大旗帜，以习近平新时代中国特色社会主义思想为指导，深入贯彻落实党的二十大精神，适应实行最严格的生态环境保护制度的新形势新要求，坚持节约资源和保护环境的基本国策，坚持节约优先、保护优先、自然恢复为主的方针，坚定走生产发展、生活富裕、生态良好的文明发展道路，健全源头预防、过程控制、损害赔偿、责任追究的生态环境保护体系，确立新时代生态环境损害赔偿法律制度的基本框架，为推动生态文明建设提供有力法治保障，推进美丽中国建设。

按照上述指导思想，生态环境损害赔偿法立法工作遵循以下思路和原则：一是坚持党的领导。必须加强党对立法工作包括生态文明立法工作的领导，在制定生态环境损害赔偿法的过程中，必须严格遵循党中央确定的指导思想、基本原则和改革要求。二是坚持以宪法为依据。宪法是国家各种制度和法律法规的总依据，是治国安邦的总章程。制定生态环境损害赔偿法需要以我国的根本大法——宪法作为指导。三是坚持问题导向。着力解决我国生态环境损害赔偿体制机制中存在的突出问题，例如生态环境损害赔偿诉讼与环境公益诉讼的衔接和分工问题，环境有价、损害担责原则的实际落实问题等。四是坚持科学立法、民主立法、依法立法。坚决贯彻落实党中央决策部署，充分吸收各方面意见，认真回应社会关切，严格依法按程序办事，使草案内容科学合理、协调衔接，制定一部高质量的生态环境损害赔偿法。

三 生态环境损害赔偿法草案的主要内容

生态环境损害赔偿法草案分为10章，包括总则、监督和管理体制、对生态环境损害的索赔、赔偿义务、索赔程序、赔偿方式、鉴定与评估、赔偿方案的执行和监督、法律责任和附则，共61条。主要内容是：

（一）明确生态环境损害的基本概念和赔偿责任的适用情形

生态环境损害赔偿法首先应明确生态环境损害的概念，草案对生态环境损害概念进行规定：本法所称生态环境损害，是指因污染环境、破坏生态造成大气、地表水、地下水、土壤、森林等环境要素和植物、动物、微生物等生物要素的不利改变，以及上述要素构成的生态系统功能退化。（草案第二条）

承担生态环境损害赔偿责任具体适用情形：（1）发生较大及以上突发环境事件的；（2）在国家和省级主体功能区规划中划定的重点生态功能区、禁止开发区发生环境污染、生态破坏事件的；（3）发生其他严重影响生态环境后果的。前款规定的市地级人民政府包括设区的市，自治州、盟、地区，不设区的地级市，直辖市的区、县人民政府。（草案第四条）

同时，草案第五条对生态环境损害赔偿的适用情形进行了反向排除：以下情形不适用生态环境损害赔偿：（1）涉及人身伤害、个人和集体财产损失要求赔偿的，适用《民法典》等法律有关侵权责任的规定；（2）涉及海洋生态环境损害赔偿的，适用《海洋环境保护法》等法律及相关规定。

（二）明确生态环境损害赔偿法的基本原则

生态环境损害赔偿法的基本原则以《环境保护法》规定的原则为指导，包含四项：（1）预防为主，防治结合。（2）环境有价，损害担责。（3）信息共享，公众参与。（4）依法监督，修复生态。（草案第六条）

（三）关于生态环境损害赔偿的监督和管理体制

关于监督管理，草案规定：各级人民政府应当加强对生态环境损害赔偿工作的领导，组织、协调、督促有关部门依法履行生态环境损害监督管理职责。国务院生态环境主管部门对全国生态环境损害赔偿工作实施统一监督管理；国务院自然资源、住房和城乡建设、水利、农业农村等相关部门在各自职责范围内对生态环境损害赔偿工作实施监督管理。地方人民政府生态环境主管部门对本行政区域生态环境损害赔偿工作实施统一监督管理；地方人民政府自然资源、住房和城乡建设、水利、农业农村等相关部门在各自职责范围内对生态环境损害赔偿工作实施监督管理。（草案第十

一条)

关于地方管理体制,草案规定:设区的市级以上地方人民政府生态环境主管部门应当会同发展改革、自然资源、住房和城乡建设、水利、农业农村等主管部门,根据生态环境保护规划要求、环境容量、生态环境损害状况普查和监测结果等,编制生态环境保护规划,报本级人民政府批准后公布实施。(草案第十三条)

(四) 关于索赔权利人的确定和赔偿案件的管辖

草案规定:国务院授权的省级、市地级政府作为本行政区域内生态环境损害赔偿权利人。

在全国有重大影响或者生态环境损害范围在省域内跨市地的案件由省级政府管辖;省域内其他案件管辖由省级政府确定。

生态环境损害范围跨省域的,由损害地相关省级政府共同管辖。相关省级政府应加强沟通联系,协商开展赔偿工作。(草案第十七条)

(五) 关于生态环境修复责任的承担

违反国家规定造成生态环境损害,生态环境能够修复的,国家规定的机关或者法律规定的组织有权请求侵权人在合理期限内承担修复责任。赔偿义务人在期限内未修复的,国家规定的机关或者法律规定的组织可以自行或者委托他人进行修复,所需费用由赔偿义务人负担。国家有关主管部门对生态环境损害的赔偿条件与一般环境侵权责任的赔偿条件,应当作出明确的区分。(草案第二十一条)

此外,草案对赔偿义务人的确定、赔偿范围、费用承担、赔偿金的缴纳、管理和使用等也进行了规定。

(六) 关于磋商程序

磋商是生态环境损害赔偿诉讼的前置程序,草案第二十九条进行了规定:

一是明确了开展磋商需要考虑的情形:经调查发现生态环境损害需要修复或赔偿的,赔偿权利人根据生态环境损害鉴定评估报告,就损害事实和程度、修复启动时间和期限、赔偿的责任承担方式和期限等与赔对偿义务人进行磋商,统筹考虑修复方案技术可行性、成本效益最优化、赔偿义务人赔偿能力、第三方治理可行性等情况,达成赔偿协议。

二是明确赔偿协议司法确认的公告制度和法院的审查义务:经磋商达成生态环境损害赔偿协议的,当事人可以向人民法院申请司法确认。人民法院受理申请后，应当公告协议内容，公告期间不少于三十日。公告期满后，人民法院经审查认为协议的内容不违反法律法规强制性规定且不损害国家利益、社会公共利益的，裁定确认协议有效。人民法院的裁定书应当写明案件的基本事实和协议内容，并向社会公开。

三是规范生态环境损害赔偿协议司法确认的效力和规则：一方当事人拒绝履行、未全部履行发生法律效力的生态环境损害赔偿诉讼案件裁判文书或者经司法确认的生态环境损害赔偿协议的，对方当事人可以向人民法院申请强制执行。需要修复生态环境的，依法由省级、市地级人民政府及其指定的相关部门、机构组织实施。

（七）关于举证责任

原告举证责任：原告主张被告承担生态环境损害赔偿责任的，应当就以下事实承担举证责任：（1）被告实施了污染环境、破坏生态的行为或者具有其他应当依法承担责任的情形；（2）生态环境受到损害，以及所需修复费用、损害赔偿等具体数额；（3）被告污染环境、破坏生态的行为与生态环境损害之间具有关联性。（草案第三十四条）

被告举证责任：被告反驳原告主张的，应当提供证据加以证明。被告主张具有法律规定的不承担责任或者减轻责任情形的，应当承担举证责任。（草案第三十五条）

无须举证证明的情形：已为发生法律效力的刑事裁判所确认的事实，当事人在生态环境损害赔偿诉讼案件中无须举证证明，但有相反证据足以推翻的除外。对刑事裁判未予确认的事实，当事人提供的证据达到民事诉讼证明标准的，人民法院应当予以认定。（草案第三十六条）

（八）关于生态环境损害赔偿诉讼与环境公益诉讼的衔接

一是明确了两类案件分别立案后由同一审判组织审理：在生态环境损害赔偿诉讼案件审理过程中，同一损害生态环境行为又被提起民事公益诉讼，经审查符合起诉条件的，受理生态环境损害赔偿诉讼案件的人民法院可以受理后发案件并由同一审判组织审理。

二是明确两类案件的审理顺序：人民法院受理因同一损害生态环境行为提起的生态环境损害赔偿诉讼案件和民事公益诉讼案件，应先中止民事公益诉讼案件的审理，待生态环境损害赔偿诉讼案件审理完毕后，就民事公益诉讼案件未被涵盖的诉讼请求依法作出裁判。

三是明确了裁判生效后两类案件的衔接规则：（1）生态环境损害赔

偿诉讼案件的裁判生效后，有权提起民事公益诉讼的机关或者社会组织就同一损害生态环境行为有证据证明存在前案审理时未发现的损害事实和损害行为，并提起民事公益诉讼的，人民法院应予受理。（2）民事公益诉讼案件的裁判生效后，有权提起生态环境损害赔偿诉讼的主体就同一损害生态环境行为有证据证明存在前案审理时未发现的损害事实和损害行为，并提起生态环境损害赔偿诉讼的，人民法院应予受理。

（九）关于赔偿方式和修复措施的规定

赔偿责任具有多样化的承担方式：根据赔偿义务人主观过错、经营状况等因素，可以实行生态修复、一次性赔付、分期赔付等多样化赔偿责任的承担方式。生态修复是生态环境损害赔偿的优先方式。（草案第四十一条）

修复措施：在采取生态修复措施时，应当优先考虑能够提供和受损自然资源或生态功能同等类型、质量和数量的修复措施。在无法实现上述目标时，应当提供替代自然资源和生态功能的修复措施。生态环境保护主管部门或其委托的机构可根据实际情况，决定补充或补偿修复措施的范围。补充或修复措施的采取应当有利于提供附加自然资源和生态服务价值。（草案第四十三条）

《中华人民共和国生态环境损害赔偿法（草案建议稿）》和以上说明，请审议。

最高人民法院关于生态环境损害赔偿磋商与诉讼衔接的解释
（草案建议稿）

第一条【主动磋商】

生态环境损害发生后，赔偿权利人应当组织开展生态环境损害调查、鉴定、评估、修复方案编制等工作，主动与赔偿义务人磋商。

理由：由于生态环境损害波及的范围广、影响大、修复要求较高，磋商能够为责任者、公众与政府提供一个平等自愿的对话平台，实现公共环境利益保护的平等参与并平衡各方利益。

第二条【司法确认】

双方磋商达成赔偿协议的，应当在三十日内共同向赔偿权利人所在地中级人民法院提出确认赔偿协议效力的申请。

理由：《改革方案》指出：对经磋商达成的赔偿协议，可以依照民事诉讼法向人民法院申请司法确认。经司法确认的赔偿协议，赔偿义务人不履行或不完全履行的，赔偿权利人及其指定的部门或机构可向人民法院申请强制执行。由此，生态环境损害赔偿磋商达成的协议须经司法确认才有强制执行的效力。《管理规定》规定，赔偿权利人及其指定的部门或机构和赔偿义务人，可以就赔偿协议向有管辖权的人民法院申请司法确认。《人民调解法》第33条规定：经人民调解委员会调解达成调解协议后，双方当事人认为有必要的，可以自调解协议生效之日起三十日内共同向人民法院申请司法确认，人民法院应当及时对调解协议进行审查，依法确认调解协议的效力。

第三条【司法确认申请的具体情形及处理】

人民法院受理确认赔偿协议效力申请后，经审查，符合法律规定的，裁定赔偿协议有效，赔偿义务人拒绝履行或者未全部履行的，赔偿权利人可以向人民法院申请执行；不符合法律规定的，裁定驳回申请，赔偿权利人与赔偿义务人，可以就赔偿协议涉及问题变更赔偿协议或者达成新的赔偿协议，重新向人民法院申请司法确认。

理由：赔偿权利人与赔偿义务人所达成的赔偿协议，是基于环境公益的性质，在政府、社会、个人等广泛参与下的，对污染损害进行修复的协议。可以借鉴《民事诉讼法》中关于民事调解申请司法确认的规定，由人民法院对赔偿协议进行司法审查，确认不存在损害国家、集体利益或者其他违法情形时，才能产生强制执行的效力。

第四条【赔偿协议未经司法确认不具有强制执行力】

赔偿协议未经人民法院司法确认的，不具有强制执行的效力。

理由：赔偿权利人与赔偿义务人所达成的赔偿协议，是基于环境公益的性质，在政府、社会、个人等广泛参与下的，对污染损害进行修复的协议。可以借鉴《民事诉讼法》中关于民事调解申请司法确认的规定，由人民法院对赔偿协议进行司法审查，确认不存在损害国家、集体利益或者其他违法情形时，才能产生强制执行的效力。《最高人民法院关于人民调解协议司法确认程序的若干规定》第9条规定：人民法院依法作出确认决定后，一方当事人拒绝履行或者未全部履行的，对方当事人可以向作出确认决定的人民法院申请强制执行。《人民调解法》第33条第2款规定：

人民法院依法确认调解协议有效，一方当事人拒绝履行或者未全部履行的，对方当事人可以向人民法院申请强制执行。

第五条【司法确认时限】

人民法院应当自受理司法确认申请之日起十五日内裁定是否予以确认。因特殊情况需要延长的，经本院院长批准，可以延长十日。在人民法院作出是否确认的裁定前，一方或者双方当事人撤回司法确认申请的，人民法院应当准许。

理由：《最高人民法院关于人民调解协议司法确认程序的若干规定》第5条规定：人民法院应当自受理司法确认申请之日起十五日内作出是否确认的决定。因特殊情况需要延长的，经本院院长批准，可以延长十日。

第六条【司法确认审查规则】

人民法院受理司法确认申请后，应当指定一名审判人员对赔偿协议进行审查。人民法院在必要时可以通知双方当事人同时到场，当面询问相关情况。有关当事人应当向人民法院如实陈述申请确认的调解协议的有关情况，保证提交的证明材料真实、合法。人民法院在审查中，认为当事人的陈述或者提供的证明材料不充分、不完备或者有疑义的，可以要求当事人补充陈述或者补充证明材料。当事人无正当理由未按时补充或者拒不接受询问的，可以按撤回司法确认申请处理。

理由：《最高人民法院关于人民调解协议司法确认程序的若干规定》第6条规定：人民法院受理司法确认申请后，应当指定一名审判人员对调解协议进行审查。人民法院在必要时可以通知双方当事人同时到场，当面询问当事人。当事人应当向人民法院如实陈述申请确认的调解协议的有关情况，保证提交的证明材料真实、合法。人民法院在审查中，认为当事人的陈述或者提供的证明材料不充分、不完备或者有疑义的，可以要求当事人补充陈述或者补充证明材料。当事人无正当理由未按时补充或者拒不接受询问的，可以按撤回司法确认申请处理。

第七条【整体确认原则】

人民法院对生态环境损害赔偿协议进行司法确认应当遵循整体确认原则，即或者对协议全部内容一并进行确认，或者对协议的全部内容均不予确认。如果因部分内容无效而导致赔偿协议不宜整体确认的，法院无权直接进行更改，而应裁定整体不予确认。

理由：所谓整体确认，是指司法确认只做出整体确认或不确认结果，对于因内容部分无效导致生态环境损害赔偿协议不宜整体确认的，法院无权进行更改或者直接进行调解，而应裁定整体不予确认。人民法院对生态环境损害赔偿协议进行司法确认应当遵循整体确认原则，即或者对协议全部内一并进行确认，或者对协议的全部内容均不予确认。如果因部分内容无效而导致赔偿协议不宜整体确认的，法院无权进行更改，而应裁定整体不予确认。需要指出的是，当赔偿协议仅仅存在文字表述不规范的情形，并无不予确认的法定事由的，法院在不违背赔偿协议实体内容的前提下以及征得赔偿权利人与赔偿义务人同意后，应当规范赔偿协议的文字，并在司法确认书送达相关当事人，告知其已规范的文字及其他事项。

第八条【赔偿协议司法确认申请被驳回的处理】

法院裁定驳回申请后，当事人可以变更原赔偿协议或者达成新的赔偿协议，也可以向人民法院提出诉讼。

理由：《民事诉讼法》第195条规定：人民法院受理申请后，经审查，符合法律规定的，裁定调解协议有效，一方当事人拒绝履行或者未全部履行的，对方当事人可以向人民法院申请执行；不符合法律规定的，裁定驳回申请，当事人可以通过调解方式变更原调解协议或者达成新的调解协议，也可以向人民法院提起诉讼。《人民调解法》第33条第2款规定：人民法院依法确认调解协议无效的，当事人可以通过人民调解方式变更原调解协议或者达成新的调解协议，也可以向人民法院提起诉讼。

第九条【赔偿义务人不履行或不完全履行的处理】

赔偿义务人不履行或者不完全履行赔偿协议，且赔偿协议尚未经司法确认的，赔偿权利人应当及时提起诉讼，要求赔偿义务人继续进行修复工作。确因客观情况无法开展或者无法完成修复工作的，应当按照剩余部分比例支付赔偿金和修复费用。

理由：《最高人民法院关于人民调解协议司法确认程序的若干规定》第9条规定：人民法院依法作出确认决定后，一方当事人拒绝履行或者未全部履行的，对方当事人可以向作出确认决定的人民法院申请强制执行。《人民调解法》第33条第2款规定：人民法院依法确认调解协议有效，一方当事人拒绝履行或者未全部履行的，对方当事人可以向人民法院申请强制执行。

第十条【磋商失败的情形】

有下列情形之一的，应当认定为磋商失败：

（一）生态环境损害责任者未在规定时间内提交答复意见的；
（二）生态环境损害责任者不按规定参加磋商会议的；
（三）经三次磋商，双方仍未达成一致意见的；
（四）双方无法通过磋商达成一致意见，也无意愿再作进一步磋商的；
（五）磋商双方任何一方当事人终止磋商的其他情形。

理由：《绍兴市生态环境损害赔偿磋商办法（试行）》第16条规定：有下列情形之一的，不启动或终止生态环境损害赔偿磋商程序：（一）生态环境损害责任者提交答复意见，不同意赔偿，或者不同意赔偿磋商的；（二）生态环境损害责任者未在规定时间内提交答复意见的；（三）生态环境损害责任者不按规定参加磋商会议的；（四）经三次磋商，双方仍未达成一致意见的；（五）磋商双方无法通过磋商达成一致意见，也无意愿再作进一步磋商的；（六）磋商双方任一方当事人终止磋商的其他情形。

第十一条【及时诉讼】

磋商失败的，赔偿权利人应当及时向人民法院提起生态环境损害赔偿诉讼。

理由：《改革方案》规定，磋商未达成一致的，赔偿权利人应当及时提起生态环境损害赔偿民事诉讼。赔偿权利人也可以直接提起诉讼。《管理规定》规定，磋商未达成一致的，赔偿权利人及其指定的部门或机构，应当及时向人民法院提起诉讼。因此，在磋商未达成一致，或者明显无磋商诚意或者磋商价值的，应当及时提起生态环境损害赔偿民事诉讼。

第十二条【磋商部分未达成一致情形的处理】

磋商部分达成一致，部分未达成一致的，赔偿权利人可以就未达成一致的部分，另行提起诉讼。

理由：如果部分已经达成赔偿协议，部分没有达成赔偿协议，考虑到实际的诉讼程序的时间耗费和诉讼成本问题，应当就未达成一致的部分进行诉讼，而不是针对全部的损害赔偿提起诉讼，这样可以使达成一致的修复赔偿部分不必等待法院判决生效确认，从而使赔偿义务人及时开展污染环境修复工作，防止生态环境进一步恶化。

第十三条【磋商先行】

符合法律规定条件的社会组织在赔偿权利人和赔偿义务人磋商前就同一环境损害事实向人民法院提起环境民事公益诉讼的，人民法院不予受理。但社会组织可以建议赔偿权利人三个月内与赔偿义务人进行磋商,并可提出参与相关磋商的请求。

理由:《环境民事公益诉讼解释》中并未就社会组织提起环境民事公益诉讼设置前置程序,社会组织可以在赔偿权利人和赔偿义务人磋商前提起环境民事公益诉讼。但是,如果允许社会组织在赔偿权利人和赔偿义务人进行磋商、行政主管部门的行政处理、刑事附带民事诉讼等之前提起环境民事公益诉讼的话,不仅有损现有制度功能的发挥,还将带来司法资源浪费。因此,我们认为,为保障生态环境损害赔偿制度有序进行,在赔偿权利人和赔偿义务人正在进行磋商期间,社会组织不得提起环境民事公益诉讼。

第十四条【强化人民检察院的法律监督】

赔偿权利人符合提起生态环境损害赔偿诉讼条件但没有提起的,人民检察院应督促赔偿权利人依法提起诉讼。赔偿权利人应当在收到督促起诉意见书或者检察建议书后一个月内依法办理,并将办理情况及时书面回复人民检察院。没有合法理由,拒不提起生态环境损害赔偿诉讼的,人民检察院有权提起环境行政公益诉讼。

理由:《改革方案》中指出,最高人民检察院负责指导有关生态环境损害赔偿的检察工作。《管理规定》规定,最高人民检察院负责指导生态环境损害赔偿案件的检察工作。

第十五条【刑事附带民事诉讼】

污染致害者的行为已构成犯罪的,赔偿权利人应当提起刑事附带民事诉讼。赔偿权利人不提起刑事附带民事诉讼的,人民检察院有权提起刑事附带民事诉讼。

理由:《刑事诉讼法》第 99 条第 2 款规定,如果是国家财产、集体财产遭受损失的,人民检察院在提起公诉的时候,可以提起附带民事诉讼。在通常情况下,应当由赔偿权利人代表国家提起附带民事诉讼,但如果赔偿权利人不提起附带民事诉讼,人民检察院有权提起刑事附带民事诉讼。

第十六条【附带民事诉讼的结案方式】

人民法院对刑事附带民事诉讼作出判决前,赔偿义务人积极与赔偿权利人磋商达成和解协议的,应当申请人民法院依法制作调解书。

理由:《刑事诉讼法》第 101 条规定:人民法院审理附带民事诉讼案

件，可以进行调解，或者根据物质损失情况作出判决、裁定。

第十七条【环境民事公益诉讼前置程序】

赔偿权利人和人民检察院均不提起生态环境损害赔偿诉讼，符合法律规定条件的社会组织可以提起环境民事公益诉讼。

理由：《环境民事公益诉讼解释》中并未就社会组织提起环境民事公益诉讼设置前置程序，社会组织可以在赔偿权利人和赔偿义务人磋商前提起环境民事公益诉讼。但是，如果允许社会组织在赔偿权利人和赔偿义务人进行磋商、行政主管部门的行政处理、刑事附带民事诉讼等之前提起环境民事公益诉讼的话，不仅有损现有制度功能的发挥，还将带来司法资源浪费。因此，只有在赔偿权利人和人民检察院均不提起生态环境损害赔偿诉讼时，社会组织可以提起环境民事公益诉讼。

第十八条【生态环境损害赔偿诉讼先于环境公益诉讼的处理】

赔偿权利人已经提起生态环境损害赔偿诉讼，符合法律规定条件的社会组织又以同一环境损害事实向人民法院提起环境公益诉讼的，人民法院不予受理。

理由：根据《宪法》《民法典》等相关法律规定，矿藏、水流、城市土地、国家所有的森林、山岭、草原、荒地、滩涂等自然资源属于国家所有的财产，属于国家所有即全民所有。国有财产由国务院代表国家行使所有权。省级政府经国务院授权后，代表国家行使自然资源所有权。按照"利益所有主体"与"利益代表主体"的区分，赔偿权利人基于所有权所提起的生态环境损害赔偿诉讼，其效力应当优先于基于环境公益的社会组织提起环境民事公益诉讼。原因在于前者是基于实体请求权，而后者是基于法定诉讼担当下的诉讼实施权，两者的法理基础不同。因此，赔偿权利人已经提起生态环境损害赔偿诉讼，符合法律规定条件的社会组织又以同一环境损害事实向人民法院提起环境公益诉讼的，人民法院不予受理。

第十九条【环境公益诉讼先于生态环境损害赔偿诉讼的处理】

符合法律规定条件的社会组织先提起环境公益诉讼，赔偿权利人就同一环境损害事实又提起生态环境损害赔偿诉讼的，人民法院应当合并审理。

理由：根据《民事诉讼法》第52条的规定，当事人一方或者双方为二人以上，其诉讼标的是共同的，或者诉讼标的是同一种类、人民法院认为可以合并审理并经当事人同意的，为共同诉讼。生态环境损害赔偿诉讼与环境公益诉讼是就同一环境损害事实所提起的不同诉讼,诉讼标的是共同的,属于必要共同诉讼的范围,应当合并审理。因此,合并审理有利于提高诉讼审判的效率,有效利用审判资源,同时也尊重了环境公益组织积极开展环境保护活动的劳动付出。

第二十条【诉讼中磋商】

人民法院作出判决前,赔偿权利人与赔偿义务人愿意继续磋商的,人民法院可以视情况给予当事人一定的磋商期限。逾期未达成赔偿协议的,应当及时作出判决。

理由:《民事诉讼法》第 142 条规定,法庭辩论终结,应当依法作出判决。判决前能够调解的,还可以进行调解,调解不成的,应当及时判决。生态环境损害赔偿诉讼中,生态损害赔偿的目的不在于对赔偿义务人进行明确的责任判定,更重要的是综合考虑根据成本效益最优化、当事人的赔偿能力、第三方治理可行性等情况,因此案件并非应严格按照审理程序(一审、二审以及再审)进行,从而得出最终的判决结果。在一定程度上,应当给予赔偿权利人与赔偿义务人进行磋商的机会,以便发挥磋商的优势。

第二十一条【庭外磋商】

诉讼过程中,经人民法院调解,赔偿权利人与赔偿义务人愿意继续磋商的,可以向人民法院申请庭外磋商。申请庭外磋商的期间,不计入审限,但庭外磋商的期限不得超过三十日。

理由:《最高人民法院关于人民法院民事调解工作若干问题的规定》第 4 条规定,双方当事人申请庭外和解的期间,不计入审限。因此,对于在诉讼过程中,赔偿权利人和赔偿义务人愿意磋商的,经人民法院许可同意认为具有磋商价值的,可以同意进行庭外磋商。

第二十二条【诉讼内调解】

庭外磋商期间,双方磋商达成和解协议的,应当申请人民法院制作调解书。调解书应当写明诉讼请求、案件的事实和磋商结果。调解书由法官、书记员署名,加盖人民法院印章,送达双方当事人。

理由:《最高人民法院关于人民法院民事调解工作若干问题的规定》第 4 条规定,当事人在诉讼过程中自行达成和解协议的,人民法院可以根据当事人的申请依法确认和解协议制作调解书。因此,对于庭外磋商阶段达成和解协议的,可以申请人民法院制作调解书,产生强制执行力。

第二十三条【调解书的生效】

调解书经双方当事人签收后生效，具有强制执行的效力。调解书送达前一方反悔的，人民法院应当及时判决。

理由：《民事诉讼法》第 97 条规定：调解达成协议，人民法院应当制作调解书。调解书应当写明诉讼请求、案件的事实和调解结果。调解书由审判人员、书记员署名，加盖人民法院印章，送达双方当事人。调解书经双方当事人签收后，即具有法律效力。

第二十四条【积极赔偿的效果】

积极参与生态环境损害赔偿磋商，并积极履行生态环境损害赔偿协议的赔偿义务人，赔偿权利人可以将其生态环境损害赔偿协议履行情况及时提供给司法机关作为酌情依法从轻或者减轻行政处罚的依据。

理由：根据《最高人民法院、最高人民检察院关于办理环境污染刑事案件适用法律若干问题的解释》第 5 条的规定，实施刑法第 338 条、第 339 条规定的犯罪行为，但及时采取措施，防止损失扩大、消除污染，积极赔偿损失的，可以酌情从宽处罚。《刑法》第 338 条规定，违反国家规定，排放、倾倒或者处置有放射性的废物、含传染病病原体的废物、有毒物质或者其他有害物质，严重污染环境的，处三年以下有期徒刑或者拘役，并处或者单处罚金；后果特别严重的，处三年以上七年以下有期徒刑，并处罚金。另外，根据《行政处罚法》第 27 条的规定，当事人有下列情形之一的，应当依法从轻或者减轻行政处罚：（一）主动消除或者减轻违法行为危害后果的……因此，对于当事人积极主动参与生态环境损害赔偿磋商活动并履行赔偿协议，完成全面赔偿或修复义务的，可以作为量刑情节，予以酌情从宽处理，同时也可以作为从轻或减轻行政处罚的依据。

第二十五条【社会监督】

省级人民政府、环境保护行政主管部门、人民法院、人民检察院等国家机关应当按照各自职责，加强协作，并主动接受社会监督。赔偿权利人不依法履行职责的，相关公民、法人、环境保护组织有权向其上级机关或者监察机关举报。

理由：《环境保护法》第 57 条第 1 款规定，公民、法人和其他组织发现任何单位和个人有污染环境和破坏生态行为的，有权向环境保护主管部门或者其他负有环境保护监督管理职责的部门举报。该条第 2 款规定，公民、法人和其他组织发现地方各级人民政府、县级以上人民政府环境保护主管部门和其他负有环境保护监督管理职责的部门不依法履行职责的，有权向其上级机关或者监察机关举报。为督促赔偿权利人和赔偿义务人尽快进行磋商，社会组织有权向赔偿权利人和赔偿权利人上级机关或监察机关反映，要求赔偿权利人尽快与赔偿义务人进行磋商，并可提出参与相关磋商的请求。

第二十六条【信息公开】

赔偿权利人与赔偿义务人开始磋商的，应当及时公开相关信息，并邀请社会组织对磋商进行监督。

理由： 为使社会公众知晓赔偿权利人与赔偿义务人是否就生态环境损害进行磋商，建议赔偿权利人自与赔偿义务人开始磋商时起，就应向社会公众公开赔偿权利人与赔偿义务人就生态环境损害赔偿事宜正在进行磋商的相关信息，并邀请社会组织参与相关磋商。

第二十七条【依法保障公民知情权和监督权】

赔偿权利人在生态环境损害事实调查阶段及赔偿协议达成后，应当通过政府公报、政府网站、新闻发布会以及报刊、广播、电视等便于公众知晓的方式公开相关情况及赔偿修复方案，依法保障人民群众的知情权和监督权。

理由： 根据《环境保护法》第53条规定，公民、法人和其他组织依法享有获取环境信息、参与和监督环境保护的权利。各级人民政府环境保护主管部门和其他负有环境保护监督管理职责的部门，应当依法公开环境信息、完善公众参与程序，为公民、法人和其他组织参与和监督环境保护提供便利。

第二十八条【案外人的权益受到侵害时的救济途径】

案外人认为经人民法院确认的赔偿协议侵害其合法权益的，可以自知道或者应当知道其权益被侵害之日起一年内，向裁定确认的人民法院申请撤销确认裁定。

理由：《最高人民法院关于人民调解协议司法确认程序的若干规定》第10条规定：案外人认为经人民法院确认的调解协议侵害其合法权益的，可以自知道或者应当知道权益被侵害之日起一年内，向作出确认决定的人民法院申请撤销确认决定。

第二十九条【公众参与】

对于生态环境损害调查、鉴定、评估、修复方案编制等工作中涉及公共利益的重大事项，应当邀请有关专家和利益相关的公民、法人、环境保护组织等参加，并征求其意见；对于所提出的意见，应当通过召开座谈会、听证会、专家论证会等多种方式进行论证。

理由：《改革方案》中明确规定，生态环境损害调查、鉴定评估、修复方案编制等工作中涉及公共利益的重大事项应当向社会公开，并邀请专家和利益相关的公民、法人和其他组织参与。生态环境损害调查、鉴定、评估、修复方案编制等工作中涉及公共利益的重大事项应当向社会公开，并通过召开座谈会、听证会、专家论证会等多种形式征求有关专家和利益相关的公民、法人和其他组织的意见。对于所提出的建议，有关部门应当认真加以考虑。《管理规定》规定，赔偿权利人及其指定的部门或机构可以积极创新公众参与方式，邀请相关部门、专家和利益相关的公民、法人、其他组织参加索赔磋商、索赔诉讼或者生态环境修复，接受公众监督。生态环境损害调查、鉴定评估、修复方案编制等工作中涉及公共利益的重大事项，生态环境损害赔偿协议、诉讼裁判文书、赔偿资金使用情况和生态环境修复效果等信息应当依法向社会公开，保障公众知情权。

第三十条【证据保全】

生态环境损害正在磋商或者尚未起诉，在证据可能灭失或以后难以取得的情形下，赔偿权利人或者有关利害关系人可以依法向人民法院申请诉前证据保全。

理由：根据《民事诉讼法》第81条的规定，在证据可能灭失或者以后难以取得的情况下，当事人可以在诉讼过程中向人民法院申请保全证据，人民法院也可以主动采取保全措施。因情况紧急，在证据可能灭失或者以后难以取得的情况下，利害关系人可以在提起诉讼或者申请仲裁前向证据所在地、被申请人住所地或者对案件有管辖权的人民法院申请保全证据。因此，赔偿权利人在磋商阶段应做好损害事实调查、证据搜集和保全等工作。如果磋商未达成一致，可以及时有效地启动后续的诉讼程序，依法请求赔偿义务人承担损害赔偿责任。

第三十一条【诉讼阶段的举证责任分配】

赔偿义务人未提供相反证据，或者虽提供相应证据，但人民法院不认可的，人民法院可以认定赔偿权利人所证明的事实成立。

理由：根据《最高人民法院关于民事诉讼证据的若干规定》第28条的规定，一方当事人自行委托有关部门作出的鉴定结论，另一方当事人有证据足以反驳并申请重新鉴定的，人民法院应予准许。因此，赔偿权利人已经在磋商阶段依法进行的鉴定评估工作，如果其没有违法情形，应当推定有效。赔偿义务人如果存在异议的，应当承担相应的举证责任。

第三十二条【磋商阶段的证据效力】

赔偿权利人已经就磋商阶段所进行和收集的生态环境损害鉴定评估报告、修复方案技术可行性、成本效益最优化、赔偿义务人赔偿能力、第三方治理可行性等事实提出相关证据，赔偿义务人有异议的，应当提供相反证据予以证明。赔偿义务人有证据足以反驳并申请重新鉴定或者评估的，人民法院应予准许。

理由：生态环境损害赔偿诉讼中，生态损害赔偿的目的不在于对赔偿义务人进行明确的责任判定，更重要是综合考虑根据成本效益最优化、当事人的赔偿能力、第三方治理可行性等情况，因此案件并非应严格按照审理程序（一审、二审以及再审）进行，从而得出最终的判决结果。在一定程度上，应当给予赔偿权利人与赔偿义务人进行磋商的机会，以便发挥磋商的优势。

第三十三条【申请重新鉴定】

当事人申请重新鉴定经人民法院同意的，赔偿权利人和赔偿义务人可以协商从司法行政机关登记的环境损害司法鉴定机构中进行选取，协商不成的，由人民法院指定。

理由：根据《最高人民法院关于民事诉讼证据的若干规定》第 28 条的规定，一方当事人自行委托有关部门作出的鉴定结论，另一方当事人有证据足以反驳并申请重新鉴定的，人民法院应予准许。

第三十四条【明确不同阶段专家辅助人的地位】

赔偿权利人或者赔偿义务人在磋商阶段已经邀请的专家辅助人，可以在生态环境损害赔偿诉讼中出庭作证。另一方当事人对专家辅助人的意见有异议的，可以就案件中的相关问题进行对质或者提供相反证据予以反驳。

理由：《最高人民法院关于民事诉讼证据的若干规定》第 61 条规定，当事人可以向人民法院申请由一至二名具有专门知识的人员出庭就案件的专门性问题进行说明。人民法院准许其申请的，有关费用由提出申请的当事人负担。审判人员和当事人可以对出庭的具有专门知识的人员进行询问。经人民法院准许，可以由当事人各自申请的具有专门知识的人员就有案件中的问题进行对质。因此，专业辅助人是当事人一方就案中的专门性问题所作出的意见，在不同阶段都可以出具其专业意见，另一方当事人如果对专家辅助人的意见有异议的，可以进行对质或者提出相反证据予以反驳。

第三十五条【技术调查官制度】

人民法院可以就生态环境损害赔偿案件的环境损害鉴定评估、执行方案可行性、修复费用计算方式等专业技术性较强的问题，指派技术调查官参与诉讼活动。技术调查官属于司法辅助人员。

理由：生态环境损害赔偿案件中修复方案的可行性、修复费用的计算方式等专业技术较强，应当由专业人员参与其中。根据《最高人民法院关于知识产权法院技术调查官参与诉讼活动若干问题的暂行规定》的规定，知识产权法院配备技术调查官，技术调查官属于司法辅助人员。法官根据案件审理需要，可以书面通知技术调查室指派技术调查官参与诉讼活动。因此，根据社会分工的原则，人民法院处理这些高度专业技术性问题，应当配备专门的技术调查官，以便更好确定赔偿协议的合法性，为法官审判提供辅助。

第三十六条【施行日期】

本规定自发布之日起施行。

理由：本条对本法的施行日期作出了规定。这个规定，与我国的其他立法例是一致的。

最高人民法院关于生态环境损害赔偿磋商与诉讼衔接的解释
（说明）

构建生态环境损害赔偿制度，促使污染者积极承担相关责任，使生态环境得到及时有效的修复，是我国建设生态文明的重要任务。中共中央国务院《关于加快推进生态文明建设的意见》提出，建立独立公正的生态环境损害评估制度，加快形成生态损害者赔偿、受益者付费、保护者得到合理补偿的运行机制，形成源头预防、过程控制、损害赔偿、责任追究的制度体系。

对于同一生态环境损害事件，可能出现多种赔偿途径。在13个开展检察机关提起环境公益诉讼试点的省（自治区、直辖市），出现社会组织与检察机关都提起公益诉讼的情形；在 7 个开展生态环境损害赔偿制度改革试点的省市，政府在开展损害赔偿磋商的同时，出现社会组织提起公益诉讼的情形；在既开展检察机关提起环境公益诉讼试点，又开展生态环境损害赔偿制度改革试点的省份，则出现社会组织、检察机关、政府三方不约而同提起诉讼或赔偿磋商的情形。①

因此，当环保社会组织、检察机关和代表政府的赔偿权利人（即政府有关部门）三方不约而同关注同一起生态环境损害事件，并启动相关赔偿磋商或公益诉讼时，需要构建一种既节约行政成本、司法成本、诉讼成本，又能达成生态环境损害赔偿目的，科学、合理、可行、有效的生态环境损害赔偿磋商与诉讼衔接机制，以避免多方无序参与，保障磋商或诉讼的有序进行。② 完善相关制度，不仅有利于生态环境损害赔偿制度的顺利实行，同时也利于已经受到损害的生态环境尽快得到修复。在此背景下，提出"最高人民法院关于生态环境损害赔偿磋商与诉讼衔接的解释"建议稿，请审阅。

---

① 贺震：《构建生态环境损害赔偿磋商与诉讼衔接机制》，《中国生态文明》2017 年第 1 期。

② 贺震：《构建生态环境损害赔偿磋商与诉讼衔接机制》，《中国生态文明》2017 年第 1 期。

主要参考文献

一 著作

［美］埃德加·博登海默：《法理学：法律哲学与法律方法》，邓正来译，中国政法大学出版社2004年版。

［美］芭芭拉·沃德、勒内·杜博斯：《只有一个地球：对一个小小行星的关怀和维护》，《国外公害丛书》编委会译，吉林人民出版社1997年版。

毕玉谦、谭秋桂、杨路：《民事诉讼研究及立法论证》，人民法院出版社2006年版。

蔡守秋主编：《新编环境与资源保护法学》，重庆大学出版社2019年版。

曹明德：《环境侵权法》，法律出版社2000年版。

陈慈阳：《环境法总论》，中国政法大学出版社2003年版。

陈真亮：《环境保护的国家义务研究》，法律出版社2015年版。

陈冬：《美国环境公民诉讼研究》，中国人民大学出版社2014年版。

《俄罗斯联邦环境保护法和土地法典》，马骧聪译，中国法制出版社2003年版。

顾海良、张雷声、袁银传：《马克思主义中国化史（第四卷）·1992年以来》，中国人民大学出版社2018年版。

葛勇平：《国际海洋权益法律问题研究》，中国政法大学出版社2020年版。

［奥地利］海尔姆特·库其奥：《侵权责任法的基本问题（第一卷）：德语国家的视角》，朱岩译，北京大学出版社2017年版

黄寰：《区际生态补偿论》，中国人民大学出版社 2012 年版。
江伟：《民事诉讼法学原理》，中国人民大学出版社 1999 年版。
江伟：《民事诉讼法学研究》，高等教育出版社 2003 年版。
江伟、肖建国：《民事诉讼法》，中国人民大学出版社 2015 年版。
李艳芳：《环境损害赔偿》，中国经济出版社 1997 年版。
李永宁：《环境资源法前沿热点问题研究》，中国政法大学出版社 2018 年版。
刘长兴：《环境损害政府补偿责任研究》，中国政法大学出版社 2019 年版
柳劲松、王丽华：《环境生态学基础》，化学工业出版社 2003 年版
吕忠梅：《环境法新视野》，中国政法大学出版社 2019 年版。
吕忠梅：《侵害与救济：环境友好型社会中的法治基础》，法律出版社 2012 年版。
吕忠梅：《环境法》，高等教育出版社 2017 年版。
吕忠梅：《侵害与救济——环境友好型社会中的法治基础》，法律出版社 2012 年版。
吕忠梅等：《中国环境司法发展报告（2020）》，法律出版社 2021 年版
林灿铃等：《国际环境法的产生与发展》，人民法院出版社 2006 年版。
林灿铃：《国际环境法案例解析》，中国政法大学出版社 2020 年版。
林灿铃：《国际环境立法的伦理基础》，中国政法大学出版社 2019 年版。
梁咏：《国际法点点通——全球化时代的法律冲突与对话》，复旦大学出版社 2014 年版。
[英] 马克·韦尔德：《环境损害的民事责任——欧洲和美国法律和政策比较》，张一心、吴婧译，商务印书馆 2017 年版。
马骧聪：《环境保护法》，四川人民出版社 1998 年版。
汪劲：《环境法学》，北京大学出版社 2018 年版。
王泽鉴：《损害赔偿》，北京大学出版社 2017 年版。
王曦：《国际环境法》，法律出版社 2005 年版。
王利明：《民商法研究》，中国人民大学出版社 2020 年版。

王利明：《中华人民共和国民法总则详解》（下册），中国法制出版社2017年版。

王利明、杨立新：《侵权行为法》，法律出版社1996年版，第105页。

王树义：《俄罗斯生态法》，武汉大学出版社2001年版。

王莉：《环境侵权救济研究》，复旦大学出版社2015年版。

杨立新：《侵权责任法》（第3版），法律出版社2018年版

杨与龄：《强制执行法论》，中国政法大学出版社2002年版。

于宪会：《日本法研究》（第4卷），中国政法大学出版社2018年版。

余耀军、张宝、张敏纯：《环境污染责任：争点与案例》，北京大学出版社2014年版。

［法］雅克·盖斯旦等：《法国民法总论》，谢汉琪等译，法律出版社2004年版。

宗志翔：《侵权责任与赔偿研究》，中国政法大学出版社2016年版。

张文显：《法哲学范畴研究》，中国政法大学出版社2001年版。

张文显：《法理学》，高等教育出版社2018年版

张宝：《环境侵权的解释论》，中国政法大学出版社2015年版

张新宝：《中国侵权行为法》，中国社会科学出版社1998年版。

张新宝：《侵权责任法》，中国人民大学出版社1999年版。

张新宝：《侵权行为法》，浙江大学出版社2008年版。

张卫平：《民事诉讼法》（第四版），法律出版社2016年版。

王利明：《侵权行为法研究》，中国人民大学出版社2004年版。

王家福：《中国民法学·民法债权》，法律出版社1991年版。

竺效：《生态损害的社会化填补法理研究》，中国政法大学出版社2017年版。

［美］詹姆斯·博曼：《公共协商：多元主义、复杂性与民主》，黄相怀译，中央编译出版社2006年版。

郑玉波：《民法债编总论》，三民书局1978年版。

赵相林、覃华平：《国际环境污染案件法律问题研究》，中国政法大学出版社2016年版。

二　论文

毕潇潇：《利益衡量视角下行为保全适用条件研究》，《当代法学》

2019 年第 4 期。

毕玉谦:《试论民事诉讼上的举证时限》,《法律适用》(国家法官学院学报) 2001 年第 1 期。

别涛、刘倩、季林云:《生态环境损害赔偿磋商与司法衔接关键问题探析》,《法律适用》2020 年第 7 期。

薄晓波:《论我国环境民事公益诉讼中法律责任的完善——以中华环保联合会诉德州晶华公司为例》,《环境保护》2015 年第 10 期。

蔡守秋:《从环境权到国家环境保护义务和环境公益诉讼》,《现代法学》2013 年第 6 期。

蔡守秋:《论环境权》,《金陵法律评论》2002 年第 1 期。

曹明德:《日本环境侵权法的发展》,《现代法学》2001 年第 3 期。

曹志勋:《论公文书实质证明力推定规则的限缩》,《国家检察官学院学报》2020 年第 2 期。

曹志勋:《民事立案程序中诉讼标的审查反思》,《中国法学》2020 年第 1 期。

陈爱武、姚震宇:《环境公益诉讼若干问题研究——以生态环境损害赔偿制度为对象的分析》,《法律适用》2019 年第 1 期。

陈桂明:《审前准备程序设计中的几对关系问题》,《政法论坛》2004 年第 4 期。

陈海嵩:《环境民事公益诉讼程序规则的争议与完善》,《政法论坛》2017 年第 3 期。

陈红梅:《生态损害的私法救济》,《中州学刊》2013 年第 1 期。

陈红梅:《生态修复的法律界定及目标》,《暨南学报》(哲学社会科学版) 2019 年第 8 期。

陈瑞华:《论检察机关的法律职能》,《政法论坛》2018 年第 1 期。

陈瑞华:《刑事诉讼中的证明标准》,《苏州大学学报》(哲学社会科学版) 2013 年第 3 期。

陈晓彤:《我国生效民事裁判既判力主观范围的解释学分析》,《当代法学》2018 年第 3 期。

陈学敏:《论生态环境损害赔偿范围的确定》,《中国应用法学》2021 年第 4 期。

程多威、王灿发:《论生态环境损害赔偿制度与环境公益诉讼的衔接》,《环境保护》2016 年第 2 期。

丁朋超:《试论我国民事诉前证据保全制度的完善》,《河南财经政法大学学报》2015 年第 6 期。

杜群、车东晟:《新时代生态补偿权利的生成及其实现——以环境资源开发利用限制为分析进路》,《法制与社会发展》2019 年第 2 期。

杜群、梁春艳:《我国环境公益诉讼单一模式及比较视域下的反思》,《法律适用》2016 年第 1 期。

杜万华:《当前环境资源审判的重点和难点问题》,《法律适用》2016 年第 2 期。

杜闻:《简论确定除权判决的法律效力》,《中国政法大学学报》2010 年第 3 期。

樊杏华:《公法视角下欧盟环境损害责任立法研究》,《环境保护》2014 年第 42 期。

冯洁语:《公私法协动视野下生态环境损害赔偿的理论构成》,《法学研究》2020 年第 2 期。

冯汝:《论生态环境损害赔偿责任违法性要件的确立》,《南京工业大学学报》(社会科学版)2018 年第 5 期。

高敏:《美国环境侵权诉讼》,《世界环境》2002 年第 6 期。

巩固:《环境民事公益诉讼性质定位省思》,《法学研究》2019 年第 3 期。

贺震:《构建生态环境损害赔偿磋商与诉讼衔接机制》,《中国生态文明》2017 年第 1 期。

黄凯:《环境侵害诉讼程序特别论》,《中国应用法学》2018 年第 6 期。

黄萍:《预防性责任在环境污染侵权中的适用探讨——兼评〈侵权责任法〉的相关规定》,《中国发展》2011 年第 5 期。

纪格非:《论刑民交叉案件的审理顺序》,《法学家》2018 年第 6 期。

季林云、孙倩、齐霁:《刍议生态环境损害赔偿制度的建立——生态环境损害赔偿制度改革 5 年回顾与展望》,《环境保护》2020 年第 24 期。

冀宗儒、徐辉:《论民事诉讼保全制度功能的最大化》,《当代法学》2013 年第 1 期。

江必新:《完善民事诉讼制度的宏观思考》,《清华法学》2011 年第

6 期。

江必新：《中国行政合同法律制度、体系、内容及其构建》，《中外法学》2012 年第 6 期。

江伟、常廷彬：《论已确认事实的预决力》，《中国法学》2008 年第 3 期。

姜春兰：《浅谈先予执行制度的适用问题》，《现代法学》1998 年第 2 期。

晋海：《生态环境损害赔偿归责宜采过错责任原则》，《湖南科技大学学报》（社会科学版）2017 年第 5 期。

柯阳友：《我国民事诉讼法的理念转换与总则的制度重构》，《当代法学》2007 年第 5 期。

孔祥俊、杨丽：《侵权责任要件研究》（上），《政法论坛》1993 年第 1 期。

李承亮：《侵权责任法视野中的生态损害》，《现代法学》2010 年第 1 期。

李丹：《我国环境公益诉讼的地方实践及其制度启示》，《西部法学评论》2011 年第 4 期。

李丽、王心源等：《生态系统服务价值评估方法综述》，《生态学杂志》2018 年第 4 期。

李清、文国云：《检视与破局：生态环境损害司法鉴定评估制度研究——基于全国 19 个环境民事公益诉讼典型案件的实证分析》，《中国司法鉴定》2019 年第 6 期。

李晓琦：《生态环境损害赔偿金的使用与监管》，《中南林业科技大学学报》（社会科学版）2017 年第 3 期。

李兴宇：《论我国环境民事公益诉讼中的"赔偿损失"》，《政治与法律》2016 年第 10 期。

李艳芳：《生态环境损害赔偿诉讼的目的、比较优势与立法需求》，《法律适用》2020 年第 4 期。

李艳芳、李斌：《论我国环境民事公益诉讼制度的构建与创新》，《法学家》2006 年第 5 期。

李雨菡：《论重复起诉中相同当事人的判断》，《南方论刊》2017 年第 12 期。

李挚萍：《生态环境修复司法的实践创新及其反思》，《华南师范大学学报》（社会科学版）2018 年第 2 期。

梁开斌：《"一事不再理"原则在中国民事诉讼理论与实践中的澄清》，《华南理工大学学报》（社会科学版）2019 年第 3 期。

廖华：《生态环境损害赔偿的实践省思与制度走向》，《湖南师范大学社会科学学报》2021 年第 1 期。

廖中洪、相庆梅：《当事人变更诉讼请求的法理思考》，《西南政法大学学报》2000 年第 5 期。

林莉红、邓嘉咏：《论生态环境损害赔偿诉讼与环境民事公益诉讼之关系定位》，《南京工业大学学报》（社会科学版）2020 年第 1 期。

刘慧慧：《生态环境损害赔偿诉讼衔接问题研究》，《法律适用》2019 年第 21 期。

刘倩：《生态环境损害赔偿：概念界定、理论基础与制度框架》，《中国环境管理》2017 年第 1 期。

刘清生：《论环境公益诉讼的非传统性》，《法律科学》（西北政法大学学报）2019 年第 1 期。

刘士国：《民法典"环境污染和生态破坏责任"评析》，《东方法学》2020 年第 4 期。

刘英明：《环境侵权证明责任倒置合理性论证》，《北方法学》2010 年第 2 期。

卢佩：《多数人侵权纠纷之共同诉讼类型研究兼论诉讼标的之"案件事实"范围的确定》，《中外法学》2017 年第 5 期。

吕忠梅：《"生态环境损害赔偿"的法律辨析》，《法学论坛》2017 年第 3 期。

吕忠梅、窦海阳：《修复生态环境责任的实证解析》，《法学研究》2017 年第 3 期。

罗丽：《日本环境侵权损害赔偿制度的创新及其启示》，《北京理工大学学报》（社会科学版）2008 年第 2 期。

罗丽：《生态环境损害赔偿磋商与诉讼衔接关键问题研究》，《武汉理工大学学报》（社会科学版）2017 年第 3 期。

潘佳：《生态环境损害赔偿磋商制度解构》，《法律适用》2019 年第 6 期。

彭中遥：《论生态环境损害赔偿诉讼与环境公益诉讼之衔接》，《重庆大学学报》（社会科学版）2021 年第 3 期。

彭中遥：《行政机关提起生态环境损害赔偿诉讼的理论争点及其合理解脱》，《环境保护》2019 年第 5 期。

秦鹏、郭楠：《油污损害防治的法经济学解释——基于财产规则、责任规则和不可让渡规则三个维度的分析》，《重庆大学学报》（社会科学版）2016 年第 6 期。

邱玉梅、李卓：《论生态环境修复责任制度的完善》，《时代法学》2020 年第 2 期。

冉博：《"重复诉讼"与"既判力"的混同及其规制》，《法律适用（司法案例）》2018 年第 16 期。

史玉成：《环境利益、环境权利与环境权力的分层建构——基于法益分析方法的思考》，《法商研究》2013 年第 5 期。

史玉成：《生态环境损害赔偿制度的学理反思与法律建构》，《中州学刊》2019 年第 10 期。

孙佑海、孙淑芬：《环境诉讼"关联性"证明规则实施阻碍和对策研究》，《环境保护》2018 年第 23 期。

孙佑海、王倩：《民法典侵权责任编的绿色规制限度研究——"公私划分"视野下对生态环境损害责任纳入民法典的异见》，《甘肃政法学院学报》2019 年第 5 期。

孙佑海、张净雪：《生态环境损害惩罚性赔偿的证成与适用》，《中国政法大学学报》2022 年第 1 期。

孙昭宇：《生态环境损害赔偿制度的问题检视与体系重塑》，《江苏大学学报》（社会科学版）2021 年第 5 期。

汤维建、王德良：《论公益诉讼中的支持起诉》，《理论探索》2021 年第 2 期。

唐绍均、杜霞、蒋云飞：《论生态环境损害赔偿行政磋商协议的性质》，《理论导刊》2019 年第 9 期。

汪劲、马海桓：《生态环境损害民刑诉讼衔接的顺位规则研究》，《南京工业大学学报》（社会科学版）2019 年第 1 期。

王欢欢：《欧盟环境法的新近发展与不足及其对中国的启示》，《中国地质大学学报》（社会科学版）2010 年第 2 期。

王金南等：《加快建立生态环境损害赔偿制度体系》，《环境保护》2016年第2期。

王岚：《论生态环境损害救济机制》，《社会科学》2018年第6期。

王雷：《对〈中华人民共和国民法典（草案）〉的完善建议》，《中国政法大学学报》2020年第2期。

王莉、许微：《生态环境损害赔偿磋商制度法律属性的再识别——以协商行政理论为视角》，《河南财经政法大学学报》2023年第1期。

王明远：《美国妨害法在环境侵权救济中的运用和发展》，《政法论坛》2003年第5期。

王明远：《日本环境公害民事赔偿法研究》，《北大法律评论》2001年第1期。

王启江：《执行工作长效机制建构下的立审执衔接问题研究》，《法律适用》2019年第11期。

王世进、张维娅：《论生态环境损害赔偿诉讼与环境民事公益诉讼的衔接》，《时代法学》2020年第2期。

王树义、李华琪：《论我国生态环境损害赔偿诉讼》，《学习与实践》2018年第11期。

王小钢：《生态环境修复和替代性修复的概念辨正——基于生态环境恢复的目标》，《南京工业大学学报》（社会科学版）2019年第1期。

王晓辉：《日本公害补偿制度评析与借鉴》，《环境保护》2011年第16期。

王秀卫：《论生态环境损害侵权责任的立法进路——〈民法典侵权责任编（草案）〉（二次审议稿）第七章存在的问题及解决》，《中国海商法研究》2019年第2期。

王旭光：《论生态环境损害赔偿诉讼的若干基本关系》，《法律适用》2019年第21期。

王旭光、魏文超、刘小飞、刘慧慧：《〈关于审理生态环境损害赔偿案件的若干规定（试行）〉的理解与适用》，《人民司法》2019年第34期。

吴凯杰：《论预防性环境公益诉讼》，《理论与改革》2017年第3期。

吴鹏：《生态修复法律责任之偏见与新识》，《中国政法大学学报》2017年第1期。

吴卫星、贾晓冉：《论社会源危险废弃物生态环境损害赔偿的归责原则——基于社会源危险废弃物生命周期的分析》，《中国高校社会科学》2019年第5期。

吴文嫔：《论民法法益》，《国家检察官学院学报》2004年第1期。

吴一冉：《生态环境损害赔偿诉讼举证责任相关问题探析》，《法律适用》2020年第7期。

吴一冉：《生态环境损害赔偿诉讼中修复生态环境责任及其承担》，《法律适用》2019年第21期。

肖建国：《利益交错中的环境公益诉讼原理》，《中国人民大学学报》2016年第2期。

肖萍、卢群：《论生态环境损害赔偿权利人的法律地位》，《江西社会科学》2019年第6期。

肖武、张文凯、吕雪娇、王新静：《西部生态脆弱区矿山不同开采强度下生态系统服务时空变化——以神府矿区为例》，《自然资源学报》2020年第1期。

徐祥民：《地方政府环境质量责任的法理与制度完善》，《现代法学》2019年第3期。

徐祥民：《对"公民环境权论"的几点疑问》，《中国法学》2004年第2期。

徐祥民、邓一峰：《环境侵权与环境侵害——兼论环境法的使命》，《法学论坛》2006年第2期。

徐祥民、辛帅：《民事救济的环保功能有限性——再论环境侵权与环境侵害的关系》，《法律科学》（西北政法大学学报）2016年第4期。

徐以祥：《论生态环境损害的行政命令救济》，《政治与法律》2019年第9期。

阎巍：《对我国民事诉讼证明标准的再审视》，《人民司法（应用）》2016年第31期。

杨朝霞：《论环保机关提起环境民事公益诉讼的正当性——以环境权理论为基础的证立》，《法学评论》2011年第2期。

杨立新、梁清：《客观与主观的变奏：原因力与过错——原因力主观化与过错客观化的演变及采纳综合比较说的必然性》，《河南省政法管理干部学院学报》2009年第2期。

叶金强：《侵权构成中违法性要件的定位》，《法律科学》（西北政法学院学报）2007年第1期。

于改之：《刑民交错案件的类型判断与程序创新》，《政法论坛》2016年第3期。

于文轩：《论我国生态损害赔偿金的法律制度构建》，《吉林大学社会科学学报》2017年第5期。

张宝：《生态环境损害政府索赔制度的性质与定位》，《现代法学》2020年第2期。

张辉：《美国公民诉讼之"私人检察总长理论"解析》，《环球法律评论》2014年第1期。

张辉：《是非环境权》，《安徽大学学报》2011年第3期。

张静、张陈：《生态公共产品及其社会合作》，《学术界》2015年第10期。

张磊：《习近平生态思想探析——兼论"保护生态环境就是保护生产力，改善生态环境就是发展生产力"》，《当代中国马克思主义评论》2017年第2期。

张力：《民法转型的法源缺陷：形式化、制定法优位及其校正》，《法学研究》2014年第2期。

张新宝、李倩：《惩罚性赔偿的立法选择》，《清华法学》2009年第4期。

张旭东：《预防性环境民事公益诉讼程序规则思考》，《法律科学》（西北政法大学学报）2017年第4期。

章国锋：《反思的现代化与风险社会——乌尔里希·贝克对西方现代化理论的研究》，《马克思主义与现实》2006年第1期。

赵悦、刘尉：《〈民法典·侵权责任编（草案）〉"一审稿"生态环境公益损害民事救济途径辨析》，《南京工业大学学报》（社会科学版）2019年第3期。

征汉年：《国家治理现代化视野下生态环境检察的功能价值研究》，《河南社会科学》2021年第3期。

郑成良、张杰：《困境与调和：权力结构与司法正义之关系——以〈驳案新编〉为案例依据》，《理论探索》2019年第3期。

郑涛：《论既判力之禁止重复起诉效果》，《苏州大学学报》（法学版)2018年第3期。

周翠:《行为保全问题研究——对〈民事诉讼法〉第100—105条的解释》,《法律科学》(西北政法大学学报)2015年第4期。

周珂、刘红林:《论我国环境侵权责任保险制度的构建》,《政法论坛》2003年第5期。

周婷婷:《生态环境损害赔偿磋商制度的构建》,《广西社会科学》2021年第10期。

竺效:《生态损害公益索赔主体机制的构建》,《法学》2016年第3期。

竺效:《生态损害填补责任归责原则的两分法及其配套措施》,《政治与法律》2007年第3期。

后　记

本书为国家社科基金重点项目"生态环境损害赔偿立法研究"（项目编号：18AFX023）的重要研究成果之一。本项目的获批和顺利开展得益于我国法学界重要学者与司法实务界专家的大力支持。经过两年多的认真研究，该项目顺利结项。本书完整呈现了该项目的理论成果。

项目自2018年6月立项以来，根据计划分阶段积极推进研究工作。2018年6—9月，对研究内容、实施方案和预期目标进行研讨，制定详细的研究计划，结合课题组成员相关研究背景进行分工，并对项目需要的数据平台及调研条件进行前期准备。2018年10月至2019年6月，完成文献综述及数据分析工作，建立生态环境损害赔偿制度的文献资料库，对研究现状全面把握；在资料综述的基础上，根据调研数据分析归纳，总结出生态环境损害赔偿制度存在的主要问题并剖析其中的原因。2019年7月至2020年7月，召开专家咨询会对生态环境损害赔偿制度的主要问题进行研讨，听取专家意见，对研究内容及框架进行修改，把握研究方向。

课题组在全面系统梳理和实证调研基础上，围绕主要问题形成了研究报告——《生态环境损害赔偿立法研究》，共计八章，约十八万字；依托本项目研究，课题组成员在核心期刊公开发表学术论文十五篇，两项研究报告获得党和国家领导人批示，并被有关实务部门采纳。结合我国目前生态环境损害赔偿制度的实践，课题组研究起草了"生态环境损害赔偿法"和"生态环境损害赔偿磋商与诉讼衔接的解释"立法建议稿，以期为全国生态环境损害赔偿制度改革提供借鉴。

项目在孙佑海教授的主持下，组建了来自天津大学、最高人民法院、全国人大环资委、生态环境部、水利部、农业部、天津市委政法委、天津市生态环境局、北京理工大学、苏州大学、中国矿业大学等单位的优秀团队。

本书在研究报告的基础上形成，由孙佑海教授提出研究思路和写作提纲，主持研究修改，最后统稿定稿。各部分作者如下：

前言：孙佑海（天津大学，教授、博导）、杨帆（天津大学，博士研究生）。

第一章生态环境损害赔偿的基本概念：赵燊（天津大学，博士研究生）；

第二章我国生态环境损害赔偿法律制度的回顾与评价：孙佑海（天津大学，教授、博导）、杨帆（天津大学，博士研究生）。

第三章生态环境损害赔偿法律制度的理论基础、第四章生态环境损害赔偿法律制度的域外经验：刘东岳（天津大学，博士研究生）。

第五章生态环境损害赔偿法律制度的实体内容：陈学敏（天津大学，副教授）。

第六章生态环境损害赔偿法律制度的程序内容：王操（天津大学，博士研究生）。

第七章强化生态环境损害赔偿法律制度的实施和监督：孙佑海（天津大学，教授、博导）、王甜甜（天津大学，博士研究生）。

第八章生态环境损害赔偿法律制度下检察机关职能作用的发挥：张净雪（天津大学，博士研究生）。

本书覆盖了生态环境损害赔偿的多项制度，对生态环境损害赔偿制度的实体内容、诉讼机制、实施与监督等问题进行了深入全面的研究，对该项制度的建立健全具有创造性贡献。

本书的出版，特别感谢中国社会科学出版社领导和梁剑琴副编审的大力支持，在此一并致谢。

二〇二三年二月